Viktoria Pötzl

Nation, Narration und Geschlecht

Eine feministische Literaturanalyse der Werke Yael Dayans

Jüdische Kulturgeschichte in der Moderne
hrsg. von Joachim Schlör
Band 15

Viktoria Pötzl hat 2014 am Institut für Judaistik der Universität Wien promoviert. Neben Lehraufträgen an der Universität Wien und der Burjatischen Universität Ulan Ude war sie zuletzt Lektorin der School of Applied Humanities and Languages der German Jordanian University (Amman). Ihre Forschungsschwerpunkte sind der moderne Nahe Osten, Deutsche und Österreichische Literatur, Postcolonial Studies / Decolonial Studies, Feminismus, Queer Theory und Gender Studies.

Viktoria Pötzl

Nation, Narration und Geschlecht

Eine feministische Literaturanalyse der Werke Yael Dayans

Neofelis Verlag

Inhalt

Für Ofir Bar-David

Siglenverzeichnis

Untersuchte Primärquellen, die mehrfach zitiert werden, sind im Folgenden mit den hier angeführten Kürzeln und Seitenzahl im Fließtext angegeben:

NF	Yael Dayan: *New Face in the Mirror*. Liverpool: Weidenfeld & Nicolson 1959.
EF	Yael Dayan: *Envy the Frightened*. New York: Dell 1960.
D	Yael Dayan: *Dust*. New York: Beacon Signal 1963.
DS	Yael Dayan: *Death Had Two Sons*. New York: Dell 1967.
SD	Yael Dayan: *A Soldier's Diary*. London: Camelot 1967.
TW	Yael Dayan: *Three Weeks in October*. London: Weidenfeld & Nicolson 1979.
MF	Yael Dayan: *My Father. His Daughter*. New York: Farrar, Straus & Giroux 1985.
T	Yael Dayan: *Transitions*. Oakville: Mosaic 2016.

„I didn't write in order to be sexy"[1]
Vorwort

> About a week ago, on a hot July day, Victoria-Catherina Pötzel, a PhD student from the University of Vienna came to see me. We had corresponded over email and I accepted her request to interview me as part of her thesis *The Literature/Books of Yael Dayan*. Ms. Pötzel looked exactly as I had pictured her. Rail thin, blonde and blue eyed, in a long sleeveless black dress that revealed skin so pale it rarely, if ever, saw the sun. As I prepared chicken for our lunch, it occurred to me that perhaps I should've inquired about her food preferences, and almost as expected – too late – I found out that she is a vegetarian. (T, S. 21)

An einem anderen heißen Julitag, drei Jahre später, begann ich das Manuskript der englischen Übersetzung von *Transitions*, Yael Dayans neuestem Buch, das am 4. Oktober 2016 publiziert wurde, zu lesen und durfte feststellen, eine kleine Rolle darin zu spielen. Nichtsahnend saß ich auf dem Sofa und las meinen falsch geschriebenen Namen. Yael Dayan bezieht sich auf unser einziges Treffen in ihrer Tel Aviver Wohnung, in der wir uns für ein Interview trafen. Ich wurde demnach überraschenderweise im letzten Roman der Autorin erwähnt, deren Werk mich seit Jahren begleitet. Ich fühlte mich geehrt.

1 Aus dem Interview mit Yael Dayan, 2013. Es wurde am 2. Juli des Jahres in Tel Aviv auf Englisch geführt und folgt einem problemorientierten, narrativen Ansatz. Die Übersetzungen im Folgenden sind meine eigenen.

Anschließend an obiges Zitat fährt Dayan fort, über den für sie peinlichen Teil des Interviews zu sprechen. Sehr gut vorbereitet hätte ich Fragen zu all ihren Büchern gestellt, was dazu führte, dass Yael Dayan nicht nur die zeitliche Distanz zwischen ihr und ihren Texten spürte (es liegen immerhin 29 Jahre zwischen ihrem letzten Buch und *Transitions* und Dayan war 17 Jahre alt, als ihr erstes Buch veröffentlicht wurde), sondern auch eine inhaltliche. Ihre Verlegenheit rühre von einem völligen Mangel an Identifikation mit dem Material, doch sei ihr während des Interviews gelungen zu verdeutlichen, warum sie schrieb und welche Botschaften sie in den jeweiligen Werken vermitteln wollte. Sie hatte ihre Gründe, Mythen als solche zu entlarven und gleichzeitig andere zu schaffen. (T, S. 21–22.)
Wie anhand ihrer Biografie ersichtlich wird, hat sich Yael Dayan in den letzten 29 Jahren vor allem politisch und aktivistisch engagiert und die Autorin in ihr musste geduldig ausharren. Ob des textimmanenten Anspruchs der vorliegenden Literaturanalyse wurde das Interview mit der Autorin nicht berücksichtigt, aber es rahmt sie doch. Ich kann hier darüber schreiben, weil Yael Dayan dieses Interview in ihrem neuesten Werk *Transitions* zu einer ihrer Geschichten gemacht hat. Unser Treffen hat dazu geführt, dass einige meiner Fragen in Yael Dayans jüngstem Buch reflektiert werden. Die Grenzen zwischen Realität und Fiktion sind genauso brüchig wie Diskurse, Narrative, Identitätskonstruktionen, Mythen oder ‚objektive Wissenschaft'.

> Die Autorität, die ich ihr [meiner Arbeit] verleihen möchte, ist die Autorität meines Engagements, und die Autorität, die ich ihr nehmen möchte, ist die Autorität ‚objektiver' Wissenschaft. [...] Ich gebe freimütig zu (ohne den Anspruch zu erheben, selbst völlig transparent zu sein), dass ich nach parteiischem Wissen [*interested knowledge*] strebe.[2]

2 Daniel Boyarin: *Unheroic Conduct. The Rise of Heterosexuality and the Invention of the Jewish Man.* Berkeley / Los Angeles: University of California Press 1997, S. 356.

„I still would have written it differently"[1] Einleitung

> Mein Bestreben ist es, meine Liebe zu rechtfertigen, das heißt, sie sowohl zu erklären als auch sie als gerecht gelten zu lassen. [...] Ich kann allerdings die Unterdrückung von Frauen und Homosexuellen, die diese Kultur [das Judentum] praktiziert hat, nicht verleugnen, ignorieren, wegerklären oder entschuldigen. Daher zielt mein Bestreben auch danach, [diese Tradition] zu rechtfertigen, indem ich eine Lesart der Tradition präsentiere, die dazu beitragen mag, all das, womit ich und viele andere nicht länger leben können, zu überwinden und – im Laufe der Zeit – auszulöschen. In dieser zweifachen Hinsicht des Widerstands gegen den Druck von außen und die Kritik von innen ist mein Projekt analog zu anderen politischen und kulturellen Akten des Widerstands [...] zu verstehen.[2]

Vorliegendes Buch befasst sich mit den im Original in englischer Sprache[3] publizierten Texten Yael Dayans und den 29 Jahre später

1 T, S. 22.

2 Boyarin: *Unheroic Conduct*, S. xvii (Übers. V. P.).

3 Da der Ton der deutschen Übersetzungen meist stark vom englischen Original abweicht und anders als der Ursprungstext nun Ähnlichkeiten mit Backfischromanen aufweist, werden hier die englischen Originaltexte untersucht und zitiert. Im Interview vom 2. Juli 2013 meinte die Autorin, sie hätte keine gute Antwort auf die Frage, warum sie ihre ersten sieben Romane auf Englisch geschrieben hätte, um dann doch eine sehr klare Antwort zu liefern: Eigentlich sei es für sie unwesentlich, in welcher Sprache sie schreibe. Sie habe in London einen Verleger als Freund gehabt, weshalb es ihr logisch erschien, auf Englisch zu schreiben. Sie habe nicht die Zeit gefunden, ihre früheren Werke gleich selbst ins Hebräische zu übersetzen,

geschriebenen Memoiren in deren englischer Übersetzung.[4] Die bearbeiteten Bücher werden als kulturelle Produktionen israelischer Geschichtsnarrationen gelesen. Es werden sowohl nationale als auch jüdische Identitätskonstruktionen näher untersucht. Betrachtet werden die fünf Romane, *New Face in the Mirror, Envy the Frightened, Dust, Death Had Two Sons* und *Three Weeks in October*, ein Kriegsbericht, *A Soldier's Diary*, die Autobiografie mit biografischen Zügen, *My Father. His Daughter*, und die Memoiren, *Transitions*. Es wird danach gefragt, welche nationalen und jüdischen Identitäten konstruiert werden, welche geschlechtlichen Fixierungen und Brüche sie repräsentieren und welchen Stellenwert solche Identitätskonstruktionen innerhalb literarischer Geschichtsnarrationen besitzen. Mittels genauer Lektüre unternehme ich den Versuch, ‚verborgene' und/oder subversive Elemente ihrer Texte erkennbar werden zu lassen, die von der Literaturkritik und der Literaturwissenschaft bislang kaum bzw. nur marginal behandelt wurden. Durch die Sichtbarmachung dieses emanzipatorischen Potentials werden die Werke Dayans einer feministischen und philologischen Traditionsbildung zugeführt.

Jüdische und israelische Identitätskonstruktionen werden nicht getrennt voneinander betrachtet, sondern in ihren Interdependenzen einer genauen Analyse unterzogen. Es wird danach gefragt, in welchem intersektionalen Zusammenhang Diskurse über Identität an der Schnittstelle zu Geschlecht stehen und welche Versionen israelischer Geschichtsnarrationen diese evozieren. Zu den Narrativen in den Texten gehören Themenkomplexe sowie Theorien und Diskurse zu Shoah, Nation, Sexualität, Liebe, Religion, Tod, und Krieg. Diese Kontexte gliedern zugleich das Buch.

Den Hauptteil vorliegenden Buchs einleitend, gebe ich im 1. Kapitel eine knappe Biografie Yael Dayans. Kapitel 2 thematisiert die Rolle der Shoah in den Werken der Autorin und liefert zudem Einblicke in spezifische Konstruktionen literarischer Identitäten. Das anschließende Kapitel 3 widmet sich dem Verhältnis von Nation und

wofür sie von der israelischen Öffentlichkeit kritisiert wurde. Lediglich ihr vorletztes Buch *My Father. His Daughter* habe sie selbst übersetzt und *Transitions* in Hebräisch geschrieben und übersetzen lassen. (Interview mit Yael Dayan, 2013.)

4 Es ist Dayans erstes Buch, das sie in Hebräisch schreibt. Die englische Übersetzung ist von Maya Klein.

Geschlecht, zudem werden weitere ProtagonistInnen[5] der Werke Dayans in diesem Kontext analysiert. Mit der Darstellung von Liebe, Sexualität, Gewalt und zwischenmenschlichen Beziehungen beschäftigt sich Kapitel 4. Das darauf folgende Kapitel setzt sich mit den Repräsentationen von Glaube und Religion, Tod und Verlust und den Darstellungen von Orten als literarische Schauplätze auseinander. Das 6. Kapitel thematisiert die israelischen Kriege bis zum Jom-Kippur-Krieg in den Texten Dayans und betrachtet die Konstruktion des Feindes, um im Anschluss daran die Besatzung palästinensischer Gebiete zu diskutieren.
Die zentrale Analysekategorie meiner Untersuchung narrativer Modi literarischer Produktionen bzw. Konstruktionen von Identität und Geschichte ist Geschlecht. Dadurch wird ein wissenschaftlicher Diskurs eröffnet, der einem hegemonialen und patriarchalen Diskurs von Geschichte, Politik und Wissenschaft kritisch gegenübersteht. So werden israelische Geschichtsnarrationen und nationale sowie jüdische Identitätskonstruktionen in ihrer literarischen Verarbeitung textinhärent mit Hilfe feministischer Methoden und Theorien analysiert, um auch jene Aspekte eines Konflikts aufzuzeigen, die bisher von der Wissenschaft weitgehend unbeachtet blieben. In Anbetracht der Kritik an bestehenden Praxen und dem Wunsch nach widerständigen Akten sind die zentralen Fragen an die Texte Yael Dayans dahingehend zu verstehen, dass auch sie einen Versuch darstellen, Normen kritisch zu hinterfragen und Devianzen aufzuzeigen. Cornelia Klinger kritisiert beispielsweise einen umfassenden, vollständigen und objektiven Entwurf von Wissenschaft. Sie unterstreicht die Perspektivhaftigkeit von Analysen und betont deren standortbedingte Reduzierungen, die geschlechtsspezifisch selektiv sein müssen.[6] Jener

5 Um das Zweigeschlechtersystem in den zu analysierenden Texten Dayans sichtbar zu machen, wird die Schreibweise in vorliegender Arbeit angepasst. Bei der Beschreibung und Analyse von Personen aus den Texten Yael Dayans wird demnach von ProtagonistInnen gesprochen. Hingegen wird die Unterstrichvariante als Instrument der Demontage eines vermeintlichen Systems der Zweigeschlechtlichkeit dann verwendet, wenn es sich nicht um Personen aus den Texten Yael Dayans handelt und es um generelle Beschreibungen geht.

6 Vgl. Cornelia Klinger: Bis hierher und wie weiter? Überlegungen zur feministischen Wissenschafts- und Rationalitätskritik. In: Marianne Krüll (Hrsg.): *Wege aus der männlichen Wissenschaft. Perspektiven feministischer Erkenntnistheorie.* Pfaffenweiler: Centaurus 1990, S. 21–56, hier S. 22.

hegemonial männlichen, als universell angesehenen Perspektive – innerhalb der feministischen Forschung als Androzentrismus bezeichnet – so wenig Raum wie möglich zu bieten, ist richtungsweisend für vorliegende Studie. Dieses Buch ist eine feministische Literaturanalyse, innerhalb derer auch biografische und zeithistorische Kontexte Yael Dayans reflektiert werden. Feministische Methoden bilden jedoch keine geschlossene Einheit und erstrecken sich über verschiedene Spektren, die mit unterschiedlichen Forschungsansätzen grundiert sind. Ich beziehe mich auf einen queer-feministischen Ansatz. Dies bedeutet, dass Männlichkeit, Frausein, Cissexualität oder auch Heterosexualität in den Texten Yael Dayans in ihren jeweiligen Konstruktionen verstanden werden.

1.
„I am several different women"[1] Autobiografische Selbstdarstellungen

> Memories are not history. They are fragments of things and feelings that were, tinted and sifted through varying prisms of present time and disposition. […] I have not aimed for objectivity of any kind. That would be absurd and pretentious, since I was and am a participant rather than an observer. What truth I can offer is neither historic nor scientific; my own subjective; intense, one-sided, emotionally loaded truth. (MF, S. 3)

Die hier literarisch dargestellte Perspektive auf die Berichterstattung historischer Begebenheiten und die damit verbundene Problematisierung von Objektivität sind auch paradigmatisch für die autobiografischen Zeugnisse Yael Dayans selbst, zumal darin ein Konzept von Wahrheit – insofern es eines geben soll – bestenfalls ein subjektives sein kann und singulär bleiben muss. Eine solch kritische und individuelle Perspektive bestimmt die im Folgenden dargestellten Selbstrepräsentationen Yael Dayans in ihrer Auto/Biografie[2] *My Father. His Daughter* und in ihren Memoiren *Transitions*. Memoiren seien keine Autobiografie, so Yael Dayan im Vorwort ihres letzten Werkes, ihre Memoiren seien der Wahrheit verpflichtet, allerdings nicht einer vollständigen Wahrheit. (T, S. i)

1 T, S. 63.

2 *My Father. His Daughter* ist sowohl Yael Dayans Autobiografie als auch eine Biografie ihres Vaters Moshe Dayan.

Für die vorliegende Studie selbst hat die Biografie der Autorin keine herausgehobene Bedeutung, da in weiten Teilen textinhärent gearbeitet wird. Um dennoch die Autorin hinter den Texten nicht vollkommen verschwinden zu lassen oder den Tod der Autorin nach Roland Barthes[3] zu konsolidieren und gleichwohl nicht die Rückkehr der Autorin zu postulieren wird hier lediglich ein knapper Überblick gegeben. Mit Ronit Lentin können Dayans Bücher als soziales Konstrukt verstanden werden. Die Darstellungen einer Vergangenheit sind als referentielle Annahmen zu begreifen, aber sie sind es deshalb, weil sich Menschen der historiografischen Beschreibungen bewusst sind und weniger, weil angenommen wird, Auto/Biografien oder Memoiren seien Geschichte selbst. Der Prozess von Beschreibung generell – konstituiert in Auto/Biografien und Memoiren – ist ein wichtiges Werkzeug, um Erinnerung und Vergangenheit real und gegenwärtig erscheinen zu lassen.[4]

Bina Toledo Freiwald thematisiert in ihrem Text „Gender, Nation, and Self-Narration“ die Autobiografieschreibung von Yael Dayans Großmutter Deborah, ihrer Mutter Ruth und jene von Yael Dayan selbst. Freiwald erwähnt, dass es sich dabei um Repräsentantinnen dreier Generationen einer der öffentlichsten Familien Israels handelt. Die Dayans waren integraler Bestandteil der aschkenasischen *labor elite*, deren moralische, soziale, kulturelle und politische Autorität das heutige Israel geformt hat.[5] Die Stimme Yael Dayans, so

3 Methodisch wird demnach von Roland Barthes Text „Der Tod des Autors“ ausgegangen, jedoch eher Michel Foucaults Weiterführung und Kritik daran in „Was ist ein Autor?“ gefolgt. Beide Texte sind nachzulesen in: *Texte zur Theorie der Autorschaft*, hrsg. v. Fotis Jannidis / Gerhard Lauer / Mathias Martinez / Simone Winko. Stuttgart: Reclam 2000, S. 185–193, 198–229.

4 Vgl. Ronit Lentin: *Israel and the Daughters of the Shoah. Reoccupying the Territories of Silence*. New York / Oxford: Berghahn 2000, S. 19.

5 Der Familie Dayan kommt ein besonderer Stellenwert innerhalb Israels politischer und gesellschaftlicher Landschaft zu, was auch in Yael Dayans autobiografischen Texten beschrieben wird. So äußert sie sich zum Beispiel über das sehr schicke und große Jerusalemer Haus, das als Hauptquartier und Treffpunkt der – auch politischen – High Society diente. Die Autorin beschreibt den privilegierten Status ihrer Familie: „We didn't have to climb anywhere socially; we didn't have to copy anybody or be jealous or want to reach higher. We were parachuted there, at the top, and the world was ours.“ (MF, S. 72) Doch war dies nicht immer der Fall, was anhand der Lebensgeschichte der Großeltern und auch anhand der Darstellungen der jungen Jahre von Ruth und Moshe nachgezeichnet wird. Über

Freiwald, ist zwar aufgrund ihres (sozialen) Geschlechts marginalisiert, indes durch ihre Herkunft bzw. die politische Stellung ihrer Familie privilegiert.[6]

Yael Dayan wurde am 2. Dezember 1939 in Nahalal, im britischen Mandatsgebiet Palästina geboren. Ihre Eltern sind Moshe Dayan (1915–1981)[7] und Ruth Dayan (geb. 1917 als Ruth

das Leben im Moshav Nahalal berichtet die Autorin Folgendes: „We were not too popular in the moshav community. [...] The Dayans as a clan were too independent, too nonconformist, too stubborn, and not generous enough to fit the pattern. [...] If we were indeed different, we were not ashamed of it." (MF, S. 55) In einem Jerusalemer Gymnasium ist Yael Dayan zwei Jahre jünger als ihre Klassenkolleg_innen und schreibt, dass sich ihr biografischer Hintergrund von jenen der anderen Kinder, die aus reichen Elternhäusern kommen, unterscheide, was nahelegt, dass sie sich selbst oder besser ausgedrückt: ihre Eltern und Großeltern zur damaligen Zeit nicht in der Bourgeoisie oder innerhalb der reichen Eliten verortet und davon abgrenzt. Wird jene Selbstwahrnehmung Yael Dayans mit der Darstellung Bina Toledo Freiwalds verglichen, werden Diskrepanzen deutlich. (Vgl. Bina Toledo Freiwald: Gender, Nation, and Self-Narration. Three Generations of Dayan Women in Palestine/ Israel. In: Marlene Kadar / Linda Warley / Jeanne Perreault / Susan Egan (Hrsg.): *Tracing the Autobiographical.* Waterloo / Ontario / Canada: Laurier UP 2005. S. 165–188.) Ihre Privilegien durch ihre Erziehung an elitären Schulen (T, S. 44) reflektiert sie in *Transitions* und erkennt diese somit an.

6 Vgl. ebd., S. 167. Freiwald kann jedoch widersprochen werden, wenn jene Yael Dayan lediglich auf die Beziehung zu ihrem Vater reduziert wird. Die Autorin verneint zu Unrecht jede Form von Kritik am Palästinensisch-Israelischen Konflikt bei Yael Dayan.

7 Moshe Dayan wurde 1915 im Kibbuz Degania geboren und wuchs in Nahalal auf. Mit 14 Jahren trat er der zionistischen, paramilitärischen Untergrundorganisation Hagana bei. (MF, S. 72) Später lernte er Ruth Schwartz kennen, sie verliebten sich und heirateten 1935. Nach den Flitterwochen in England schlossen sich Moshe und Ruth einer Gruppe (Mitglieder waren unter anderen Yitzhak Sadeh und Yigal Allon) an, die auf dem Hügel Shimron an der libanesischen Grenze den Kibbuz Hanita gründeten. Yael Dayan schreibt hierzu allerdings, dass ihr Vater nicht in der Lage gewesen sei, sein Leben gemäß den Vorschriften eines Komitees zu führen, er suchte nach individuellen Herausforderungen und konnte nichts Gutes darin finden, dass Entscheidungen gemeinsam getroffen und Aufgaben aufgeteilt wurden. (MF, S. 28) – Wegen seiner Hagana-Aktivitäten wurde Moshe Dayan 1939 von der britischen Mandatsregierung zu zehn Jahren Haft verurteilt. Nach zwei Jahren wurde er entlassen und kämpfte im Zweiten Weltkrieg wieder für die Hagana. Er wurde verletzt, verlor sein Auge und litt darunter. Moshe Dayan „soon began to sink into pessimism, if not dispair, assessing his chances as a one-eyed cripple." (MF, S. 43) Häufig beschreibt Yael ihren Vater zwar als Kriegsheld, doch als einen, der den Krieg an sich ablehnt: „As proud as he was of the Army and its demonstration of top capacity, he was never trigger-happy, and never found exuberance in the exercise of waging war. Indeed, his efforts to perfect the war machine had the sole purpose of winning objectives with the minimal level of casualties and damage. Not for love of war, but as long as peace was not feasible."

Schwartz)[8]. Sie hat zwei jüngere Brüder, Assi und Ehud Dayan, war mit Dov Sion (1924–2003), mit dem sie zwei Kinder, Dan und Raheli, bekam, verheiratet. Sie hat vier Enkelkinder. Ihre Großeltern väterlicherseits waren Shmuel und Devorah Dayan, mütterlicherseits Zvi

(MF, S. 131) Aussagen Moshe Dayans wie sie zum Beispiel in der Dokumentation *Israel's Generals* zu finden sind, entwerfen ein anderes Bild seiner Person. (Vgl. https://www.youtube.com/watch?v=KT_CEbUWCSI (Zuriff am 22.09.2017), 0:34.) Nach seinem Bachelorstudium wurde Moshe Dayan unter Ben Gurion Landwirtschaftsminister. Da er sich jedoch mit den politischen Strukturen und Hierarchien nicht anfreunden konnte, entdeckte Yael eine neue Bitterkeit an ihm. (MF, S. 156–157) Im Sechstagekrieg wurde Moshe Dayan Verteidigungsminister und als Held gefeiert. Es ist jener Krieg, der ihn auf dem Höhepunkt seiner militärischen Karriere ankommen lässt. – Nach der Scheidung von Ruth 1971 heiratete Moshe Dayan 1973 Rahel, zu der er bereits seit 18 Jahren eine Beziehung hatte. (Vgl. Moshe Dayan: *Story of My Life*. New York: Da Capo 1976, S. 454.) Spätestens mit diesem Ereignis hätten sich laut Yael Dayan die Prioritäten ihres Vaters verschoben. Er sei gierig, materialistisch und launisch geworden. (MF, S. 255) Seine Veränderung führe Yael jedoch nicht auf Rahel zurück, sondern auf die gesamte israelische Gesellschaft, die sich nicht zum Guten verändert hätte. (MF, S. 208) Zudem schadeten die vielen Verluste auf israelischer Seite im Jom-Kippur-Krieg Moshe Dayans Image als militärischem Genie immens. 1977 wurde er Außenminister unter Menachem Begin; laut Yael brillierte er bei den Friedensverhandlungen mit Ägypten. Danach wurde bei ihm Darmkrebs diagnostiziert. Moshe Dayan unterzog sich einer Operation und wurde nach drei Wochen wieder entlassen, doch meinte Yael, ihr Vater habe 64 Jahre gelebt und wäre zwei Jahre lang gestorben. (MF, S. 249) Nach dem Tod Moshe Dayans am 16. Oktober 1981 und dem Verlesen seines Testaments (Moshe Dayan hatte seiner zweiten Ehefrau Rahel beinahe sein gesamtes Erbe überlassen) waren seine Kinder enttäuscht und verärgert: „Udi wrote about our father's greed, his lust for third-rate women, exposed his weakness, his craving for fame and publicity, his translating ideas into hard cash, and his immorality." (MF, S. 283)

8 Ruth Dayan wurde 1917 in ein elitäres und bürgerliches Elternhaus geboren. Sie lebte von ihrem 2. bis 9. Lebensjahr in London. 1934 kam sie nach Nahalal, um dort in die Landwirtschaftsschule zu gehen, die sie allerdings nie abschloss. Dort lernte sie auch Moshe Dayan kennen. In ihrer Autobiografie, *... Or Did I Dream a Dream?* (zus. mit Helga Dudman, Jerusalem: Weidenfeld & Nicolson 1973), thematisiert sie wiederholt ihre Arbeit für die Firma Maskit, die seltenes Kunsthandwerk in Israel und Palästina fördert. Ruth Dayan gründete Maskit 1954 mit der Intention, Frauen aus verschiedensten Regionen der Welt, die nach Israel einwanderten, eine Arbeitsmöglichkeit zu bieten. (Vgl. ebd., S. 178–180.) Von den Frauen werden regionsspezifisch traditionelle Handarbeiten hergestellt und verkauft. Jener Teil, der Ruth Dayans Tätigkeit für Maskit beschreibt, nimmt neben politischen Ausführungen zu den israelischen Kriegen bis zum Sechstagekrieg, zu den Beziehungen zwischen Jüd_innen und Araber_innen und ihrem Leben als Ehefrau Moshe Dayans und Mutter ihrer drei Kinder Udi, Assi und Yael sehr großen Raum ein. *... Or Did I Dream a Dream?* endet mit der Scheidung von Moshe Dayan – 16 Jahre nachdem sie verstehen musste, dass sie nicht die einzige Frau in seinem Leben war. –

und Rahel Schwartz.[9] Reuma, ihre Tante mütterlicherseits, war die Frau von Ezer Weizman, dem siebten Präsidenten Israels.[10] Nach Yael Dayans Militärzeit und etlichen Reisen studierte sie zuerst Internationale Beziehungen in Jerusalem und ab 1977 Biologie, Genetik, Zoologie und Biochemie an der Open University of Israel (MF, S. 232), einer Fernuniversität. Neben ihrer literarischen Tätigkeit ist sie auch

Ruth Dayan war nicht nur eine erfolgreiche Geschäftsfrau, sondern betätigte sich auch kontinuierlich in verschiedenen sozialen Projekten. Ihr gelang dadurch, sich ein Leben außerhalb eines Daseins als Hausfrau und Mutter aufzubauen. Doch hält Yael Dayan sehr deutlich fest, dass Ruth Dayan diese Unabhängigkeiten nicht per se zugestanden wurden, sie mussten erarbeitet werden, zumal Moshe Dayan ein Patriarch gewesen sei. Mehr Freiheiten hätte sie sich erkämpft, indem sie sich nach Jahren von einem Mann scheiden ließ, welcher sein eigenes Leben, seine eigene Karriere und seine eigenen Bedürfnisse stets vor ihre gestellt hätte. (MF, S. 75)

9 Dov Sion wurde 1924 in der ehemaligen Tschechoslowakei geboren. Bis auf ihn und seinen jüngeren Bruder ist seine gesamte Familie in Konzentrationslagern ermordet worden. (MF, S. 192) Yael Dayan hat den 18 Jahre älteren Dov im Sechstagekrieg von 1967, bei dem sie als Kriegsberichterstatterin im Sinai eingesetzt war, kennengelernt und am 14. Juni 1967 geheiratet. (*A Soldiers Diary* ist die literarische Verarbeitung ihrer Beobachtungen zum Sechstagekrieg und wird in Kapitel 6 besprochen.) Dov Sion war Mossad-Agent (entsprechende autobiografische Elemente finden sich in *Three Weeks in October* in Kapitel 3), Fallschirmjäger, IDF (Israel Defense Forces) Oberst, General und IDF-Pressesprecher. (T, S. 173) – Yael Dayans Großeltern väterlicherseits kamen kurz nach der Jahrhundertwende aus Schaschkiw, einer Stadt in dem damals russischen Teil der heutigen Ukraine, nach Palästina und ließen sich im Süden des Sees Genezareth nieder, um dort das erste Kibbuz, Deganja, zu gründen. 1921 zogen sie weiter und waren maßgeblich an der Etablierung des ersten Moshavs, Nahalal, beteiligt. (MF, S. 25) Gemeinsam hatten sie drei Kinder: Zorik, Aviva und Moshe. – Shmuel kam aus einer armen Familie. (MF, S. 25) Als Junge emigrierte er nach Palästina und war als zionistischer Aktivist und später als Politiker in der Knesset (für Mapai) tätig. Dvorah war Studentin in Odessa, versiert in russischer Literatur und enorm beeindruckt von der Revolution 1905. Yael schreibt, dass sie das Lieblingsenkelkind von Dvorah war und dass auch sie ihr sehr zugetan war. Sie sei eine ausgezeichnete Autorin gewesen, die sich damit begnügen musste, kleinere Arbeiten für die wöchentlich erscheinende Zeitung der Arbeiterinnenbewegung zu verfassen. (MF, S. 52) Ihre Herkunft und Bildung hätten ihr das Leben im Kibbuz erschwert. – Zvi und Rahel Shwarz lebten in Jerusalem, waren AkademikerInnen, sprachen verschiedene Sprachen, gehörten der städtischen gesellschaftlichen Elite an und waren sozialistisch. Shmuel und Dvorah befanden Ruth zu Beginn als unpassend für ihre eigene Pioniersfamilie. Sie bezeichneten sie als reich und *bourgeoise*. (Vgl. Dayan / Dudman: *... Or Did I Dream a Dream?*, S. 16.) Ruth beschreibt ihre Mutter als unabhängige, furchtlose Frau, die auch eine der ersten Frauen Palästinas mit einem Führerschein gewesen sei (vgl. ebd., S. 31).

10 Vgl. Lambert M. Surhone / Mariam T. Timpledon / Susan F. Marseken (Hrsg.): *Yael Dayan*. Beau Bassin: Betascript 2010, S. 1–2.

Verfasserin zahlreicher journalistischer Texte, beispielsweise für *Yediot Aharonot*, *Ma'ariv*, *Al ha-Mishmar* und *Davar*.[11]

Als Politikerin war Yael Dayan von 1992 bis 2013 Abgeordnete der Knesset. Von 1992 bis 1999 und 2001 bis 2003 war sie Mitglied der sozialdemokratischen Partei Israels Ha-Avoda (Arbeiterpartei), von 1999 bis 2001 in der Partei Israel Achat, einem Bündnis zwischen Ha-Avoda, Meimad (mitte-links, zionistische religiöse Partei) und Gescher (mitte-rechts), und ab 2003 bei Meretz, einer linksgerichteten Partei. Sie war Vorsitzende der Frauenrechtskommission. Außerdem war Yael Dayan als Friedensaktivistin bei Peace Now, Bat Shalom, International Center for Peace und The Council for Peace and Security aktiv.[12] Als „Mutter der Lesbischen und Schwulen Gemeinschaft" (T, S. 62) gründete sie überdies 1993 als Knesset-Abgeordnete den Unterausschuss für lesbische, schwule und bisexuelle Themen. In *Transitions* reflektiert die Autorin nicht nur ihr literarisches Werk, vielmehr noch spricht sie über das Alter(n) und der damit einhergehenden Unsichtbarkeit nach Ende ihrer öffentlichen und politischen Karriere als Mitglied des Außen- und Verteidigungsausschusses, des Verfassungsausschusses, als Gründerin des Komitees für die Förderung von Frauen, als Vorsitzende des Stadtrates Tel Avivs, als Direktorin des Ausschusses für Menschenrechte und Kinderrechte, als Vorstandsmitglied des Israel-Museums, bei Ir Olam, der Vereinigung für Tourismus, als Mitglied des Finanzausschusses, als Vorsitzende der Gesellschaft für Behinderte und des Komitees für Barrierefreiheit. Zusätzlich war sie Direktorin von The Refugee Forum, einer Interessensvertretung für afrikanische Flüchtlinge. (T, S. 62 77)

Rückblickend auf ihr eigenes Leben skizziert Yael Dayan in *Transitions* einige Höhepunkte: Sie habe einen Platz in den ersten Reihen der Mezzanine der Welt besetzt und Menschen wie Truman Capote, Andy Warhol, Thornton Wilder, Carson McCullers und Tennessee Williams getroffen. (T, S. 42) Während ihres Militärdienstes habe sie an der 1956 Sinai-Kampagne und im Sechstagekrieg (Kapitel 6) als Oberleutnant in Reserve gedient. Als 20-Jährige habe sie ihr erstes Buch veröffentlicht, das international umfassend rezipiert wurde. Sie sei eine begehrte Vortragende, eine Soldatin, eine Schriftstellerin, die

11 Knesset Members. Yael Dayan. http://www.knesset.gov.il/mk/eng/mk_eng.asp?mk_ individual_id_t=39 (Zugriff am 02.03.2014).

12 Ebd.

Tochter eines Generals – eine Sabra[13] – und die Tochter von Sabras. Sie schreibt von ihren Vortragsreisen nach Nord- und Südamerika, Westafrika, Europa, Australien, Neuseeland, in die Türkei, den Iran und nach Japan. (T, S. 39–40) Sie sei eine revolutionäre, leidenschaftliche Feministin, die alte, etablierte Normen zu durchbrechen versuche und rücksichtslos in der Verteidigung von Menschenrechten sei. Bewundert, gehasst, beneidet und ambitioniert sei sie intolerant gegenüber Betrug, Ignoranz und Oberflächlichkeit, eine Freundin der Armen und Unterdrückten. (T, S. 3) Yael Dayan beende ihre öffentlichen Ämter und Rolle(n) unwillig – ihre Kündigung sei als eine unbefriedigende, unerwartete Erklärung in einem lakonischen Gespräch, mit Komplimenten geschürt, abgegeben worden. (T, S. 62) Verbittert und gehemmt trauere sie um all die Themen und Problematiken, derer sie sich einst angenommen hatte, und übt am Beispiel afrikanischer Asylwerber_innen scharfe Kritik an Israel, einem Land ehemaliger Flüchtlinge, das nach einer Monopolisierung der Opferrolle strebe und dessen Bevölkerung seine eigene Herkunft vergessen habe. (T, S. 63) Es sei nicht Yael Dayans eigene Entscheidung gewesen, ihre politische und aktivistische Karriere zu beenden, verantwortlich dafür mache sie ihr Alter.

„Closely examining my desolation"[14] – Alter(n) und Krankheit

> Closely examining my desolation,
> I find no good tidings and nothing positive about marking my age.
> I am envious of everyone who is different from me,
> who doesn't face physical disabilities
> and ages with refinement and grace. (T, S. 115–116)

Das Alter(n) ist zentrales Motiv in *Transitions*. Seitenweise, repetitiv beschreibt Dayan Gefühle von Einsamkeit (T, S. i, 1, 23–24, 77, 80, 83, 91, 98, 101, 111) und reflektiert ihren alternden und kranken Körper (T, S. 2–4, 6, 23, 28, 61, 101, 110–112, 114). Sabine Mehlmann

13 Das Wort Sabra lässt sich vom hebräischen Wort für Kaktusfrucht *sabre* herleiten und bezeichnet all jene in Palästina geborenen Jüd_innen – in Abgrenzung zu Einwander_innen und in der Diaspora lebenden Jüd_innen.

14 T, S. 115.

und Sigrid Ruby bezeichnen das Alter(n) als inhärent transitorischen Moment, der gleichsam der Kategorie Geschlecht als soziale und kulturelle Konstruktion[15] verstanden wird, was das Alter(n) zu einer Analysekategorie macht, die Veränderung in ihrer jeweiligen historischen, geschlechtlichen und geografischen Verortung zu begreifen versucht.[16]

Gleichsam wie Hannah Hacker nach einem Analyseansatz sucht, „der Lebensalter-Kategorisierungen nicht nur als kulturelle Konstrukte, situierte Narrative" versteht, „sondern sie in ihrer Gewaltförmigkeit erkennbar macht"[17], thematisiert Yael Dayan Alter(n) literarisch. Die Beschreibungen ihrer Depressionen und ihres älter werdenden und kranken Körpers erinnern stark an Johanna Hedvas *sick woman theory*, die eine nicht neue Kritik an Hannah Arendts[18] Konzept des politischen Handelns darstellt. Während der Black-lives-matter-Proteste ans Bett gebunden, ist Hedva mit der Einschränkung politischer Handlungsfähigkeit und der damit einhergehenden (öffentlichen) Unsichtbarkeit konfrontiert. Sie fordert – wie schon viele Feminist_innen vor ihr – eine Reinszenierung der Trennung von Öffentlichkeit (in der politisches Handeln möglich ist) und des Privaten. *Das Private ist politisch!* Hedva beansprucht privates politisches Handeln für Kranke, denen bislang öffentliche (politische) Partizipation verwehrt blieb.[19] Mit Yael Dayans fortschreitendem Alter(n) und Krankheiten wie Brustkrebs (T, S. 22, 35) und der chronisch obstruktiven Lungenkrankheit (T, S. 28) muss sie ihre politischen (öffentlichen)

15 Vgl. Sabine Mehlmann / Sigrid Ruby: Vorwort. In: Dies. (Hrsg.): *„Für dein Alter siehst du gut aus!" Von der Un/Sichtbarkeit des alternden Körpers im Horizont des demographischen Wandels. Multidisziplinäre Perspektiven.* Bielefeld: Transcript 2010, S. 7–14, hier S. 12.

16 Auf Judith Butler referierend diskutieren Ruby und Mehlmann performative Sprechakte. Analog zu „doing gender" schlagen sie „doing age" vor. (Vgl. ebd., S. 13.)

17 Hannah Hacker: Sick Sad Mad Crip Queer. Für ein feministisches Begehren der Senilität. In: *blog feministische studien*, 19.02.2016. http://blog.feministische-studien.de/2016/02/sick-sad-mad-crip-queer-fuer-ein-feministisches-begehren-der-senilitaet/ (Zugriff am 17.11.2016).

18 Hannah Arendt: *Vita Activa oder Vom tätigen Leben*. München: Piper 2008.

19 Vgl. Johanna Hedva: Sick Woman Theory. In: *mask magazine*. http://www.maskmagazine.com/not-again/struggle/sick-woman-theory (Zugriff am 17.11.2016).

Ämter auf- und abgeben, weshalb sie nach ihrem eigenen Verständnis kein aktives Leben als „public persona" (T, S. 114) mehr hat.

> You label the expiration date on your slack arms and the wrinkled skin on your forearms, like grooves in a barren land. No one will be orphaned due to your dismissal, but you'll be cut off from the source of your contribution, and you are indeed, too old for a fresh start. You won't settle for charity on the outskirts of activity. (T, S. 63)

Interdependenzen von Alter(n) und Krankheit werden nicht nur anhand der *sick women theory* deutlich, ihre Verwobenheit findet sich auch in Yael Dayans Texten wieder. Sie ist alt und krank, beides sind die Leitmotive in *Transitions*. Obgleich Dayan vom Verschwinden eines weiblichen Körpers und dem damit einhergehenden Verschwinden des sexuellen Begehrens und sexueller Lust spricht (T, S. 6), löst sich ihr weiblicher Körper nicht auf. Vielmehr verändert er sich und entzieht sich einem weißen, kapitalistischen, neoliberalen Konzept der Schönheit, das einen jungen, gesunden, fähigen Körper propagiert. Die Sichtbarmachung dieser Alternative eröffnet trotz der negativen emotionalen Skizzierungen eines alternden und kranken Körpers zugleich eine Lesart, die Differenz und Diversität ermöglicht und gleichzeitig ihr Verankertsein in patriarchalen Strukturen erkennbar werden lässt. Eindringlich beschreibt Yael Dayan ihre Ängste und ihre Gefühle. So fürchte sie den Verlust ihres Gedächtnisses (T, S. 7–8, 20–21, 65) oder beschreibt, wie sie ihren alternden Körper wahrnimmt, nämlich als nicht länger schön. Sie liebe sich selbst nicht mehr, vermeide den Spiegel (T, S. 7, 23) oder trage keine Kleidung mehr, die zu viel von ihrer alternden Haut zeigt (T, S. 7) „Es sind als faltig und schlapp apostrophierte, als unattraktiv und unerotisch etikettierte und als solche verworfene Körper, denen der Subjektstatus verweigert wird."[20] Hannelore Bublitz zufolge erhält der Körper seine Gestalt „durch soziale Codes, Narrative, Diskurse und Praktiken, Körpernormen und Normalisierungsmaßnahmen."[21] In

20 Hannelore Bublitz: Himmlische Körper oder wenn der Körper den Geist aufgibt. Zur performativ produzierten Hinnfälligkeit des Körpers. In: Mehlmann / Ruby (Hrsg.): *„Für dein Alter siehst du gut aus!"*, S. 33–50, hier S. 38.

21 Ebd., S. 35.

ihrem Text „Himmlische Körper oder wenn der Körper den Geist aufgibt" spricht sie ferner über die Privilegien, die mit ‚Schönheit' einhergehen. Sie bezeichnet Schönheit ausstrahlende Menschen als „(Lotto-)Gewinner der Gesellschaft; ihm oder ihr stehen Aufmerksamkeit und Status zu."[22] In *Transitions* erwähnt Yael Dayan, dass sie einst schön gewesen sei und nun nicht mehr das Jahr oder den Moment festmachen könne, an dem sich dies geändert habe. (T, S. 8) Was uns Yael Dayan jedoch liefert, ist eine Anerkennung dessen, was bleibt. In ihrem Fall seien dies ihre leuchtenden, intelligenten Augen und die hohen Wangenknochen. (T, S. 8) Sie verspüre eine Sehnsucht nach Teilen ihrer selbst – oder um mit Trinh T. Minh-Ha zu sprechen: nach einigen der unendlichen Schichten/Ebenen ihrer vielschichtigen, unendlichschichtigen Identität. Trinh T. Minh-Has Konzept der *infinite layers* eröffnet eine Perspektive auf Unterschied und Abweichung in Yael Dayans Texten, in denen Differenz als Einzigartigkeit oder als besondere Identität sowohl einschränkend als auch trügerisch erscheint. Minh-Ha stellt die Frage, ob Identität als etwas anderes als das Nebenprodukt eines ‚misshandelten' Lebens angesehen werden kann. Eine Identität zu entwerfen, die nicht auf ein konsequentes Muster der Gleichheit verweist, sondern eine, die auch auf einen belanglosen Prozess des Andersseins hindeutet,[23] ist ein Vorschlag, den auch diese Studie macht.

> Difference in such an insituable context is *that which undermines the very idea of identity*, deferring to infinity the layers whose totality forms 'I.' It subverts the foundations of any affirmation [...] and cannot, thereby, ever bear in itself an absolute value.[24]

Das Verhältnis von Identität und Differenz verweist stets auf ein Nichtabgeschlossensein. Es lässt sich zusätzlich von verschiedensten Ebenen einer Identität ausgehen, wie sie auch in *Transitions* vorgefunden werden können. Yael Dayan beschreibt, sie sei nicht die Frau, die sie vor einem Jahrzehnt oder vor zwanzig, dreißig Jahren gewesen

22 Bublitz: Himmlische Körper, S. 40.

23 Vgl. Trinh T. Minh-Ha: *Woman, Native, Other. Writing Postcoloniality and Feminism*. Bloomington: Indiana UP 1989, S. 95.

24 Ebd., S. 96 (Herv. i. Orig.).

wäre, als sie Knesset-Mitglied wurde, oder die frisch verheiratete Frau von vor 45 Jahren. Sie sei eine andere Frau, mit der sie jedoch die DNA und das Gehirn teile. Beide Frauen seien wertend und fordern viel von sich und ihrer Umgebung. Sie sei verschiedene Frauen, verschiedene Anordnungen des gleichen Musikstücks, eine andere Reihe von Farben mit unterschiedlichen Stärken und Schwächen. (T, S. 63) Indem sie nach verschiedenen Versionen ihrer selbst oder nach den verschiedenen Ebenen ihrer Identität fragt, versucht Yael Dayan ihre Sehnsucht zu lokalisieren:

> You long for yourself as you used to be. The way that you think you were. The way you wanted to be? The way you were when? At seventeen and a half? In your army uniform? Your skin smooth, perpetually tan, your long hair cascading, a twinkle in your hazel eyes, a flirtatious smile playing on your lips, curious and brave, without commitment, without loyalty, dangerously and recklessly self-confident, aware of your attractiveness, intriguing, a girl-woman who doesn't know what she wants or where she wants to go. The way you were as a young writer? In the world's drawing rooms and literary salons, in the gossip columns and on the pages of the book reviews. With a good figure, tastefully, expensively dressed. Make-up free, toying with your suitors, skipping across continents, cities, languages, publishers, launches, galas, your first novel, second, third. (T, S. 1)

Ihr Lebenswille habe radikal mit dem Tod ihres Ehemannes Dov und dem ihrer engsten Vertrauten, der israelischen Schriftstellerin Dahlia Ravikovitch, abgenommen. (T, S. 23) Ihre Welt als alternde und kranke Frau beschreibt Dayan als „crippled" (T, S. 23) – ein Rollstuhl, ein Sauerstoffkonzentrator, eine tragbare Sauerstoffmaschine seien beständiges Inventar in ihrem Leben (T, S. 28). Und so erinnert Yael Dayan an Donna Haraways Cyborg, wonach sie sowohl ein Geschöpf der sozialen Realität als auch ein Geschöpf der Fiktion, der Dichtung sei.[25]

Als Geschöpf der Fiktion ist die Protagonistin Ariel Ron aus *New Face in the Mirror* oder Amalia aus *Death Had Two Sons* ob ihrer

25 Donna Haraway: A Cyborg Manifesto. Science, Technology and Socialist-Feminism in the Late Twentieth Century. In: David Bell / Barbara M. Kennedy (Hrsg.): *The Cybercultures Reader*. London: Routledge 2000, S. 291–324, hier S. 291.

autobiografischen Züge ebenso soziale Realität wie Dichtung – gleichermaßen wie die Autorin Yael Dayan in *My Father. His Daughter* und *Transitions*. Die Entwicklung der ProtagonistInnen als auch die Veränderung von Narrativen bezüglich Patriotismus, Nationalismus, der Shoah oder den israelischen Kriegen wird rückblickend von Yael Dayan in ihrem letzten Werk reflektiert. Sie habe sich die Freiheit genommen, über ihre eigenen Transitionen von einem naiven israelischen Teenager und einer Soldatin hin zu einer anspruchsvollen und verwöhnten Bestseller-Autorin und in weiterer Folge zu einer reifen, weisen, alten Frau, die mit Frustration auf unerfüllte Träume zurückblicke, zu schreiben. In *Transitions* beschreibt die Autorin nicht nur ihren persönlichen Werdegang, sondern auch ihre ideologische Modifikation, die sich in ihrer Kritik an Israel als Besatzungsmacht der palästinensischen Gebiete, gerechtfertigt durch ein Versprechen Gottes und unter einem falschen Vorwand von Sicherheit zeigt. (T, S. i)

2.
„Do you remember how she was taken away“[1] Shoah

> The question is whether 'we' – this time meaning both feminist researchers, and gendered subjects implicated in 'still being here' – can bear to gaze upon the Gorgon. Can our shame allow us to absorb victimised womanhood so as to open up new avenues to researching gendered memory in times of political violence?[2]

In diesem Kapitel geht es um die literarische Darstellung der Shoah-Überlebenden und der Ermordeten in den Texten Yael Dayans.[3]

1 DS, S. 17. Teile dieses Kapitels sind bereits in englischer Sprache publiziert worden: Viktoria Pötzl: On Gendered Concepts of Identity and Memory in Yael Dayan's Prose. In: Wojciech Owczarski / Maria Virginia Filomena Cremasco (Hrsg.): *Solidarity, Memory and Identity*. Newcastle upon Tyne : Cambridge Scholars 2015, S. 270–281).

2 Ronit Lentin: Femina sacra. Gendered Memory and Political Violence. In: *ScienceDirect*, 30.08.2006. http://www.tara.tcd.ie/bitstream/2262/25154/1/femina%20sacra%20pdf.htm (Zugriff am 03.03.2013).

3 Wird hier von Überlebenden der Shoah gesprochen, so soll versucht werden, auf die jeweiligen Selbstdefinitionen in den Texten Yael Dayans Bezug zu nehmen. Hierzu wird auf Ronit Lentin zurückgegriffen, welche gleichsam Selbstdefinitionen der Shoah-Überlebenden präferiert, um nicht eine Debatte über die Einstufung von Shoah-Überlebenden führen zu müssen. Nach Lentin ist der Begriff *Überlebende_r* eine sozial konstruierte Identität, der dazu tendiert, die Erfahrungen von Jüd_innen unter der Nazi-Besatzung zu verdinglichen. (Vgl. Lentin: *Israel and the Daughters of the Shoah*, S. 4.) In den Texten Dayans sind David (D), Daniel und Haim (DS), Elli (EF) und Dr. Leibowitz (TW) Überlebende. Zudem werden eine solidarische Figur, Yardena (D), und die Geister aus *Dust*, welche die Shoah nicht überlebt haben, behandelt.

Dennoch auf die gegenwärtigen Diskussionen zu Shoah und Erinnerungskulturen einzugehen, scheint aufgrund der Brisanz des Themas unumgänglich.[4] Die Folie für diese Untersuchungen bildet Sarah R. Horowitzs Frage nach einem Begreifen-Wollen der Shoah bezüglich der Analysekategorie Geschlecht: „We knew gender to be an important component in understanding human experience; how might it figure – could it at all figure? – in understanding inhuman experience?“[5]
Werden die acht Texte der Autorin nach Gattungen gegliedert, lässt sich erkennen, dass die vier Texte mit der höchsten Fiktionalität, *Dust, Envy the Frightened, Death Had Two Sons* und *Three Weeks in October*, im Gegensatz zu jenen, die in unterschiedlichen Abstufungen mehr oder weniger autobiografisch sind oder Kriegsberichten gleichen, *Transitions, My Father, His Daughter, A Soldier's Diary* oder *New Face in the Mirror*, jeweils Shoah-Überlebende als ProtagonistInnen einsetzen. Aufgrunddessen beschäftigt sich dieses Kapitel vorrangig mit *Dust, Envy the Frightened, Three Weeks in October* und *Death Had Two Sons* und geht der Frage nach, welche Erinnerungskulturen durch die literarische (Re)konstruktion und (Re)produktion der Figur des/der Shoah-Überlebenden bedient werden.
Spätestens seit Theodor W. Adornos These (1949), es sei barbarisch, nach Auschwitz ein Gedicht zu schreiben[6] (die er später revidierte), gibt es Diskussionen darüber, wie über etwas Unsagbares wie die Shoah gesprochen bzw. wie sie künstlerisch bearbeitet werden kann. Nach Elie Wiesel sind nur jene befugt, Zeugnis abzulegen, die die Shoah überlebt haben,[7] nach Primo Levi, auf den Giorgio Agamben seine Argumentation aufbaut, könnten nur jene Zeugnis ablegen, die tot sind,[8] da nur die Toten das Grauen in ihrer

4 Einen guten Überblick über die Diskussion und verschiedene Lebens- und Erfahrungswelten von Männern und Frauen während der Shoah findet sich bei Lisa Pine: Gender and Holocaust Victims. A Reappraisal. In: *Journal of Jewish Identities* 1,2 (2008), S. 121–141.

5 Sarah R. Horowitz: Gender, Genocide, and Jewish Memory. In: *Prooftexts* 20,1/2 (2000), S. 158–190, hier S. 159.

6 Vgl. Theodor W. Adorno: Kulturkritik und Gesellschaft. In: Ders.: *Gesellschaftstheorie und Kulturkritik*. Frankfurt am Main: Suhrkamp 1975, S. 46–65, hier S. 65.

7 Vgl. Elie Wiesel zit. n. Bruno Bettelheim: *Erziehung zum Überleben. Zur Psychologie der Extremsituation*. München: dtv 1992, S. 96.

8 Vgl. Giorgio Agamben: *Homo sacer. Die Souveränität der Macht und das nackte Leben*. Frankfurt am Main: Suhrkamp 2002, S. 29–30.

„They defy memory the way they defy pity or thought“[18] – Erinnern

> We live in a time when memory has entered public discourse to an unprecedented degree. Memory is invoked to heal, to blame, to legitimate. It has become a major idiom in the construction of identity, both individual and collective, and a site of struggle as well as identification.[19]

Der Prozess des Erinnerns ist in Yael Dayans Texten eng an die Identitätskonstruktionen ihrer Figuren gebunden. Demzufolge setzen die Texte Identität als Werkzeug ein, um zu erinnern und gleichzeitig Identitäten zu konstruieren, die Zeugnis ablegen können – oder auch nicht. Die Beschaffenheit der Identitäten in Zusammenhang mit deren spezifischen Erinnerungen und Arten des Erinnerns legt eine Interpretation der jeweiligen ProtagonistInnen als literarische Manifestationen von Erinnerungskulturen nahe. Wie bei Agamben sind auch in den Texten Dayans die Überlebenden dazu gezwungen zu erinnern.[20]

Im auto/biografischen Text *My Father. His Daughter* sind es nicht die Überlebenden, die erinnern, es ist Yael Dayan selbst durch die Beschreibung der Ankunft der sogenannten Teherankinder in Nahalal. Die Familie Dayan ‚adoptiert‘ Tzippi, die die Gerüche und Ängste einer damals noch unbekannten Tragödie mit sich bringe. Einige der ‚Teherankinder‘ seien in Yaels Klasse, und sie vertreten die Welt außerhalb Israels in einer Weise, die Dayan als beängstigend beschreibt. Ihre Akzente seien seltsam – die sogenannten Teherankinder sprechen meist jiddisch. Sie haben keine Familien mehr, doch sprechen sie sehnsüchtig von ihren Eltern. Sie erzählen von Reichtum und großen Häusern, von den großen Städten und großen Bauernhöfen, wo sie sich versteckten. Aber über die Deportationen

18 DS, S. 109.

19 Paul Antze / Michael Lambek: *Tense Past. Cultural Essays in Trauma and Memory.* New York / London: Routledge 1997, S. VII.

20 Vgl. Giorgio Agamben: *Was von Auschwitz bleibt. Das Archiv und der Zeuge.* Frankfurt am Main: Suhrkamp 2003, S. 23. Obwohl Agamben hier als Referenz benutzt wird, so muss doch festgehalten werden, dass nicht in jeder Hinsicht dem Autor zugestimmt werden kann. Er schreibt mit androzentrischer Perspektive. Ein gesamtes Kapitel widmet er dem ‚Muselmann‘, wobei er nur an einer Stelle festhält, dass es auch ‚Muselweiber‘ oder ‚Schmuckstücke‘ gab.

sprechen sie wenig. Sie seien besitzergreifend und oft unfreundlich. Die Erwachsenen fordern von den Kindern, großzügig und geduldig zu sein sowie Verständnis zu zeigen für etwas, das nicht zu begreifen ist. (MF, S. 54) Hervorzuheben ist die Artikulation des Unvermögens, es wäre weder zu verstehen noch zu begreifen, wenn es um die Shoah geht. Die Autorin Yael Dayan erinnert hier, wie die ‚Teherankinder' erinnern, das heißt, welche Geschichten erzählt wurden und welche im Dunkeln blieben. Aleida Assmann meint – bezugnehmend auf Teresa de Lauretis' Definition von Identität als einer aktiven Konstruktion und diskursiv vermittelte politische Interpretation eigener Geschichte[21] –, dass wir uns selbst darüber definieren, was wir kollektiv erinnern und vergessen.[22] In dieser Hinsicht ist es sinnvoll, für eine Analyse der Varianten des Erinnerns die geographische, nationale und diskursive Verortung Yael Dayans zu definieren – sie ist Israelin und ihre Texte spielen in Israel.

Nava Semel äußert in einem Interview mit Ronit Lentin, dass in Israel nur am Jom Ha-Shoah über die Shoah gesprochen wurde und der Eichmann-Prozess (1961), Yoram Kaniuks *Adam Ben Kelev* (1969, dt.: *Adam Hundesohn*) und *Lizkor Ve-Lishkoach* (1968, dt.: *Masken in Frankfurt*) von Dahn Ben-Amotz Ausnahmen darstellten.[23] Lentin schreibt bezüglich der Shoah – als Ereignis ohne Zeug_innen –, dass die Überlebenden mundtot gemacht wurden, da die Nazis alles taten, um nicht nur Jüd_innen zu vernichten, sondern auch deren Erinnerung. Jedoch wurden die Überlebenden nicht nur von den Nazis mundtot gemacht, sondern auch von einem vorstaatlichen und neustaatlichen zionistischen Narrativ, welches heroische Mythen privilegierte.[24] Dies hatte zur Folge, dass die Shoah lange Zeit weder im israelischen Film und Theater noch in der Literatur präsent war.[25] Demnach stehen auch die Texte Yael Dayans in dieser Tradition und müssen dementsprechend gelesen werden. Als bemerkenswert ist

21 Vgl. Teresa De Lauretis: The Essence of the Triangle or, Taking the Rise of Essentialism Seriously. Feminist Theory in Italy, the U. S., and Britain. In: Naomi Schor / Elisabeth Weed (Hrsg.): *The Essential Difference.* Indiana: Indiana UP 1994, S. 1–39, hier S. 12.

22 Vgl. Aleida Assmann: *Cultural Memory and Western Civilization.* New York: Cambridge UP 2011, S. 53–54.

23 Vgl. Lentin: *Israel and the Daughters of the Shoah*, S. 53.

24 Vgl. ebd., S. 6.

25 Vgl. ebd., S. 53.

somit hervorzuheben, dass die Shoah in *Envy the Frightened* (1961), worin heroische Mythen privilegiert werden, *Dust* (1963) und *Death Had Two Sons* (1967) thematisiert wird. Folglich stellen diese Texte der Autorin, um mit Lentin zu sprechen, eine Ausnahme zum damals gängigen israelischen Shoah-Diskurs dar und macht Dayan somit zu einer Vorreiterin.

Durch Ronit Lentins Forschungen wird ersichtlich, in welcher Form der damals gängige, offizielle und institutionalisierte israelische Shoah-Diskurs geführt und zum Teil in Yael Dayans Texten reproduziert wird. Jene Diskurse werden bei der genaueren Analyse der Charaktere der Shoah-Überlebenden evident. Israelische Erinnerungsdiskurse sind außerdem nationales, kollektives Gedächtnis. Ronit Lentin verweist auf eine Verbindung zwischen Nationen und deren Erinnerungskulturen. Eine logische, patriarchal verankerte Konsequenz ist eine (zionistische) israelische Konstruktion des ‚New Type' oder ‚New Jew'. Diesem (maskulinisierten) ‚New Type' wird, wenn von der Shoah gesprochen wird – abgesehen von den heroischen Darstellungen des Warschauer-Ghetto-Aufstandes und der Widerstandskämpfer_innen – der weniger tapfere, weniger heldenhafte, weniger maskuline und passive (effeminierte) Shoah-Überlebende gegenübergestellt.[26] Auf der Suche nach Frauen bzw. weiblichen Akteurinnen innerhalb von Shoah-Diskursen ist es sinnvoll, Ronit Lentin und ihren Text *Femina sacra* heranzuziehen. In Anlehnung an Agambens Buch *Homo Sacer* kritisiert sie einerseits die Abwesenheit der Frau und stellt andererseits einen Entwurf vor, der Frauen innerhalb des Shoah-Diskurses sichtbar macht. Innerhalb dieses Konzepts unterstreicht sie nationale Interdependenzen:

> [W]oman, due to her function as a vehicle of ethnic cleansing, and to her sexual vulnerability, arguably becomes *femina sacra* at the mercy of sovereign power: she who can be killed, but also impregnated, yet who cannot be sacrificed due to her impurity. The body of woman creates and contains birth-nations and demarcates territories, and is therefore the basis of nation-states [...].[27]

26 Vgl. ebd., S. 20, 24, 104–105, 126. Moshe Dayan kann generell, aber auch in *My Father. His Daughter* als (literarisches) Paradebeispiel eines israelischen Helden gelesen werden, welcher all jene Eigenschaften eines ‚New Jew' in sich vereint und sich dem Typ des ‚Diasporic Jew' entgegenstellt.

27 Lentin: Femina sacra.

Lentin sieht in der israelischen Erinnerungskultur der Shoah, dem langen Schweigen und den Schwierigkeiten des Sprechens/Schreibens den Versuch, eine Sprache zu finden – auch als Fortschreibung einer Opfergeschichte. Sie kritisiert die Herangehensweise, die Geschichte der Shoah mit der Geschichte ihrer Opfer gleichzusetzen, die außerhalb eines größeren Zusammenhangs von Geschichte, Gesellschaft, Politik, Faschismus, Rassismus und Sexismus angesiedelt ist.[28]
Die notwendige Täter_in/Opfer-Dichotomie dekonstruiert sich teils durch die Artikulation von Schuldgefühlen der Betroffenen, zum Beispiel in *Death Had Two Sons*: „How some people survived the war, what it was that made them be among the elected to live while millions evaporated in the darkest of smoke that covered Europe, is a divine riddle." (DS, S. 50) In *Dust* erzählt David Yardena wie folgt von seiner „Schuld": Aufgereiht im Konzentrationslager habe ein älterer Mann zu David gesagt, dass jene, die nach rechts geschickt werden, zur Arbeit gezwungen werden, und jene, die links gehen müssen, in die Gaskammern kommen. David habe durchgezählt und feststellen müssen, dass er nach links geschickt werden würde. Er habe aus Angst etwas getan, wofür er sich selbst nie vergeben könne: „I sneaked in, ahead of the young man in front of me. [...] I pushed my way to life – and worse. [...] I did not feel guilt, or shame. We were all scared. I was only fifteen and I pushed my way to life." (D, S. 103–104) Egal welche Form die Zeugnisse der Shoah annehmen, sie bewohnen doch alle ein verfolgtes Terrain traumatisierter Erinnerung.[29] Agamben bezieht sich auf Primo Levi, wenn er behauptet, dass keiner der „Besten" überlebt habe.[30] Die Überlebenden wissen um die umfassende Zwangsläufigkeit von Demütigungen:

> [E]r [der Überlebende] weiß, dass Menschlichkeit und Verantwortungsbewußtsein etwas sind, das der Deportierte außerhalb des Lagerzauns zurücklassen muss. Sicher ist es wichtig, daß einige [...] nicht nachgegeben haben. Doch das Zeugnis ist nicht für sie, nicht für die „Besten". Und auch

28 Vgl. Lentin: *Israel and the Daughters of the Shoah*, S. 119.

29 Vgl. Froma I. Zeitlin: The Vicarious Witness. Belated Memory and Authorial Presence in Recent Holocaust Literature. In: Epstein / Lefkovitz (Hrsg.): *Shaping Losses*, S. 128–160, hier S. 128.

30 Vgl. Primo Levi: *Die Untergegangenen und die Geretteten*. München: dtv 1993, S. 84.

> dann, wenn sie nicht gestorben wären [...], wären nicht sie die Zeugen, könnten nicht sie vom Lager Zeugnis ablegen. Vielleicht von etwas anderem – ihrem Glauben, ihrer Tapferkeit (und genau dies taten sie mit ihrem Tod) –, aber nicht vom Lager.[31]

Daniel & Haim – die „choiceless choice"

Auch Haim, der Protagonist aus *Death Had Two Sons*, muss seine Menschlichkeit zurücklassen. Er wird von den Nazis vor die grausame ‚Wahl' gestellt, sich für einen seiner beiden Söhne zu entscheiden. Haim entscheidet sich für Shmuel, Daniels Bruder. In einem der vielen inneren Monologe, die seinen Vater adressieren, fragt er ihn, ob er glaubt, seine Entscheidung je vergessen zu haben oder je vergessen zu können. Es sei nicht die Schuld seines Vaters gewesen, denn wer könne schon eine solche Entscheidung treffen. Daniel hätte ihm vielleicht auch dann nicht verziehen, wenn sich Haim für ihn und nicht für Shmuel entschieden hätte. Er verdanke seinem Vater das Leben, weil er sich von den Nazis täuschen hat lassen. (DS, S. 24) Als „choiceless choice"[32] bezeichnet Langer jene Nazipraxis, bei der Mütter ihren Kindern in die Gaskammern, in den Tod, folgen. Auch Haim wird vor eine Wahl gestellt, die eigentlich keine ist.

In *Death Had Two Sons* wird ebenfalls thematisiert, wie ein Junge, der mit ca. elf Jahren nach Israel kommt und die Shoah überlebte, von seinen Mitmenschen wahrgenommen wird: Er sei ein schüchterner Junge und spreche kaum mit den anderen. Er erzähle nichts über seine Eltern, außer dass seine Mutter schön sei. Über seinen Vater könne er nicht sprechen: „All that was left with him was the memory of the last moments he saw his father, and this memory he could not share. If only by childish intuition, somehow he knew that it was horribly wrong to mention it [...]" (DS, S. 20) Wie oben bereits ausgeführt, findet sich auch hier ein paradigmatischer israelischer Umgang mit der Shoah wieder. Bereits das Kind Daniel weiß, was die Menschen hören

31 Agamben: *Was von Auschwitz bleibt*, S. 52.

32 Lawrence L. Langer: Gendered Suffering? Women in Holocaust Testimonies. In: Dalia Ofer / Lenore J. Weitzman (Hrsg.): *Women in the Holocaust*. New Haven: Yale UP 1998, S. 351–363, hier S. 225. Langer betont die untergeordnete Rolle von Gender während der Shoah und lehnt einen Genderzugang mit der Begründung ab, dass die Shoah von universalem Leid geprägt ist.

wollen und was nicht. Der ‚unheroische' Akt seines Vaters, der von den Nazis gezwungen wird, zwischen seinen Söhnen zu entscheiden, zuvor als „choiceless choice" bezeichnet, will im damaligen Israel kaum erinnert werden, geht es doch gerade darum, ein neues Narrativ zu konstruieren, nämlich das eines ‚New Type', und es sind seine Geschichten, die gehört werden wollen. Dieser Logik folgend wird Daniel auch von seinen Mitmenschen wahrgenommen: Als Jugendlicher in Israel erwecke Daniel den Anschein, als würde er sich gut entwickeln und scheinbar nicht viel von seinem Leben in Warschau erinnern. Lediglich zwei kleinere Tränenausbrüche, doch ansonsten mache er ‚keine Probleme' und sei gesund. Er sei sehr hübsch und auch die Mädchen zeigen Interesse an ihm. (DS, S. 23–24) Hätte er nicht diesen leichten Akzent, würde er für einen Sabra gehalten werden. (DS, S. 26) Diskursiv wird hier versucht Daniels Vergangenheit und somit die Shoah zu verschweigen, zu verdrängen und einen gesunden, hübschen, starken Sabra aus ihm zu machen. Dies funktioniert wenigstens solange, bis Daniel seinen Vater wiedertrifft und Daniels verdrängte Vergangenheit zur Gegenwart wird. Im Kontrast dazu steht Rina, eine Freundin, wenn sie bereits vor dieser Begegnung meint, sie wisse nicht, wer Daniel eigentlich sei, was er fühle oder was er wolle: „It's as if everybody has three dimensions and you have two – two neat and graceful and polite dimensions." (DS, S. 29) Die einzigen Dinge, die Daniel Rina erzählt, sind, dass seine Mutter wunderschön gewesen sei, er einen älteren Bruder gehabt hätte, der Piano spielte, sein Vater Haim groß und gut gekleidet gewesen sei, sie einen Holzboden gehabt hätten und er sich an den Schnee[33] erinnern könne. (DS, S. 30)

Julia Epstein und Lori Hope Lefkovitz, die sich mit der Thematik des kollektiven Erinnerns und Vergessens auseinandersetzen, problematisieren den Akt der Erinnerung oder die Repräsentation von Erinnerung in künstlerischer Bearbeitung. Sie führen aus, dass Repräsentationen wie Memoiren, Belletristik, Fotos, Filme oder Skulpturen ein kollektives kulturelles Gedächtnis kreieren. Epstein und Lefkovitz verstehen diese Prozesse als hoffnungslos kompliziert. Erfahrungen

33 „For all of them snow is an amazing trigger." (Lentin: *Israel and the Daughters of the Shoah*, S. 49.)

motivieren, trotzen und besiegen Darstellungen, die komplexen Ungenauigkeiten erinnerter Erfahrungen nehmen mit der Zeit zu.[34]
Erinnern ist ein leitgebendes Motiv für *Death Had Two Sons*, und es ist erneut Rina, die an Daniel, der stellvertretend für den einstigen israelischen Shoah-Diskurs stehen kann, unangenehme Fragen stellt und damit zum Erinnern aufruft, ein Zurückblicken einfordert: Sie fragt Daniel, ob er nachts nicht wach liege und sich seine Familie vorstelle oder versuche Geschehnisse zu rekonstruieren. (DS, S. 30) Sie seien alle gestorben, als er sechs Jahre alt war, antwortet Daniel. Solle er zurückgehen und sich selbst eine Familie geben, die er nicht habe (DS, S. 30), wirft er Rina entgegen. „Rina had scratched the surface and reached the soft flesh he cared not to expose, or to admit was there at all." (DS, S. 31) Die Oberfläche, an der sie kratzt, ist zugleich gesellschaftliche Fassade und Außenseite von Daniels Bewusstsein. Er meint folglich, sie habe kein Recht, daran zu kratzen, Auch Yoram fragt ihn, warum er nie nach seinen Eltern gesucht habe, sein Vater könne vielleicht noch am Leben sein. Daniel entgegnet ihm, er sei glücklich und er wolle sich nichts vorstellen, was er nicht erinnere. (DS, S. 32) „Did they [Rina und Yoram] envy my pastlessness? Did they want me to be an equal, with memories of a house and home cooking and a reproduction on the wall?" (DS, S. 47) Oder wie es Epstein und Lefkovitz formulieren: „Acts of shaping loss produce cultural memory, but at the same time they entail an incomplete justice."[35]
Die Gespräche Daniels mit seinem Vater verlaufen auf unterschiedlichen Ebenen, einer fiktiven und einer realen, wobei die fiktive Ebene jene ist, in der Daniel wagt, Dinge vorsichtig zu denken, die er bei realen Gesprächen mit Haim niemals ansprechen würde. Die fiktiven Gespräche eröffnen den Leser_innen somit tiefe Einblicke in Verarbeitungsprozesse und Daniels Umgang mit Erinnerung, Vergessen und Vergebung. Dessen ungeachtet wird Daniels Zeit im Konzentrationslager selten direkt thematisiert. Dies führt dazu, dass Leser_innen kaum einen voyeuristischen Blick einnehmen können, wie der Auszug

34 Vgl. Epstein / Lefkovitz: Introduction. Shaping Losses, Cultural Memory, and the Holocaust. In: Dies. (Hrsg.): *Shaping Losses*, S. 1–10, hier S. 1.
35 Ebd.

aus einem weiteren imaginierten Gespräch Daniels mit seinem Vater veranschaulicht:

> When they took me away from you they kept me for three month before I ran away and was hidden in the village. Did I ever tell you what these three months were like? Can I remember? They [die Nazis] defy memory the way they defy pity or thought, they even defy dreams. (DS, S. 109)

Die Nazis verwehren alles – angefangen von den Erinnerungen über Mitleid und Gedanken bis hin zu den Träumen. Dies macht ein Erinnern für Daniel unmöglich, lässt aber aufgrund dieser Formulierung immenses Grauen vermuten. Um daran anschließend unterschiedliches Erinnern in *Death Had Two Sons* aufzuzeigen, soll folgende Stelle einer genaueren Betrachtung unterzogen werden. Es handelt sich dabei erneut um ein fiktives Gespräch Daniels mit seinem Vater, in dem Erinnern für Daniel möglich ist, allerdings etwas Zwanghaftes in sich birgt. Daniel sei dazu verdammt, sich Nacht für Nacht an seine Geschichte zu erinnern, an jenen Tag, an dem seine Mutter von den Nazis verschleppt wurde, und an die Tage danach. Er stelle seinem Vater wiederholt die Frage, ob auch er sich erinnere:

> Do you remember how she was taken away when you were out, and you cried and hugged your sons and said she will be back? [...] Then they came for you and the boys. [...] You were taken out of the line with both boys to a yard behind the barracks. [...] The officers were armed and they told you to stop. [...] They are so nice, they said, you can have the choice. Did you really not understand what they meant? You told them you did not. There wasn't much time, they said. You could choose the one who would be shot and be left with the other. You did not believe it. How could you? Yet it was a human brain that invented such a simple torture and you were given your moment. [...] They said they would take both unless you decided and when you turned to look at them – it was a question of seconds – you were never to be the same man again. You were trembling and you were Abraham, and you were God. (DS, S. 17–19)

In der biblischen Geschichte wurde Abraham von Gott auf die Probe gestellt, tatsächlich musste er seinen Sohn Isaak nicht opfern. Haim wird von den Nazis gezwungen, sich für einen Sohn zu entscheiden.

Bei Yael Dayan sind die Shoah-Überlebenden keine Widerstandskämper_innen und wie im Fall von Haim ‚passiv'. Lentin behauptet, um eine Nationalisierung der Erinnerung von Millionen, deren einzige Sünde in einer vermeintlichen Passivität in den Vernichtungslagern besteht, zu ermöglichen, musste jene Passivität vom neuen Staat Israel als schwach und demnach als stereotypisiert weiblich identifiziert werden. Dagegen waren heldenhafte Darstellungen annehmbar.[36] Bei Dayan sind die Shoah-Überlebenden keine ‚HeldInnen'. Haim sieht zu, als seine Frau abgeholt wird, etwas später widerfährt ihm das entscheidende Vor-die-Wahl-gestellt-Werden in Bezug auf seine beiden Söhne. Es wird kein Kampf, kein Sich-zur-Wehr-Setzen beschrieben, kein Sich-Organisieren. Haim geht mit, die Nazis zwingen ihn, sich für einen seiner beiden Söhne zu entscheiden, und er trifft eine Wahl. Diese Darstellung eines ‚passiven' Überlebenden der Shoah fügt sich schweigend in eine diskursive Tradition, die das Grauen der Shoah nicht wahrnehmen will oder kann. Die Figur des Haim, von Daniel skizziert, kann zudem analog zu Lawrence Langer gelesen werden. Langer stellt dem Begriff *heroic memory* jenen des *unheroic memory* gegenüber.[37] Darauf aufbauend formuliert Aleida Assmann, dass die erste Version von Erinnerung ein integrales Selbst mit den Attributen Selbstachtung, freier Wille, intellektuellen Möglichkeiten, einer Zukunft, positiven Werten und eine Rhetorik von Rettung erfordert, wohingegen *unheroic memory* all jener Attribute irreversibel beraubt ist.[38] Haim wurde von den Nazis alles abgesprochen, was zu einem *heroic memory* hätte beitragen können. Hier sind es die divergenten Interdependenzen von Identität und Erinnerungskulturen, manifestiert in vergeschlechtlichten (*gendered*) Versionen der Figur des Shoah-Überlebenden. Sara Horowitz versucht in ihrem Text „Gender, Genozide, and Jewish Memory" die systematischen Effeminierungen in klassischen rabbinischen Texten als Zeichen für Traumata von Gräueltaten und Genoziden zu lesen und schafft so eine Verbindung zur Shoah: Die Shoah wird durch Konstellationen von vergeschlechtlichten Bildern repräsentiert. Unabhängig von Faktizität und

36 Vgl. Lentin: *Israel and the Daughters of the Shoah*, S. 130.

37 Lawrence L. Langer: *Holocaust Testimonies. The Ruins of Memory*. New Haven / London: Yale UP 1991, S. 162.

38 Vgl. Assmann: *Cultural Memory and Western Civilization*, S. 246–247.

Autorität dieser Repräsentationen trägt die Verwendung maskuliner und femininer Tropen dazu bei, wie die Shoah erlebt, erinnert und verstanden wurde:[39] „Forced into conditions traditionally troped as female – denial of rights of citizenship, ownership, and autonomy, for example – the Jewish man is 'like a woman', and so her 'courage and ability to survive' is a way of claiming his, as well."[40]

David – die literarische Darstellung eines Traumas

Ein weiterer Text Yael Dayans, der sich mit der Shoah und Kulturen der Erinnerung auseinandersetzt, ist *Dust*. Im Zentrum steht der Überlebende David und die literarische Darstellung von Traumata: „That evening the man appeared. […] There was something ghostly or saintly about him. When he came closer there were his eyes. Deep and black and dead. Something was missing there […] Eyes with no expression […]" (D, S. 26) Noch namenlos wird die zentrale Figur als „the man" eingeführt, was unmittelbar die Frage aufwirft, ob David ein Mann sein muss, damit die Textabsicht aufgeht. David ist Auschwitz-Überlebender, in den sich die Israelin Yardena verliebt. Würde der Text funktionieren, wenn es umgekehrt wäre, wenn sich ein Israeli in eine Auschwitz-Überlebende verlieben würde? Wohl kaum, da die geschlechtlichen Fixierungen notwendige sind, um diesen Charakter als eben jenen beschreiben zu können. David muss sein, wie er ist, er muss derart traumatisiert skizziert werden, um die Schrecken der Shoah ansatzweise literarisch fassen zu können. Auch muss er männlich sein, damit er mit all den vermeintlich männlichen emotionalen Attribuierungen beschrieben werden kann. Er darf weder einen Weg haben oder finden, um mit seiner Vergangenheit umgehen zu können, noch darf er stereotyp weibliche Emotionen besitzen. David hat die Fähigkeit zu lieben verloren, woran Yardena, seine Freundin, Geliebte und Vertraute schlussendlich zerbricht und stirbt. Er fühlt sich nicht schuldig, mehr noch fühlt er die Erleichterung, da mit Yardena auch die Geister seiner Eltern und Geschwister verschwinden.

Erinnern geschieht selten direkt, sondern meist über Umwege: Yardena beobachtet, wie Davids Haut vom vielen arbeiten in der Sonne zusehends dunkler wird, und meint: „almost as dark as the

39 Vgl. Horowitz: Gender, Genocide, and Jewish Memory, S. 170.
40 Ebd., S. 175.

tattooed number on his arm which was becoming less conspicuous – so much so that I expected it to disappear entirely one day.“ (D, S. 37) Doch die Nummer verschwindet nicht, kann nicht verschwinden, legt beständig Zeugnis ab und fordert kontinuierlich zum Erinnern auf. Die Erwähnungen von tätowierten Nummern dienen beharrlich dazu, der Shoah zu mahnen. Sie stehen im Text oft stellvertretend für das Grauen: „I [Yardena] carressed [!] his [Davids] body. I could feel his ribs and the bones under the stretched skin. I thought I could feel tattooed numbers, all over.“ (D, S. 62) Oder jene Textstelle, in der die Kinder des Kindergartens David fragen, warum er eine Nummer auf dem Arm habe. David antwortet, dass in Deutschland Jüd_innen mit Nummern gekennzeichnet worden seien, weil sie sich dort nicht so viele Namen merken konnten. (D, S. 78) David will nicht vom Horror und Grauen erzählen und selbst wenn er es wollte, könnte er nicht. Eine weitere Passage, anhand derer deutlich wird, dass die tätowierten Nummern nicht lediglich für sich selbst stehen, ist jene, in der Yardena David nicht finden kann und sich sorgt, dass er wieder dahin zurückgehen könnte, woher er kam:

> Where did he come from? Back to where? To the smoke and blood? To the death, the gas, and tattooed numbers? To the ruins and shame? [...] I needed him to be there: David my conscience, my unknown past, my challenge, my God. (D, S. 39)

Der letzte Satz dieses Zitats verweist auf eine mögliche Form des Umgangs mit der Shoah von Personen, hier Yardena, die während dieser Katastrophe in Sicherheit waren. David kartiert Yardenas Gewissen, ihre Vergangenheit, von der sie nichts weiß, weil sie nicht dabei war, evoziert ein herausforderndes Infragestellen und wird schließlich zu ihrem Gott. David steht nicht als Subjekt zur Disposition, er ist an dieser Stelle eine rhetorische Figur[41] der Shoah. Yardena braucht jene Figur, jene personifizierte Metapher, um einen Umgang mit der Vergangenheit zu finden und sich zu solidarisieren.

41 Da das Wort *Figur* im Rahmen einer entmenschlichenden Strategie von den Nazis verwendet wurde, wird in dieser Arbeit jener Begriff nur dann herangezogen, wenn es sich um literarische Figuren oder rhetorische Figuren handelt.

David reflektiert sein (Über)Leben, wenn er sein Leben nach dem Krieg als Pflicht und Belastung und weniger als Privileg wahrnimmt. (D, S. 52) Seine Aussage führt uns zu einer der zentralen Fragen die Shoah betreffend: Wie ist ein Leben danach möglich? – Für David als belastende Pflicht: Er verstünde den Tod besser als das Leben. Die Menschen, die er liebe, seien Tod. Geselle sich Yardena zu ihnen, würde auch sie seine Liebe kennenlernen. (D, S. 139) Die Liebe gehört den Toten und will Yardena Davids Liebe, so muss auch sie tot sein.

Yardena – die Solidarische

Yardena ist jener Charakter, der die Shoah nicht erlebte und doch an ihr zugrunde geht. Der Name der Protagonistin leitet sich von dem hebräischen Verb *jarad* ab, was so viel wie *herabsteigen*, *sinken* oder *abnehmen* bedeutet und gleichzeitig auf ihren Tod verweist. Zudem deutet *jarad* auf den Fluss Jordan (hebr.: Jarden) hin. Yardena ist eine solidarische Figur und bis zu ihrem Tod die erzählende Instanz, die relativ lange im Text keine geschlechtliche Markierung erhält. Erst im 6. Kapitel bekommt die Ich-Erzählerin eine Geschlechtsidentität zugewiesen: David bezeichnet sie als Tochter. Es sind meist Männer, die Yardena definieren, sogar ihre geschlechtliche Fixierung und ihre erste Benennung erfolgen über David: „Yardena" (D, S. 56), ruft er im Traum und ordnet sie so – bereits sehr früh im Text –den Toten, seiner Familie zu. Auf Davids Frage, wovor Yardena Angst habe, antwortet sie, es wäre Distanz. (D, S. 62) Sie ertrage Davids Kälte, Davids Vergangenheit nicht, beginne seine Familie zu sehen und verändere sich zusehends, bis sie erkrankt. Yardena könne nicht festmachen, worunter sie leidet, doch schlafe sie sehr schlecht, habe Alpträume, sei depressiv. Sie klagt über Kopfschmerzen und schwache Glieder. Ihre Visionen tagsüber und die Alpträume erschöpfen sie merklich. Von Verlustängsten geplagt fürchte sie jedes Mal, wenn David weg ist, dass es dieses Mal für immer sei. Sie wolle schlafen, doch da sie das nicht könne, nimmt sie zu viele Schlaftabletten. Yardena überlebt, doch denkt David, sie habe es getan, um seine Aufmerksamkeit zu erlangen. (D, S. 95–96) Erst spät im Text erlebt David eine Veränderung seines Charakters; die Figur wird zum Teil offener, während Yardena immer verlorener wirkt. Ihre Alpträume werden intensiver und die Schlaflosigkeit raubt ihr zusehends den Verstand, weshalb es ihr schwerfällt, zwischen Realität und Traum, Vergangenheit und

Gegenwart zu unterscheiden. „Who was David? Who am I? Why did I never suffer? Why did not one burn me alive?" (D, S. 139) Dies sind die letzten Worte Yardenas. Es sind Fragen, die nicht beantwortet werden können.

Nach dem Tod der Ich-Erzählerin wechselt auch die Erzählinstanz in eine auktoriale, wodurch sich der Text, bzw. die Perspektive auf den Text ändert. Auf den Vorwurf, dass David schuld an Yardenas Tod sei, entgegnet er: „It wasn't me. They did it. They didn't have enough – maybe one was missing in their books. So they took her away. She chose to go and fill the gap." (D, S. 140) Die Vermutung liegt nahe, dass ‚they' keine göttlichen Instanzen repräsentieren, sondern die Nazis gemeint sind. Jedoch kann der Widerspruch bezüglich der Freiwilligkeit von Yardenas Tod Unbehagen hervorrufen. David formuliert, dass Yardena von ihnen mitgenommen, weggebracht wurde und sie noch nicht genug gehabt hätten. Indes wird im nächsten Satz Yardenas freiwilliges Handeln betont und impliziert, dass dies ein von ihr bewusst gesetzter Akt gewesen sei.

Yardena ist das Paradebeispiel für eine solidarische Figur. Solidarisch bis in den Tod, was einer vollkommenen Selbstaufgabe gleichkommt. Sie beschreibt ihre Liebe zu David, ihrem Feind, Herrn und Freund als stark, brennend und hoffnungslos. (D, S. 133) Yardena fährt fort:

> No, it was not identification with him; it went beyond that. I lived his past, but not his present. Every nightmare I had, meant one less for him. [...] food had no taste – what right had I to eat? Beauty made no sense – what right had I to beauty? I cut my hair short one day [...] David kept my hair among his things, together with his mother's ring and some family photos. (D, S. 134)

Erneut ordnet David Yardena den Toten zu, noch als Lebende hat sie bereits einen Platz bei ihnen eingenommen, indem er ihre Haare zu den Dingen seiner ermordeten Familie legt. Solidarität impliziert hier keine Identifikation, es geht – so die erzählende Instanz – darüber hinaus. Yardena identifiziert sich nicht mit Davids gegenwärtigem Leben, sie lebt seine Vergangenheit in ihrer Gegenwart und ist der Ansicht, sie nehme David so etwas vom Schrecken der Shoah ab. Ein Mensch kann solidarisch mit einer anderen Person sein, ohne sich zwangsläufig mit ihr identifizieren zu müssen. In Bezug auf die Shoah ist das Konzept der Solidarität vielleicht auch ein angemesseneres als jenes der Identifikation. Letzteres vermag oft anmaßend erscheinen, wenn sich Personen mit Shoah-Überlebenden (aus vielleicht noblen Gründen) zu identifizieren versuchen und die Reaktion provozieren: ‚Du warst nicht dabei und kannst und darfst demnach nicht darüber sprechen.' Gebraucht man jedoch das Konzept der Solidarität, so wird nicht für die Überlebenden als personifizierte Identifikationen gesprochen und so getan, als erfahre man denselben Schmerz, dieselben Demütigungen oder leide an denselben Traumata, sondern man erkennt die schrecklichen Erfahrungen als etwas Einzigartiges, nicht Nachvollzieh- oder Nachfühlbares an. Auch Yardena hält fest, es handle sich nicht um eine Identifikation, denn sie erlebe nicht das Gleiche. Kurz vor Yardenas Tod gibt es eine kurze Phase der Besserung, in der David sein eigenes Leiden als echt und Yardenas als künstliches bezeichnet: „After all, you didn't really go through it. You don't really know what it was like. It was a way of identifying yourself with me." (D, S. 127) David versteht Yardenas Solidarität als Identifikation und muss sie demnach auch als solche interpretieren. Sie hat die Shoah nicht erlebt, sie weiß nicht, wie es war, sie hat sich lediglich zu identifizieren versucht, weshalb ihr Leiden ein künstliches war. Würde David von einem solidarischen Konzept ausgehen, könnte vielleicht auch er Yardenas Leiden als ‚echtes' wahrnehmen, denn für Yardena sind ihre Empfindungen und Wahrnehmungen ‚echt', wodurch ihr Leiden zu einem ‚echten' wird und es sie schlussendlich tötet.

Die Geister

Die Toten sind Davids Eltern und seine Geschwister Rivka und Avram. Rivka wurde ermordet, Avram wurde zu Tode gehungert, Davids Mutter wurde vergast und sein Vater erschossen. Als Geister begleiten sie David, sprechen zu ihm. Sie erinnern an Ruth Klügers Gespenster:

> Erinnerung ist Beschwörung, und wirksame Beschwörung ist Hexerei. Ich bin ja nicht gläubig, sondern nur abergläubisch. Ich sag manchmal als Scherz, doch es stimmt, daß ich nicht an Gott glaub, aber an Gespenster schon. Um mit Gespenstern umzugehen, muß man sie ködern mit Fleisch der Gegenwart.[42]

42 Ruth Klüger: *weiter leben. Eine Jugend*. München: dtv 2003, S. 79.

Die Geister seiner Familie machen ein Erinnern dadurch möglich, dass sie da sind und von David, später auch von Yardena, gesehen werden. Ihre Anwesenheit legt ständig Zeugnis eines unaussprechlichen Grauens ab und verhindert ein Vergessen oder Verdrängen der Shoah. Im Text repräsentieren sie alle Ermordeten, Erschossenen, Vergasten und zu Tode Gehungerten: Die Geister seien erbärmlich, aber Yardena könne sie nicht bemitleiden. Sie tragen Schwarz, aber sie könne sie nicht betrauern. Sie brauchen Hilfe, aber Yardena könne nicht für sie beten. Sie seien jüdisch wie auch sie selbst, doch wisse sie nicht, was das bedeute. Yardena habe die Geister nicht erfunden, auch seien sie keine Produkte ihrer verzerrten Phantasie. Die Geister seien keine Symbole ihres jüdischen Bewusstseins. Sie seien einfach da, sie kommen und gehen. Yardena akzeptiere sie als unvermeidliche, unerwünschte Gäste. (D, S 73) In Anlehnung an Homers Odyssee sind auch bei Yael Dayan die Toten stumm: „and with their loss of language comes loss of memory. In order to communicate with them, he [Odysseus] must temporarily restore their speech and memory."[43] Ähnlich verhält es sich mit den Geistern in *Dust*. Zuerst werden sie nur von David, später auch von Yardena wahrgenommen. Die Geister erzählen ihr Schicksal, das nur von David bezeugt wird und somit lückenhaft bleiben muss, nicht. Überdies scheitert der Versuch, durch die Geister eine Ebene anzubieten, auf der es möglich wäre, ein vollständiges Zeugnis abzulegen. Tatsächlich sind die Geister stumm. Agamben zufolge „beruht die Gültigkeit des Zeugnisses wesentlich auf dem, was ihm fehlt; in seinem Zentrum enthält es etwas, von dem nicht Zeugnis abgelegt werden kann, ein Unbezeugbares, das die Überlebenden ihrer Autorität beraubt."[44] Demnach können auch bei Dayan nur jene ein vollständiges Zeugnis ablegen, die nicht überlebt haben, weil – um mit Elie Wiesel zu sprechen – die Vergangenheit im Besitz der Toten ist.[45] Die Geister könnten im Text einen Ausweg aus dem Dilemma des Zeugnisses anbieten, weil sie durch ihre Anwesenheit permanent Zeugnis ablegen, doch bleibt durch ihr Nicht-Sprechen das Zeugnis lückenhaft: „Das Schicksal des gewohnlichen Häftlings hat niemand erzählt, weil

43 Assmann: *Cultural Memory and Western Civilization*, S. 160–161.

44 Agamben: *Was von Auschwitz bleibt*, S. 30.

45 Vgl. Wiesel zit. n. Bettelheim: *Erziehung zum Überleben*, S. 314.

es für ihn nicht möglich war, körperlich zu überleben"[46] Der „gewöhnliche Häftling" ist bei Levi männlich, doch gibt es in *Envy the Frightened* eine Shoah-Überlebende.

Elli – die Shoah-Überlebende

Noch bevor das erste Mal ihr Name fällt, gibt es eine Beschreibung Ellis:

> The girl whom he [Nimrod] liked most was sitting opposite him. She was very small, and she looked about fourteen. She had long hair, the colour of wheat, tied tightly back, and he couldn't decide what the color of her eyes was. (EF, S. 83)

Ohne Umwege wird Elli sogleich mit Miriam, Nimrods Mutter, in Verbindung gebracht. Sie seien beide Frauen und mögen lockiges Haar. (EF, S. 84) Elli ist 20 Jahre alt: „So she was older than he. She looked so young. She was small, and yet she was much older, and he knew she had gone through so much more than he had." (EF, S. 84) Das ist der erste Verweis auf die Shoah im Text und obwohl Nimrod weiß, dass Elli eine Überlebende ist, meint er etwas später, sie habe kein Recht, derart vage und mysteriös zu sein. (EF, S. 85) Diese Aussage unterstützt die Annahme, dass im damaligen israelischen Shoah-Diskurs die Geschichten der Überlebenden nicht gehört werden wollten. Elli habe kein Recht, vage und mysteriös zu sein, wobei auf ihre ebenso vagen und mysteriösen Aussagen die Shoah betreffend, verwiesen wird. Sie spricht von etwas Furchtbarem, Grausamem oder Traurigem, wenn sie sich mit Nimrod unterhält: „It's the first time I am not afraid, and feel protected, and the first time I cry, not because of something terrible or cruel or sad, but I want to make the moment last. You are so clean and straight." (EF, S. 87) Als effeminiert, schwach und weinerlich wird die Shoah-Überlebende im Gegensatz zu den männlichen, traumatisierten Figuren Daniel, David und Haim dargestellt. Hinzu kommt die Diskrepanz zwischen dem ‚reinen' und ‚ordentlichen' Sabra und einer Überlebenden. Insofern fügt sich der Charakter der Shoah-Überlebenden reibungslos in das (männliche) Narrativ

46 Primo Levi: *Gespräche und Interviews*, hrsg. v. Marco Belpoliti. München / Wien: Hanser 1999, S. 226.

der Shoah und unterstreicht dadurch die Notwendigkeit der Konstruktion eines ‚New Jew'.

Die stereotype Darstellung von Mann und Frau erfährt in den Figuren Elli und Nimrod ihren Höhepunkt. Simona Sharoni weist in Bezug auf das Modell der Beziehungen zwischen starken, besitzergreifenden Männern und schwachen, hilflosen Frauen darauf hin, dass jenes nicht nur als Vorwand für die weitere männliche Dominanz an der israelischen ‚Heimatfront' und als Rechtfertigung für die Anwendung von Gewalt auf dem Schlachtfeld geltend gemacht wird, sondern auch ganz allgemein als Begründung des gewalttätigen Verhaltens von Männern dient. So sind die dominanten Gegenüberstellungen nach Sharoni vom unbesiegbaren Sabra und dem schwachen, hilflosen Diasporajuden einerseits und von Männern als Beschützern und Frauen als Schutzbedürftigen andererseits stark von einer zionistischen Ideologie sowie der unangefochtenen Zentralität sicherheitspolitischer Fragen in Israel durchdrungen, verstärkt und gerechtfertigt.[47]

Interessant ist ferner, wie Elli durch die erzählende Instanz und die Figurenreden der anderen ProtagonistInnen des Textes beschrieben und wahrgenommen wird und welche Schwierigkeiten beim Versuch, Elli innerhalb der nationalen Kategorien und Muster zu verstehen, entstehen können: „There was something dreadfully different about her. She came as if from another world." (EF, S. 90) Und in der Tat kommt Elli aus einer anderen Welt, nur ist Nimrod nicht fähig, diese andere Welt zu imaginieren, und vielleicht ist es nicht nur Nimrod, wahrscheinlich sind wir es alle nicht. Zudem wird sie auch von Miriam, Nimrods Mutter, als seltsam beschrieben: „Nice girl [...] but strange. A pretty girl, one of the Hungarian group ... Would Nimrod marry a new immigrant? Such a gap in habits, concepts, manners, and ideas." (EF, S. 91) Miriams Zweifel rühren nicht daher, dass Ellis Vergangenheit die Shoah ist, sondern sie befürchtet zu große kulturelle Differenzen. Daher klammert sie – wie alle anderen ProtagonistInnen im Text und der Text selbst auch – die Tatsache aus, dass Elli die Shoah überlebt hat und die grausamsten Dinge erfahren musste, nun

47 Vgl. Simona Sharoni: Homefront as Battlefield. Gender, Military Occupation, and Violence against Women. In: Esther Fuchs (Hrsg.): *Israeli Women's Studies. A Reader.* New Brunswick / New Jersey / London: Rutgers UP 2005, S. 247–264, hier S. 242.

aber in Israel lebt und das damalige Israel kein Ort dafür ist, an dem das Ablegen eines Zeugnisses erwünscht gewesen wäre. Auch Gideon verhält sich der Logik des Texts in Bezug auf die Shoah folgend und sagt zu Nimrod: „Please be good to her. She went through more than we all realize and wounds of the heart take long to heal." (EF, S. 141) Ellis Geschichte wird nicht erzählt, weder von ihr noch von einer anderen Instanz, es wird lediglich beschrieben, dass sie es schwer hatte. Ausschließlich folgende Stelle gewährt einen kleinen Einblick: Elli beobachtet die Jungen beim Spiel *Who Is Strong*[48], dabei, wie sie ihre eigenen Hände ins Feuer halten. Tief erschüttert habe sie brennendes Fleisch und damit ihre Kindheit gerochen. Ihre Haut fühle sich an, als würde sie zerschnitten und gefoltert. Alles sei zurückgekommen: ihr Bruder, der Weltkrieg, der kleine Raum, der ihr Zuflucht bot, die Schreie und die Verzweiflung. (EF, S. 103) Elli fragt jedoch lediglich, warum die Jungen sich selbst verletzen. Damit lenkt sie den Fokus weg von der Erinnerung der Shoah und nicht zuletzt weg von einer weiblichen Figur – hin zu den (männlichen) Israelis. Interessant in diesem Zusammenhang ist auch die Antwort Gideons auf Ellis Frage:

> What for, you ask. For the hell of it. Your brother wasn't asked whether he wanted to suffer, but the lesson was that we ought to learn to fight back. So we teach the children. They learn faster than they should and they don't even need to fight. [...] Look at me. I'm the answer. Stupidity, false courage, something invalid [...] No logic. No wisdom. Not even common sense. Great results and great danger. (EF, S. 106)

Hier wird eine bestimmte Männlichkeit, der ‚New Type' aufgrund der Shoah legitimiert und zugleich jene Schablone sehr kritisch hinterfragt. Die weibliche Shoah-Überlebende tritt hinter die männlichen Israelis, die durch Spiele ihren Mut und ihre Männlichkeit beweisen, zurück. Demnach wird an dieser Stelle eine israelische Männlichkeit auf Kosten und über die Unsichtbarmachung der weiblichen Shoah-Überlebenden konstruiert. Nur oberflächlich gewährt der Text Einblicke in Ellis Erinnerungen und Gefühle. Elli beschreibt, es sei

48 Auf Seite 10 des Buchs wird das Spiel wie folgt erklärt: Der Anführer der Gruppe von Jungen überlegt sich eine Aufgabe, stellt die Frage und wartet, bis sich einer mit den Worten: „I am strong!" meldet, woraufhin alle anderen „Show us you're strong!" rufen. Der Junge, der sich meldet, muss dann eine gefährliche Aufgabe erfüllen.

furchtbar, nicht zu wissen, ob ihr Vater noch lebe. Sie wisse allerdings, dass ihre Mutter und ihr Bruder ermordet wurden. (EF, S. 142–143) Durch Nachforschungen erfährt sie, dass ihr Vater vor sechs Jahren in Israel an einer Krankheit gestorben sei. Sie sei erleichtert, da die Unsicherheit ihr Schmerzen bereitet habe. (EF, S. 173)

Dr. Leibowitz – Repräsentant der Diaspora

In *Three Weeks in October* fungiert ein Shoah-Überlebender, Dr. Leibowitz, als Repräsentant der Diaspora. Er ist Arzt in New York und fliegt nach Israel, um im Jom- Kippur-Krieg zu helfen. Seine Rolle im Text ist peripher und doch dient die Figur dazu, Gefühle von Zugehörigkeit, die – so der Text – jüdische Menschen besitzen, aufzuzeigen. Daraus resultierend wird eine Form von Verantwortung – auch der in der Diaspora lebenden Jüd_innen – artikuliert. Der Text referiert über die Figur des Diasporajuden und den Jom-Kippur-Krieg auf die Shoah: „He could never forgive the Arabs for having the chutzpah to launch an attack on Yom Kippur. In the German concentration camps the Nazis had given him extra food on that day, knowing he wouldn't touch it.“ (TW, S. 6) Das jiddische *Chuzpe* bezeichnet eine Unverschämtheit, eine Anmaßung, hier in Bezug auf die Frechheit der Araber_innen, an Jom-Kippur anzugreifen. Zudem verweist Dr. Leibowitz an späterer Stelle nochmals auf die Shoah, wenn er eine Brücke vom namenlosen Patienten, der auf seiner Station in einem israelischen Krankenhaus liegt, zum Nationalsozialismus schlägt:

> It bothers me because we are a family. It's not a coincidence that you meet a relative here, a classmate there, someone who lives up the street or down the road or a block away. You are bound to, because you are a few and within a few circles – circles that cross and meet. You know each other. He [der Patient] pushes me back to the Nazi era. (TW, S. 40)

Jüd_innen bilden eine Familie, so Dr. Leibowitz. Für ihn macht es demnach keinen Unterschied, ob er in Israel oder der Diaspora lebe, weil sich jüdische Einheit nicht über das heilige Land als verbindendes Element konstituiere, sondern darüber, zu einer Familie, einem ‚Volk', zu gehören.

Bereits an der literarischen Figur David aus *Dust* konnte gezeigt werden, dass die tätowierten Nummern sowohl symbolischer als auch paradigmatischer Art sind, um der Shoah zu erinnern und auf sie zu verweisen. So finden sich jene auch in einer Aussage von Dr. Leibowitz wieder, wenn er sich nochmals auf den namenlosen Patienten bezieht: Sie hätten Nummern gehabt. Zwar seien sie namenlos gewesen, doch nicht anonym. Er könne Israel nicht verlassen, ohne sicher zu gehen, dass dieser Patient – tot oder lebendig – einen Namen und eine Identität habe. Es müsse gewährleistet werden, dass er Blumen bekommen könne. (TW, S. 40) Dr. Leibowitz betont die enorme Wichtigkeit eine Identität zu haben oder zugeschrieben zu bekommen. Für ihn geht es auch um eine Verbundenheit zu anderen Menschen – ohne Namen, ohne Identität kann der Namenlose keine Blumen erhalten.

Wenn es um Narrative der Shoah geht – im Speziellen um Shoah-Überlebende – kann auch anhand der Texte Yael Dayans aufgezeigt werden, wie selten die Erlebnisse von Frauen literarisch dargestellt werden. Viel wird über Daniel, David und Haim, jedoch nichts über Daniels Mutter Mina oder Dora und nur sehr wenig über Elli geschrieben. Das kann daran liegen, dass meist männliche Historiker die Shoah beschrieben haben und weibliche Erfahrungen und Wahrnehmungen nicht berücksichtigt wurden, was sich wiederum auf jede Person auswirkt, die mit Geschichte und Geschichten arbeitet. Lentin schreibt dazu, dass Erfahrungen in der Regel zu einer sogenannten menschlichen Perspektive neutralisiert werden, die sich bei genauerer Untersuchung als männliche Perspektive erweist.[49] Genauso wie alle nicht-jüdischen Opfer der Shoah auch in den Forschungen berücksichtigt werden müssen, muss auch Gender eine Analysekategorie darstellen.[50] Forschungen zu Shoah und Geschlecht entstanden erst in den 1970er Jahren und stellen demnach ein sehr junges Forschungsfeld dar. Noch nicht etabliert, haben sie sich vermehrt Rechtfertigungen auszusetzen.[51] Hinzu kommt die Besonderheit von Theorien, die sich Überlebenden und ihren Zeugnissen widmen, zumal darin eine Form von Pflicht/Bringschuld involviert ist und die Hegemonie des_der Fragenden/Wissenwollenden allzu oft unreflektiert bleibt.

49 Vgl. Lentin: *Israel and the Daughters of the Shoah*, S. 11.

50 Vgl. Ofer / Weitzman: Introduction. The Role of Gender in the Holocaust. In: Dies. (Hrsg.): *Women in the Holocaust*, S. 1–18.

51 Eine sehr genaue und reflektierte Darstellung zur Forschung von Shoah und Geschlecht findet sich bei Lentin: *Israel and the Daughters of the Shoah*.

In Yael Dayans Prosa sind die Geister jene, die Zeugnis ablegen, doch sie sind stumm. Ihre Existenz legt zwar Zeugnis ab vom Grauen der Shoah, aber eben nur ein fragmentarisches. Selten findet sich in ihren Texten eine Positionierung des_der Lesenden als Voyeurist_innen, – eher werden wir zu involvierten Co-Zeug_innen. Dayan erzählt in ihren Texten nicht die Geschichte der Täter_innen, sie werden weder repräsentiert noch haben sie eine Stimme. Die Überlebenden haben Stimmen und die Toten sind als Gespenster anwesend. Es sind deren Geschichten, die lückenhaft erzählt werden.
Wie viele der wenigen Überlebenden dargestellt haben, bedürfte es einer anderen Sprache, um die Shoah zu vermitteln. Es existiert keine Sprache, um die Katastrophe zu beschreiben, und auch folgt sie nach der Shoah anderen Paradigmen. In *Dust* wird dies dadurch verdeutlicht, dass Liebe für den Protagonisten nicht einmal mehr denkbar ist. Analog reflektiert Hannah Arendt über den Nationalsozialismus und die Shoah:

> Ich habe gewöhnlich gesagt, daß dies etwas ist, das niemals hätte geschehen dürfen; denn die Menschen werden unfähig sein, es zu bestrafen oder zu vergeben. Hiermit uns zu versöhnen und es zu begreifen, werden wir nicht in der Lage sein [...].[52]

52 Hannah Arendt: *Über das Böse. Eine Vorlesung zur Fragen der Ethik.* München: Piper 2009, S. 17.

3.
„Am I a patriot? A traitor?"[1]
Nation

> National memories are perpetually reconstructed as narrative as they are selectively recollected, reinterpreted, and retold. Changing over time to fit particular national needs, they rarely reflect real events that shaped the nation – take the form of myth, one of the most essential ingredients of nationalism.[2]

Eine Nation steht nicht für sich selbst und kann nicht als abgeschlossene Idee gelesen werden, sondern steht in Wechselwirkung mit Erinnerungskulturen, Konstruktionen von Geschlecht und Geschichtsnarrativen. An den Körpern der ProtagonistInnen in Yael Dayans Texten wird sowohl Nationales (israelisches) als auch Jüdisches verhandelt oder AntagonistInnen in diesem Zusammenhang konstruiert. Wie Benedict Anderson, Hugh Seton-Watson zitierend, in seiner Einleitung zu *Imagined Comunities* darlegt, ist es schwierig, die Begriffe *Nation*, *Nationalität* oder *Nationalismus* exakt zu definieren oder zu analysieren.[3] Eine ideelle Konkretisierung des Begriffs

1 T, S. 71. Teile dieses Kapitels sind bereits in englischer Sprache publiziert worden: Viktoria Pötzl: The Question of Belonging. Gendered Concepts of Identity and Nation in Yael Dayan's Prose. In: *in esse. English Studies in Albania* 4,1 (2013), S. 181–199.

2 Tamar Mayer: From Zero to Hero. Masculinity in Jewish Nationalism. In: Fuchs (Hrsg.): *Israeli Women's Studies*, S. 97–120, hier S. 109.

3 Vgl. Benedict Anderson: *Imagined Communities. Reflections on the Origin and Spread of Nationalism*. New York / London: Verso 2006, S. 3.

scheint unmöglich, doch wird hier der Anderson'schen „imaginierten Gemeinschaft" weitgehend gefolgt und mit Nira Yuval-Davis konkretisiert. Yuval-Davis begreift die Nation als ideologische und politische Idee.[4] Sie betont den Stellenwert von Gender und Sex in einem „kulturalisiertem Diskurs", in dem Sexualität und „geschlechtlich definierte Körper [...] als Territorien, Markierungen und Reproduzenten der Mythen der Nation und anderer Gruppen"[5] agieren. Nach Anderson ist jede Gemeinschaft und jede Nation imaginiert/erfunden.[6] „Nationalism is not the awakening of nations to self-consciousness: it *invents* nations where they do not exist."[7]

Jill Bystydzienski legt dar, dass Nationalismus weltweit mehr Frauen mobilisiert als jede andere politische Bewegung.[8] Eine kritische Ergänzung hierzu liefert Jill Vickers, die in ihrem Text „Gendering the Hyphen" die Diskurse eines westlichen Feminismus jenen von nationalen Befreiungsbewegungen in ‚postkolonialen' Ländern gegenüberstellt. Westliche Feminist_innen nehmen Vickers zufolge in Bezug auf Nationalismus kritische Positionen ein, wohingegen ‚postkoloniale' Feminist_innen feministische mit nationalen Projekten kombinierten.[9] Hinzu kommt, dass die Teilhabe von Frauen in nationalen Befreiungskämpfen oftmals gleichzeitig zu BürgerInnenrechten geführt hat: „Where women organized themselves and partizipated in national movements to found or restructure nation-states, especially democracies, they could involve themselves in the initial development

4 Vgl. Nira Yuval-Davis: *Geschlecht und Nation* [1997]. Emmendingen: die brotsuppe 2001, S. 32. Auch wenn Übersetzung und Originalausgabe nicht neueren Datums sind, so ist es doch jenes Werk, welches den wissenschaftlichen Diskurs zu Geschlecht und Nation maßgeblich beeinflusst hat. In jenem findet sich auch eine genauere Begriffsanalyse, historische Darstellung und epistemologische Aufarbeitung.

5 Ebd., S. 68.

6 Anderson: *Imagined Communities,* S. 6.

7 Ernest Gellner: *Thought and Change.* London: Weidenfeld & Nicholson 1964, S. 169 (Herv. V. P.).

8 Vgl. Jill M. Bystydzienski (Hrsg.): *Women Transforming Politics. Worldwide Strategies for Empowerment.* Bloomington: Indiana UP 1992.

9 Vgl. Jill Vickers: Gendering the Hyphen. Gender Dimensions of Modern Nation-State Formation in Euro-American and Anti- and Post-colonial Contexts. In: Yasmeen Abu-Laban (Hrsg.): *Gendering the Nation-State. Canadian and Comparative Perspectives.* Vancouver / Toronto: UBC 2008, S. 21–45, hier S. 21.

of political institutions."[10] In westlichen Konzepten hingegen bestanden die Nationalstaaten, bevor Frauen vor dem Gesetz gleichgestellt wurden. Sie mussten sich ihre Bürgerinnenrechte innerhalb eines bereits bestehenden nationalen Gefüges erkämpfen was dazu geführt hat, dass der von patriarchalen Strukturen durchdrungene Nationalstaat eher kritisch wahrgenommen und diskutiert wurde.[11]
An Vickers' anschließend kann es mit Blick auf Israel keine klare Zuordnung zu einem der beiden Konzepte (westlich oder ‚postkolonial') geben. Bereits in Israels Unabhängigkeitserklärung sind unter anderem die Verpflichtung zur absoluten politischen und sozialen Gleichheit aller BürgerInnen ungeachtet ihrer ‚Rasse', Religion oder ihrem Geschlecht sowie Freiheit von Glauben, Gewissen, Sprache, Erziehung und Kultur verankert. Gleichwohl gelten weder jene Erklärung von 1948 noch die elf bis dato von der Knesset verabschiedeten Grundgesetze als Verfassung. Israelische Frauen mussten demnach in Israel nicht wie in westlichen nationalen Entwürfen um ihre primären Bürgerinnenrechte wie Wahlrecht oder Gleichstellung kämpfen. In Israel erhielten StaatsbürgerInnen ihre Rechte[12] mit der Staatsgründung und waren zum Teil auch in nationalen und zionistischen Bewegungen aktiv. Doch ist der nationale Zionismus ein westliches Gebilde und die Staatsgründung Israels nahm sich ein westliches Konzept von Nation zur Schablone.

10 Ebd., S. 22.

11 Vgl. ebd., S. 21. Die Autorin nennt auch Ausnahmen wie Finnland oder Quebec, doch darauf in dieser Arbeit näher einzugehen, würde den Rahmen sprengen.

12 Auch wenn es an dieser Stelle nicht um die Darstellung von Staatsbürger_innenrechten gehen soll oder deren Umsetzung, so soll hier dennoch darauf hingewiesen werden, dass der westliche, eher antinationale feministische Diskurs einem nationalen feministischen Diskurs in anderen Regionen der Welt gegenüberstehen kann, diesen auch zu unterwandern und/oder zu ergänzen vermag. Vickers hält in ihrem Aufsatz fest, dass jeder Diskurs zum Thema Nation, ob feministisch oder nicht, von Nation zu Nation unterschiedlich ist und demnach einen anderen wissenschaftlichen Zugriff erfordert. Auch innerhalb von nationalen oder antinationalen Diskursen variieren die Narrative. Zudem verweist sie auf die Verbundenheit jener zwei von ihr beschriebenen Systeme durch den Kolonialismus und darauf, dass von Frauen sowohl in westlichen als auch in postkolonialen Kontexten erwartet wurde, BürgerInnen und kollektive Identitäten zu reproduzieren und zwischen traditionellen Werten in Zusammenhang mit der Nation und modernen Normen in Bezug auf Staat und Marktwirtschaft zu vermitteln.

„I had a need to create a complex identity“[13] – Israelische, jüdische und andere Entwürfe von Identität

> Identitäten – individuelle wie auch die von Gruppen – sind bestimmte Formen kultureller Erzählungen, die Gemeinsamkeiten und Unterschiede zwischen dem Selbst und dem Anderen herstellen und dabei ihre gesellschaftliche Lage in mehr oder weniger dauerhafter Weise interpretieren. Häufig beziehen sich diese auf Mythen eines gemeinsamen Ursprungs (historisch stichhaltig oder auch nicht) oder Schicksals.[14]

Woran wird Jüdisch_sein[15] diskursiv festgemacht? Was bedeutet es israelisch zu sein, was macht eine_n jüdische_n und/oder israelische_n Frau_Mann aus? Wer sind ‚die Anderen‘? Die Überschneidungen all dieser identitären Kategorien geschehen auf unterschiedlichen Ebenen. Ella Shohat hält fest, dass die Zunahme an Begriffen die Schwierigkeiten bei der Auseinandersetzung mit der Komplexität all dieser Identitäten suggeriert. Sie versucht folglich verschiedenste Identitätskonstruktionen zu benennen: nicht-aschkenasische Jüd_innen, Sephardim, ‚Jüd_innen des Islam‘, arabische Jüd_innen, nahöstliche, westasiatische oder nordafrikanische Jüd_innen, asiatische und afrikanische Jüd_innen, nicht-europäische Jüd_innen, ‚Dritte-Welt‘-Jüd_innen, levantinische Jüd_innen, Jüd_innen des Mittelmeers, maghrebinische und mashreqianische Jüd_innen, (aus den westlichen und östlichen Teilen der arabischen Welt), Nachkommen der östlichen Gemeinden, diejenigen, die arabische und muslimische Länder verlassen haben, Schwarze, ‚Zweites Israel‘, Misrachim, irakische Jüd_innen, iranische Jüd_innen, kurdische Jüd_innen, palästinensische Jüd_innen, marokkanische Jüd_innen und so weiter. „Jede dieser Benennungen wirft Fragen nach der impliziten Geschichte, Politik und den Diskursen auf, aus denen die jeweiligen Bezeichnungen hervorgehen. Jeder Begriff kodiert einen

13 T, S. 42.

14 Yuval-Davis: *Geschlecht und Nation*, S. 75.

15 Lisa Silvermans Konzept von *Jewishness* wird in dieser Arbeit übernommen. Der Unterstrich an dieser Stelle soll auf die Konstruktion von Jüdisch_sein hindeuten und einen Raum für Devianz eröffnen. Lisa Silverman: Reconsidering the Margins. Jewishness as an Analytical Framework. In: *Journal of Modern Jewish Studies* 8,1 (2009), S. 103–120.

historischen, geographischen und politischen Standpunkt."[16] So müssen die Sprache, linguistische Affinitäten, Religion, Kultur, Mentalität, Geschichte, (ethnische) Herkunft oder auch politische Einstellungen stets in ihrer Hybridität und Diversität reflektiert werden. Im Folgenden wird also Identität nicht als fixe und gegebene Größe, sondern als diskursiv erzeugte Reproduktionen in den Texten Yael Dayans[17] betrachtet.

Dayan schreibt in *Transitions*, sie komme aus einem jungen sozialistischen Staat. Das Existenzrecht Israels und die Menschenrechte seien als selbstverständlich erachtet worden. Die Form des Zionismus, die sie kannte, wäre säkular gewesen. Ihre Wurzeln lägen in den Kriegen ihres Vaters, der Arbeit ihrer Mutter mit den neuen Immigrant_innen, den kooperativen Lebensformen in Nahalal oder Degania, den Gedichten Rachel Bluwsteins, Nathan Altermans, Avraham Shlonskys, Iwan Sergejewitsch Turgenews und Anton Pawlowitsch Tschechows. (T, S. 40) Um generelle Essentialisierungen bei der Analyse israelischer oder jüdischer Identitätskonstruktionen in den Texten Yael Dayans zu vermeiden, wird Gayatri Chakravorty Spivaks Forderung nach einem strategischen Essentialismus[18] und Lisa Silvermans Vorschlag, *Jewishness* analog zu *Gender* als Analysekategorie zu verstehen, gefolgt: Es gilt, die Beziehung zwischen den konstruierten Idealen von ‚jüdisch' im Gegensatz zu ‚nicht-jüdisch' zu hinterfragen.[19]

Der von Ronit Lentin festgestellte degradierende Charakter des Vorwurfs, eine Diasporamentalität zu haben,[20] findet sich auch in *Envy the Frightened*: „You haven't changed, Lamech, immigrating here hasn't really meant much to you. You don't care for the land, your skin isn't tanned, you're so, so – Jewish!" (EF, S. 41) Jüdisch_sein wird an dieser Stelle als Schimpfwort verwendet, festgemacht an einem

16 Ella Shohat: *Taboo Memories, Diasporic Voices*. Durham / London: Duke UP 2006, S. 334 (Übers. V. P.)

17 Hier muss festgehalten werden, dass wenige der von Ella Shohat erwähnten Identitätskonstruktionen literarisch bei Yael Dayan repräsentiert sind. Vorwiegend handelt es sich bei letzterer um aschkenasische israelische Juden und Jüdinnen und in der Diaspora lebende jüdische Menschen.

18 Vgl. Gayatri Chakravorty Spivak: *Can the Subaltern Speak? Postkolonialität und subalterne Artikulation*. Wien: Turia + Kant 2008.

19 Vgl. Silverman: Reconsidering the Margins, S. 109–110.

20 Vgl. Lentin: *Israel and the Daughters of the Shoah*, S. 124.

vorherigen Leben in der Diaspora und einem Mangel an den zugeschriebenen Eigenschaften der im Land geborenen. Zum einen veranschaulichen die Identitätskonstruktionen im Text, wie sehr sich ein jüdisches von einem israelischen Konzept unterscheiden kann, zum anderen zeigt sich die untrennbare Verbundenheit beider Konstruktionen. Eine von vielen dieser Verflechtungen findet sich in *My Father. His Daughter*, wenn Dayan über ihre erste Europareise mit ihrer Großmutter reflektiert:

> For the first time I felt Jewish. What was inherent in being an Israeli suddenly acquired its own reality. I was an Israeli; I had a blue passport, and I was born in Nahalal. In the forms I filled whenever we crossed a border I wrote: Nationality, Israeli [...] it was as if something from inside me was extracted and exposed as a second skin. I didn't believe in God, never had a Jewish education in the orthodox religious sense, never was observant. Being Israeli, speaking Hebrew, studying the Bible as my national history book, as geography and poetry and philosophy, touching my father's oil lamps and having Tzippi for a sister, were all components in my being, and there was no need to dissect or analyze them. [...] No, it's not a religion – I'm not religious. It's not a race; we are not biologically homogeneous; we are a people. We are custodians of a great culture. We are a civilization. Some of our people have a state; the others are minorities in other countries. [...] The "others" thought of me as Jewish and applied their terminology regardless of my identification with it. Only in London did I begin to sense what it meant to belong to a minority, what kind of insecurity it produced, and in turn what Israel meant to the Jewish people. (MF, S. 113–114)

Die Autorin beschreibt hier, wie eine Bewusstwerdung des Israelisch_sein sich subjektiv vollzieht. Zwar betont sie, die Identität sei wie eine „zweite Haut" über sie gestülpt worden, doch war jene nichts Fremdes oder Neues, sondern etwas, das schon immer in ihr war – was einem konstruktivistischen Ansatz von Nationalität diametral entgegen steht. Yael Dayan zieht keine klare Trennung zwischen Jüdisch_sein und Israelisch_sein. Sie eröffnet ihre Beschreibungen damit, dass sie sich zum ersten Mal in ihrem Leben jüdisch fühle, und schildert im Anschluss daran, wie sich dies vollzieht. Dabei verwendet sie den Terminus Israeli, um dann von Gott, einer jüdischen Erziehung und von Religion zu sprechen. Die wiederholte Anrufung: „Israeli", wann

immer sie eine Grenze überquert, bewirkt, dass sie sich im Ausland jüdisch fühlt. Es sei ihr kein Bedürfnis zu hinterfragen, dass u. a. die Bibel zugleich ein nationales Geschichtsbuch, ein Buch der Geografie, Philosophie und Poesie darstellt, ebenso wenig dass Tzippi, eines der ‚Teherankinder', das von der Familie Dayan aufgenommen wurde, ihre Schwester sei. Auch wenn die Autorin deutlich macht, dass dies Elemente seien, die keiner Analyse bedürfen, wird doch die Komplexität jener Aussagen erkennbar. Sie verwendet gängige Topoi für die Legitimation des Staats Israel, indem die Bibel sowohl Geschichte als auch Geografie repräsentiert, über Tzippi auf die Shoah verweist oder die Wichtigkeit Israels auch für die jüdische Diaspora hervorhebt. Für Yael Dayan ist Judentum zum damaligen Zeitpunkt weder eine Glaubensgemeinschaft noch eine „Rasse", sondern ein „Volk" (*people*). Sie verbindet jüdische und nationale Identitätskonstruktionen mit einem Gefühl für Zugehörigkeit. Die Erwähnung der Bibel – so zeigt auch folgender Ausschnitt aus *My Father. His Daughter* – steht vielmehr in Zusammenhang mit der Frage nach Zugehörigkeit und dient nicht als Referenz auf eine tiefe Religiösität. Die Autorin beschreibt, dass Moshe Dayans Gefühl der Zugehörigkeit zum Nahen Osten eine sinnliche Angelegenheit sei. Wenn überhaupt Spiritualität sein Gefühl für Kontinuität unterstütze, dann sei es die Bibel, die er nicht wegen ihrer Werte oder strengen Moral liebe, sondern aufgrund ihrer Prosa, Präzision und wunderbaren Geschichten von Richtern und Königen. (MF, S. 45–46).
Während ihrer Reisen beginnt Yael Dayan ihre eigene Identität als jüdisch, israelisch, kosmopolitisch, nahöstlich oder als Bürgerin des Westens zu hinterfragen. (T, S. 2) Doch wie so oft in *Transitions* steht das Fragen im Mittelpunkt, weshalb Antworten ausbleiben. Nira Yuval-Davis schreibt in ihrem Text „Power, Intersectionality and the Politics of Belonging" über die Grenzen, mit denen sich eine Politik der Zugehörigkeit beschäftigt: Diese Grenzen, die manchmal körperlich erscheinen, aber immer symbolisch sind, trennen die Weltbevölkerung in ‚uns' und ‚sie'. Die Frage nach den Grenzen der Zugehörigkeit, den Grenzen einer Anderson'schen imaginierten Gemeinschaft ist in allen politischen Projekten der Zugehörigkeit von zentraler Bedeutung. Die Politik der Zugehörigkeit beinhaltet nicht nur die Erhaltung und Reproduktion von Grenzen, sondern fordert sie auch heraus und ist widerständig. Doch neigt das Gefühl

der Zugehörigkeit dazu, so Yuval-Davis weiter, naturalisiert und Teil der Alltagspraxis zu werden. Zugehörigkeit bildet sich erst dann aus, wenn sie in irgendeiner Weise bedroht wird. Die Politik der Zugehörigkeit beinhaltet demnach bestimmte Konstruktionen politischer Projekte, um auf bestimmte Kollektive, die sich selbst in diesen Projekten auf sehr spezifische Weise und entlang ganz bestimmter Grenzen konstruieren, abzuzielen.[21] Nira Yuval-Davis verbindet hier Fragen nach Zugehörigkeit mit denen nach Abgrenzung und Grenzsetzung, was sich weniger abstrakt auch bei Yael Dayan in *Envy the Frightened* wiederfindet, wenn Nimrod von einer Reise zurückkommt, bei der er Grenzen überquert. Er meint: „How silly borders can be, if you can cross them and come back and still maintain war. But this trip was above and beyond the war, the situation, the state. It was a trip into manhood." (EF, S. 139). Mit Grenzen bezeichnet der Text hier nicht nur jene von Staaten, sondern auch die vermeintliche Grenzsetzung zwischen Jugend und Männlichkeit. Die ‚Reise zur Männlichkeit' wird sogar gegenüber dem Zugehörigkeitsgefühl zum Staat privilegiert. Avtar Brah bezeichnet Grenzen als Metaphern: Aber weit davon entfernt, bloße Abstraktionen einer konkreten Wirklichkeit zu sein, sind Metaphern Teil einer diskursiven Materialität von Machtverhältnissen.[22]

Ein weiterer Begriff, der in Yael Dayans Texten in Zusammenhang mit Zugehörigkeit gebracht wird, ist die Liebe. Konkret geht es um die Liebe zu einem Land, den Patriotismus, der exemplarisch in *A Soldier's Diary* verhandelt wird, wenn Yael den Soldaten Shimon Albaz fragt, ob er die Negev-Wüste lieben würde, bejaht er, da die Wüste ihnen gehöre. (SD, S. 18), „Other soldiers nodded. I [Yael] felt the gap then. I loved it for its wild beauty, in the way that I loved the Sinai, which was not yet ours." (SD, S. 18) Demnach kann auch ein Gebiet geliebt werden, das (noch) außerhalb der eigenen Grenzen liegt. Die Frage nach der Liebe zu einem Land wird ferner in *Envy the Frightened* gestellt und von Nimrod mit einem „Sure" (EF, S. 45) beantwortet. Auch in *New Face in the Mirror* stellt sich die Protagonistin Ariel dieser Problematik: Ariel beschreibt, dass die Frage nach Liebe zu einem Land eine

21 Vgl. Nira Yuval-Davis: Power, Intersectionality and the Power of Belonging. In: *FREIA Working Paper Series* 75 (2011), S. 3–5.

22 Vgl. Avtar Brah: Diaspora, Border and Transnational Identities. In: Reina Lewis / Sara Mills (Hrsg.): *Feminist Postcolonial Theory. A Reader*. Edinburgh: Edinburgh UP 2003, S. 613–634, hier S. 625.

seltsame sei und in ihr keinen Konflikt auslöse. Die Protagonistin stellt die Frage, inwieweit diese Liebe von Krieg, Spannungen oder Gefahren abhängt. Anstelle einer Antwort folgt eine Beschreibung all jener Dinge, die Ariel Ron liebe. Dazu zählen Orte und Landschaften[23], die Sprache, die Politik, aber auch die Religion. (NF, S. 23–24) Sie beschreibt ihre Verbundenheit, bedient sich dafür misogyner Skizzierungen der Anderen und artikuliert eine Intensivierung ihrer nationalen Gefühle während ihrer Militärzeit:

> It may have been silly, but something inside me moved proudly as the whole company sang lustily of 'love for the homeland'. I had felt the same when I heard a military aeroplane [...] even when I stood and watched some of these empty-headed girls holding guns in hands that had been soft and neatly manicured, and carefully aiming at their targets; it did move me. [...] Or when, in the evening, Tamar taught Rachel to write Hebrew. (NF, S. 23)

Yuval-Davis unterscheidet drei Facetten, wenn es um die Politik der Zugehörigkeit geht. Die erste betrifft den sozialen Ort, die zweite bezeichnet die Identifikation von Personen und deren emotionale Bindung an verschiedene Kollektive und Gruppierungen; die dritte Facette bezieht sich auf ethische und politische Wertesysteme, mit denen Personen ihre eigene Zugehörigkeit und fremde Zugehörigkeiten beurteilen. Yuval-Davis zufolge gewinnt die emotionale Komponente bei den Selbstkonstruktionen von Identitäten an Bedeutung, je höher der Grad der Unsicherheit empfunden wird und je mehr Bedrohungen wahrgenommen werden (müssen).[24] Literarisch veranschaulicht dies eine Passage in *New Face in the Mirror*: Als Ariel den soldatischen Schwur ablegt, loyal gegenüber ihrem Land zu sein und wenn nötig sogar ihr Leben zu opfern (NF, S. 24), wird jene Bedrohung ostentativ. Die Protagonistin stellt sich die Fragen nach Heimatliebe während ihrer Militärzeit, in der kriegerische Kampfhandlungen trainiert werden und Krieg demnach präsent ist. In einer derartigen Ausnahmesituation ist Ariel Ron auch bereit, jenen Schwur abzulegen.

23 Bei den Landschaften erwähnt die Protagonistin Ariel Ron die Negev-Wüste und Galilea. Die Negev-Wüste war auch im UN Teilungsplan von 1945 israelisch, wohingegen Teile Galileas im Arabisch-Israelischen Krieg von 1948 erobert und annektiert wurden.

24 Vgl. Yuval-Davis: Power, Intersectionality and the Power of Belonging, S. 5.

Die Thematisierung der Liebe zu einem ‚Volk' findet sich auch im Briefwechsel zwischen Hannah Arendt und Gershom Scholem aus dem Jahr 1963. In Bezug auf Arendts viel kritisierte journalistische Artikel zum Eichmann-Prozess schreibt ihr Scholem: „Es gibt in der juedischen Sprache etwas durchaus nicht zu definierendes und voellig konkretes, was die Juden Ahabat Israel nennen, Liebe zu den Juden. Davon ist bei Ihnen, liebe Hannah [...] nichts zu merken."[25] Diese Liebe zu Israel wird auch von Yael Dayan beschrieben. Hannah Arendt steht besagter Liebe zu einem ‚Volk' sehr kritisch gegenüber. Sie könne kein ‚Volk' lieben oder an ein ‚Volk' glauben, sie liebe ihre Freund_innen und glaube an sie.[26] Nicht nur die fiktionale Romanfigur Ariel Ron, sondern auch die Autorin der Auto/Biografie *My Father. His Daughter* beschreibt ihren Patriotismus: Sie sei nicht indoktriniert worden – was sie in *Transitions* widerruft –, sondern mache die Liebe zu ‚ihrem' Land an prägenden Erfahrungen wie zum Beispiel der Besteigung des Berges Tabor, dem Pflücken von Blumen, den Sonnenuntergängen auf dem Bergrücken des Karmel, dem Geruch des ersten Regens auf durstigem Boden oder dem Geschmack der ersten Mandarinen im Spätherbst fest. Dies repräsentiere Einzelteile einer größeren Komposition, die Liebe zu einem Land und einer Nation hervorbringe. (MF, S. 54) Yael Dayan folgt einem Begriff von Nation, der vor allem auf dem Land (Gebiet), auf der Bibel (als Geschichtsbuch dieses Gebietes) und emotionalen, subjektiven Verbindungen beruht. In folgendem Beispiel werden die Ansprüche auf ein Land durch eine Allegorie legitimiert. Ariel Ron hält vor ihren Rekrutinnen einen Vortrag zum Thema „love of their country": Sie erzählt die Geschichte zweier heimatloser Brüder ohne Familie: Eines Tages kommen sie in den Besitz einer Karte, worauf ein Haus eingezeichnet ist, auf dem „home" steht. Die Brüder nehmen also die beschwerliche Reise auf sich, um das Haus zu finden. Einer verletzt sich, der andere wird krank und wahrscheinlich wandern sie ihr ganzes Leben lang, denn als sie endlich ankommen, sind sie bereits alt und grau. Doch das Haus in dem Tal ist nicht leer. Die Menschen, die nun dort leben, lachen die Brüder aus und werfen mit Steinen nach

25 Gershom Scholem an Hannah Arendt, 23.06.1963. In: Dies.: *Der Briefwechsel. 1939–1964*, hrsg. v. Marie Luise Knott. Berlin: Jüdischer Verlag 2010, S. 429.

26 Vgl. Hannah Arendt: *The Jew as Pariah. Jewish Identity and Politics in the Modern Age*. New York: Grove 1978, S. 247.

ihnen. Doch dann geschieht etwas Seltsames, denn es erreichen zusehends mehr Menschen mit der gleichen Karte das Tal. Sie besitzen keine Waffen und rücken in Reihen immer weiter vor, viele sterben. Als sie dann endlich im Haus sind, finden sie es leer vor. Der Feind ist geflohen. (NF, S. 121–123) Nachdem Ariel ihre Geschichte zu Ende erzählt hat, meint sie zu den Rekrutinnen: „You are the new daughters born to that house." (NF, S. 123) Diese Geschichte ist ein klarer Verweis auf das in der Bibel versprochene Land, das es in weiterer Folge zu verteidigen gilt.

Fragen zur Heimat ziehen sich wie ein roter Faden durch das erste Werk *New Face in the Mirror:* Von der Heimatsuche Ariels über die der Immigrant_innen bis zu den biblischen Verweisen auf das Land Israel. In einem Brief, den Ariel am Ende des Buchs an ihre Eltern schreibt, meint sie: „What is home? I think it's something within one. [...] Home is hardly a matter of choice." (NF, S. 157), was einem eher essentialistischen Entwurf von Heimat gleichkommt. Obendrein findet sich in *My Father, His Daughter* eine Form von Ursprungsgedanken, die mit Adorno gelesen Gefahr laufen, in „radikale Herrschaft [...], die erst im Faschismus mit den Ursprungsmächten Blut und Boden zu sich komme"[27] umzuschlagen: „The roots are, where the home is, where the grave is, where some of the children are to live and be buried." (MF, S. 25) Bei Yael Dayan gibt es demnach so etwas wie Wurzeln oder einen Ursprung, welche die Autorin an der Stelle verortet, die sie als „home" bezeichnet – wo die Gräber sind und Kinder aufwachsen und begraben werden. Doch findet sich auch eine kritische Stimme zum Patriotismus bei Ariel Ron. An dieser Stelle positioniert sich die Protagonistin gegenüber anderen Soldatinnen und verleiht ihrer Kritik an naiven Vorstellungen von Patriotismus Ausdruck: „They shouldered the heavy packs and rifles as if the country depended on them; [...] The girls in the cadet school, carefully chosen, were in fact a devoted, dedicated, unselfish lot, and they were determined to 'contribute to the country' [...]". (MF, S. 133) Die Skizzierung einer selbstlosen Gruppe von Frauen, die alles für ihr Land tun würde, verdeutlicht vergeschlechtlichte militärische und nationale

27 Günter Seubold: Ursprungsphilosophie. In: *utb-Online-Wörterbuch Philosophie*. http://www.philosophie-woerterbuch.de/online-woerterbuch/?title=Ursprungsphilosophie&tx_gbwbphilosophie_main[entry]=920&tx_gbwbphilosophie_main[action]=show&tx_gbwbphilosophie_main[controller]=Lexicon&cHash=4f1c2cedeb415383d09d6f02fe7f47a2 (Zugriff am 04.05.2014).

Entwürfe (weiblicher) Identitäten, da diese Frauen so täten, als wäre das Land von ihnen abhängig oder würde sie benötigen. Yael Dayan bezeichnet ihre eigene Liebe zum Land als genauso groß wie die der anderen, doch äußert sie auch ihr Unbehagen darüber, diese in Gruppen enthusiastisch auszudrücken. Sie spricht von Sättigung: „I had been immersed and padded and injected with everything that meant love of country and roots and belonging. Now this added layer caused an overflow and a surplus [...] an overdose that almost caused an allergy." (MF, S. 133–134) Hier wird ein Zuviel an Heimatliebe und Zugehörigkeit ausgedrückt und schließlich beginnt sich Dayans Konzept von Patriotismus mit den Jahren zu wandeln. Als sehr junge Autorin entwirft sie die Geschichte der beiden Brüder in *New Face in the Mirror*, als Analogie zu Israel und der Heimatsuche der Jüd_innen. Im 26 Jahre später publizierten Text *My Father. His Daughter* adressiert sie hingegen ein Zuviel. Wiederum 29 Jahre später formuliert Dayan in *Transitions* Folgendes: „I fell for superficiality and defended Israel with a patriotism that was foreign to my cynical counterparts". (T, S. 42) Sie reflektiert damit ihr früheres patriotisches und nationalistisches Selbstverständnis. Marschiert ihre Protagonistin Ariel Ron noch stolz in ihrer Armeeuniform, so ist Yael Dayan als 76-Jährige beschämt über ihr Land, ob der fortwährend illegalen Besatzung der palästinensischen Gebiete. (T, S. 59)

Die Protagonistinnen – „do not possess a real voice of their own"[28]

Mit Chandra Talpade Mohanty wird im Folgenden davon ausgegangen, dass die Homogenität von Frauen als Gruppe nicht auf Basis biologischer Grundlagen entsteht, sondern auf der Basis sekundärer soziologischer und anthropologischer Allgemeinbegriffe.[29] Frauen nehmen Yuval-Davis' zufolge eine sehr ambivalente Stellung innerhalb von Gruppen ein, da sie sogleich die Einheit einer Gesellschaft repräsentieren können als auch häufig aus jener ausgeschlossen werden/bleiben.[30] „In diesem Sinne besitzt Weiblichkeit die Qualität

28 T, S. 43.

29 Vgl. Chandra Talpade Mohanty: Under Western Eyes. Feminist Scholarship and Colonial Discourses. In: *Boundary* 12,3 (1984), S. 333–358, hier S. 337.

30 Vgl. Yuval-Davis: *Geschlecht und Nation*, S. 81.

des ‚Andersseins'. Um Frauen in dieser minderwertigen Machtposition zu halten, werden oft strikte kulturelle Kodizes entwickelt, die festlegen, was es bedeutet, eine ‚richtige Frau' zu sein."[31] Dies spiegelt sich literarisch in den Protagonistinnen der Texte Yael Dayans wider.
Die Analyse der Texte wird zeigen, werden die Figuren nur oberflächlich betrachtet, dass nationale oder jüdische Identitäten meist an Männern festgemacht werden. Um Protagonistinnen jedoch nicht völlig hinter ihren männlichen Counterparts verschwinden zu lassen, wird hier bewusst versucht, durch die Analyse von Nebenrollen einen Raum zu eröffnen, der nicht Nebenraum bleibt und somit für ein aktives In-den-Mittelpunkt-stellen plädiert.
Yuval-Davis beschreibt die Ambivalenz der Zugehörigkeit von Frauen sowohl zu ihren ethnischen als auch nationalen Gemeinschaften dahingehend, dass Frauen innerhalb einer Gemeinschaft geschlechtsspezifischen Regeln und Vorschriften unterworfen sind. In weiterer Folge unterstreicht sie die politischen Implikationen von Formen, „in denen Frauen als biologische Reproduzentinnen ‚der Nation' dargestellt werden"[32] und schreibt zwar meist Männern die Macht innerhalb gesellschaftlicher Geschlechterordnungen zu, doch definiert sie Frauen keinesfalls als Opfer oder Objekte politischer Ideologien.[33]
In Dayans Text *Envy the Frightened*, in dem explizit Nation und Männlichkeit verhandelt werden, gewinnen die Protagonistinnen Elli, Miriam und Rina gerade als Antagonistinnen besondere Bedeutung und helfen, die beschriebene Männlichkeit als fragil zu entlarven.

Rina aus *Envy the Frightened*

Rina ist eine marginale Figur in *Envy the Frightened*, doch braucht die Textabsicht jene Figur, um so etwas wie ‚Weiblichkeit' re/produzieren zu können, zumal sie an klassischen Stereotypen gemessen als ‚unweibliche' Antagonistin dargestellt wird. Sie ist ungefähr im selben Alter wie Nimrod und wird später Yoram heiraten. In folgendem Zitat, wenn Gideon Elli als „woman" bezeichnet, demaskiert Rinas Antwort Sexismus: „Woman! Since when do you use terms like this? She is no more woman than we girls, and if being a woman means

31 Ebd.
32 Ebd., S. 65.
33 Vgl. ebd.

being frightened at night, wearing pretty dresses and keeping your hands delicate and perfumed, I'm not a woman, and I'm glad of it." (EF, S. 108) Einer derartigen Definition von Frau_sein folgend, bleibt einer Figur wie Rina nichts anderes übrig, als sich davon zu distanzieren. Da sie jedoch kaum Handlungsmöglichkeiten besitzt, meist nur von anderen beschrieben wird und lediglich als Frau Yorams erscheint, gelingt es dem Text nicht, einen Entwurf von Frau_sein zu liefern, der ohne stereotyp sexistische, misogyne Beschreibungen oder Referenzen auf Männer auskommt. Gideons Antwort belegt dies: „No, Rina, you are not a woman and you never will be. You'll be a good wife and mother, true. You'll cook chickens and potatoes, and bake heavy cakes […], but you lack the sensitivity and will to understand and to give of yourself." (EF, S. 108) Gideon referiert durch einen stereotyp weiblichen Entwurf auf Elli. Elli kontrastiert Rina nicht nur, auch treten sie mit ihren unterschiedlichen Entwürfen von ‚Weiblichkeit' in Konkurrenz zueinander. Zu Beginn der Bekanntschaft beider Frauen wird das Konzept der Eifersucht bedient. Hier wird Rina von Gideon gefragt, warum sie denn so ‚launisch' sei. Rina antwortet, er solle Elli fragen, da sie selbst keine Zeit für Launen habe. „The girls can tell you stories about nights of crying and days of being sulky." (EF, S. 108) Ellis Traumata als Shoah-Überlebende werden hier als ‚weibliche Launen' abgetan.

Analog zur Darstellung des ‚New Type' und der ‚jüdischen Sissy' (siehe Kapitel 3) ist es auch hier nicht möglich, Formen zu finden, die zwischen oder außerhalb dieser binären Oppositonen liegen. Es gibt keine Verbindungen und auch keine Möglichkeit, selektiv Eigenschaften anzunehmen, die dem jeweils anderen Konzept zugeschrieben werden. Dies ist möglicherweise darin begründet, dass Elli eine Immigrantin und Shoah-Überlebende darstellt und Rina den ‚New Type' repräsentiert. Auch von Gideon wird letztere als ‚New Type' bezeichnet und folglich beschreibt er ihre „hässlichen" Körpermerkmale wie zum Beispiel ihre dicken Knöchel, ihre roten Hände, die ungepflegten Haare oder die behaarten Beine. (EF, S. 109) Rina wird einige Seiten später wiederholt als ‚New Type' dargestellt, jedoch fällt hier eine eindeutige Kategorisierung bei weitem schwerer als zum Beispiel bei Nimrod:

> Rina was somewhere between two worlds, not a child – she lacked the childish charm and dream quality of the young – and far from being a mature women. She was good looking and proud, but there was something

> masculine about her, not bad or ugly, but just a lack of femininity. […] the woman in her had died somewhere on the way, when milking the cows, or handling the farm, or wearing slacks. They weren't all like this. Most of the girls in the village were hard workers, but also enjoyed flowers, and ribbons and a warm word. But like Nimrod – well it wasn't quite like that, but there was always something lacking in their path toward being a woman or a man. (EF, S. 107)

Obwohl *Envy the Frightened* eine Absage an den männlichen ‚New Type' ist und sich – die Passagen zu Rina ausgenommen – auch nur jenem widmet, so ist auch die Tragweite der männlichen Skizzierung eine ungleich breitere. Hier wird dem (männlichen und weiblichen) ‚New Type' eine ‚wirkliche' Männlichkeit und Weiblichkeit abgesprochen. Rina wird mit stark stereotypisierten androzentrischen Bildern von ‚Unweiblichkeit' definiert und all ihre ‚unweiblichen' Attribute sind negativ konnotiert, mit einer Ausnahme:

> Yoram loved Rina; this massive figure of hers, and the direct eyes, the strong hands, and her utter sincerity appealed to him. […] He found that Rina possessed all that the city girls lacked, and was charmed. Being fed up with exhibitionistic, artificial womanhood, he saw in the girl an ideal, the housewife, the mother, the fruitful creature. (EF, S. 111)

Doch auch diese Ausnahme reduziert Rina abermals auf ihre Aufgabe als Hausfrau, Mutter und Erhalterin der Nation. Sie wird einem vermeintlich künstlichen Frau_sein gegenübergestellt und somit als ‚natürlich' markiert. Der Text operiert mit einer Vorstellung von Geschlecht, die ein sehr konkretes System von Zweigeschlechtlichkeit als Schablone benötigt und zudem biologistisch ist.

Rina aus *Death Had Two Sons*

Ebenso wie Rina aus *Envy the Frightened* ist Rina aus *Death Had Two Sons* eine Nebenfigur. Und es ist nicht nur der Name, den die beiden teilen, sondern auch ihre ‚Unweiblichkeit'. Sie wird über Daniel eingeführt, der sie als „vivacious woman" mit behaarten Beinen (DS, S. 25) beschreibt. Ein eklatanter Unterschied zu Rina aus *Envy the Frightened* ist, dass Rina aus *Death Had Two Sons* nicht ausschließlich in Beziehungen zu/mit Männern existiert, sondern einen Beruf hat – sie ist Archäologin. Daniel habe Rina in der Schule kennengelernt. Sie komme aus einem anderen Dorf, nämlich Shimron. Sie mögen dieselben Bücher, russische Klassiker wie Maxim Gorki. Beide sprechen viel über die Texte, die sie lesen. (DS, S. 28–30) Differenzen in der Beschreibung von Rina zu anderen Frauen werden deutlich: Daniel sei sehr angetan von Rina, sie sei eine Freundin und authentisch (*genuine*). Wenn er an Frauen denke, würden sich jene stark von Rina unterscheiden. In seiner Vorstellung haben sie weiche Haut, seien parfümiert und würden Rüschen tragen. Die Mädchen, mit denen er aufgewachsen sei, seien zwar schön und ‚gut gebaut', doch wäre ihm das zu vertraut. Deren Haut habe die Qualität seiner eigenen und ihre Beine und Achseln seien behaart. (DS, S. 60) So wird auch diese Rina in Kontrast zu anderen Frauen beschrieben, wenn auch positiver als Rina aus *Envy the Frigthened*. Spannend scheint zudem, dass auch hier die Körperhaare der Frau ‚Unweiblichkeit' signalisieren. Beide Rinas sind behaart, wobei Rinas Charakter aus *Death Had Two Sons* der komplexere ist. Eine Erklärung für die dargestellte ‚Unweiblichkeit' der beiden Rinas ist bei Lesley Hazleton, die über die Ungleichheit von Pionieren und Pionierinnen geforscht hat, nachzulesen. So wurden Frauen – im Gegensatz zu Männern – nicht für ihre Arbeit bezahlt und mussten in den Kibbuzim eher Hausarbeit als Feldarbeit verrichten. Viele von ihnen kamen mit einer sozialistischen Weltauffassung, in der die Annahme von der (theoretischen) Gleichstellung der Geschlechter verankert war, nach Palästina und mussten bald feststellen, dass das männliche Diktat ein schwer zu durchbrechendes war und demnach eine Identifikation mit ‚männlichen' Attributen mitunter einen Versuch darstellte, Gleichberechtigung zu erlangen.[34] Deborah S. Bernstein beschreibt in ihrem Text *Daughters of the Nation* Lebenswelten und Handlungsmöglichkeiten von Frauen in Palästina vor der Staatsgründung Israels. Hierzu betrachtet sie einen bürgerlichen israelischen Diskurs über die Pionierinnen. Zum einen wird ein Narrativ von Akzeptanz bis hin zur Glorifizierung vorgeführt, zum anderen werden jene Diskurse beleuchtet, in denen Männlichkeit abermals als Referenzsystem dient und demnach den Pionierinnen

34 Vgl. Lesley Hazleton: Israeli Women. Three Myths. In: Susannah Heschel (Hrsg.): *On Being a Jewish Feminist. A Reader.* New York: Schocken 1983, S. 65–87, hier S. 67–68. Jene Ausführungen sind dahingehend problematisch, als dass Mann_sein als Referenzsystem für Frauen angenommen und in weiterer Folge die Handlungsstrategien auf diese Referenzierung reduziert werden.

vorgehalten wurde, wie Männer sein zu wollen.[35] Doch wird an dieser Stelle einem anderen Erklärungsmodell, das weniger Männer und/oder Männlichkeit als Referenzsystem annimmt, gefolgt: Sowohl *Envy the Frightened* als auch *Death Had Two Sons* wurden in den 1960er Jahren geschrieben und publiziert. Yosi Goldstein datiert in ihrem Text „The New Hebrew Women" den Beginn der wissenschaftlichen Bearbeitung von Frauenleben im Jishuw, der jüdischen Bevölkerung im britischen Mandatsgebiet Palästina, auf die 1990er Jahren.[36] Israelische feministische Bewegungen formierten sich ab 1970. 1977 wurde die Frauenpartei gegründet.[37] Somit wird schnell ersichtlich, dass es für die Autorin Yael Dayan kaum öffentlich diskutierte Vorbilder geben konnte, entlang derer sie ihre Charaktere hätte aufbauen können. Lediglich sich selbst konnte sie als Vorlage nehmen, was anhand der Analyse der Protagonistin Ariel Ron, die im ersten Buch Yael Dayans eine Absage an traditionelle Vorstellungen von Frau_sein darstellt, im Folgenden aufgezeigt wird.

Ariel Ron – die Soldatin und Ausnahmefrau

Die Protagonistin und Ich-Erzählerin von *New Face in the Mirror,* Ariel Ron, gewährt zum einen tiefe Einblicke in ihr Leben als Soldatin in Israel, zum anderen fungiert sie als Ausnahmefrau. Der Zusammenhang von Nation, Militär und Geschlecht wird von Orna Sasson-Levy in ihrem Text „Gender Performance in a Changing Military" mithilfe Judith Butlers Konzept der Konstruktion und Performativität von Männlichkeit und Weiblichkeit analysiert. Sie beschreibt, wie Soldatinnen in ‚männlichen Rollen' verschiedene diskursive und körperliche Praktiken – charakteristisch für männliche Kampfsoldaten – übernehmen, was sowohl Widerstand als auch Einhaltung der militärischen Geschlechterordnung kennzeichnet. Sasson-Levy zufolge kann die Aneignung ‚maskuliner' Identitätspraxen nicht

35 Vgl. Deborah S. Bernstein: Daughters of the Nation. Between the Public and the Private Spheres in Pre-State Israel. In: Judith R. Baskin (Hrsg.): *Jewish Women in Historical Perspective.* Detroit: Wayne State UP 1998, S. 287–311, hier S. 300–301.

36 Vgl. Yosi Goldstein: The New Hebrew Women. Women in the Yishuv and the Zionist Movement from a Gender Perspective. In: *Nashim. A Journal of Jewish Women's Studies & Gender Issues* 6 (2003), S. 230–234, hier S. 230.

37 Vgl. Simona Sharoni: *Gender and the Israeli-Palestinian Conflict. The Politics of Women's Resistance.* New York: Syracuse UP 1995, S. 102–104.

nur als Subversion interpretiert werden, sondern auch als Kollaboration mit androzentrischen militärischen Normen. Trifft Letzteres zu, so wird die militärische Ordnung nicht subvertiert, sondern gestärkt.[38] Von diesen Überlegungen ausgehend repräsentiert Ariel Ron beide Varianten. Sasson-Levy gibt drei mögliche Gründe für Identitätspraktiken von Soldatinnen in ‚maskulinen' Rollen an, wovon die ersten beiden auch auf Ariel Ron zutreffen. Die erste Option ist die Nachahmung sowohl körperlicher als auch diskursiver Praktiken von Frontsoldaten, die zweite die Distanzierung von ‚traditioneller Weiblichkeit' und die dritte Möglichkeit ist jene der Trivialisierung sexueller Übergriffe. Für erstere greift Sasson-Levy erneut auf Butler zurück und vermutet: Wenn ‚echtes' Geschlecht (Gender) eine an der Oberfläche von Körpern institutionalisierte Fantasie darstellt, dann ist die Fantasie von Soldatinnen in ‚maskulinen' Rollen sicherlich eine von Frontsoldaten.[39] Die Praxis der Mimikry ermächtigt Frauen nicht nur, so Sasson-Levy, sondern geht mit den androzentrischen Normen einer Armee einher. Jene Identifizierung mit diesen Normen evoziert zudem die Distanzierung von ‚traditioneller Weiblichkeit'[40], wie sich auch Ariel Ron diskursiv von allen anderen Frauen abzusetzen versucht und sich mehrmals misogyner Strategien zu deren Beschreibung bedient.

Das Militär stellt nicht bloß eine weitere patriarchale Institution dar, sondern ist eben jene Institution, die sich weitgehend mit dem Staat und dessen Ideologien identifiziert.[41] Auch die Soldatin Ariel Ron identifiziert sich mit dem Staat und dessen Ideologien, durchbricht jedoch jene Identifizierung wiederholt. Die erzählende Instanz wird zunächst als Tochter des Colonels eingeführt – von anderen. Späterhin stellt sie sich selbst vor: „I'm Ariel Ron and nothing else." (NF, S. 7) Der Name Ariel wird nicht ausschließlich – jedoch vorrangig – für Männer verwendet.[42] Und auch die Protagonistin

38 Vgl. Orna Sasson-Levy: Gender Performance in a Changing Military. Women Soldiers in 'Masculine' Roles. In: Fuchs (Hrsg.): *Israeli Women's Studies*, S. 265–277, hier S. 266.

39 Vgl. ebd., S. 268.

40 Vgl. ebd., S. 271.

41 Vgl. ebd., S. 267.

42 Die Ähnlichkeit der Namen Ariel Ron und Ariel Sharon ist ersichtlich. Yael Dayan widmet ihren Kriegsbericht *A Soldier's Diary* General Ariel Sharon.

erhält, was die Analyse noch zeigen wird, viele dem Männlichen zugeschriebene Attribute. In zitierter Textstelle äußert sie, dass sie Ariel Ron sei – und nicht mehr oder nichts mehr. Doch die geschlechtliche Uneindeutigkeit, die sich im Namen Ariel widerspiegelt, steht ihrer Aussage diametral gegenüber, verliert allerdings durch die Kürze dieser Uneindeutigkeit an Wirkung.

Die Erzählung *New Face in the Mirror* beschreibt die Entwicklung ihrer Protagonistin. Jener Erzählstrategie wird auch hier gefolgt. Kurz nach Beginn ihrer Militärzeit beklagt sie sich bei einem Freund darüber, dass sie müde sei. Dies evoziert eine Reflexion über die Unterschiede zwischen Soldatinnen und Soldaten. Folgendes Zitat ist einer der wenigen Belege dafür, dass Ariel Frauen nicht grundsätzlich schlechter oder schwächer darstellt als Männer. Sie besucht einen Freund und beklagt sich darüber, dass sie müde sei, woraufhin jener antwortet: „Tired? You should have seen me on my first leave. But I can't compare the two. We had it really tough." (NF, S. 32) Ariel zieht einen Vergleich und denkt sich dazu, dass er davon als Mann nichts wisse. Falle er zu Boden, ist es die Brust, die den Boden trifft und nicht ein Paar durch Kälte sensibilisierte Brüste. Seine Haut würde nicht durch Gewicht gereizt und er bekäme keine roten Flecken um Taille und Schultern, wo die Rucksackgurte und der Gürtel sich mit jedem Schritt in die Haut einschnüren. Seine Hände wären nicht von Blasen übersäht. Er kenne Frauen nur in kleinen Gruppen, geschminkt, sauber und fröhlich. Er habe es noch nie mit einer Gruppe von sechzig beunruhigten, nervösen und zwangsweise veränderten Frauen zu tun gehabt. (NF, S. 32–33) Die Benennung disparater Voraussetzungen und anderer körperlicher Beschaffenheiten von Frauen im Gegensatz zu ihren männlichen Kollegen kann nur bedingt als Anerkennung ebendieser gelesen werden. Zum einen werden große Gruppen von Frauen als nervös beschrieben, wohingegen Frauen in kleineren Gruppen sauber und geschminkt erscheinen, was einer klar sexistischen und misogynen Logik folgt. Diese teilweise Anerkennung von unterschiedlichen Ausgangsvoraussetzungen wird allerdings vollständig revidiert, wenn Ariel etwas später im Text ihre neuen Rekrutinnen einschult. Sie erklärt ihnen, dass sie lernen werden, ihre Waffen zu benutzen, denn wie die israelischen Männer seien auch sie Israelinnen und müssten wissen, wie sie ihr Land bei einem Angriff verteidigen. Sie würden das Training als herausfordernd erleben, doch die

Männer würden unter viel härteren Bedingungen und für längere Zeit trainieren. (NF, S. 100) Diese beiden Ausschnitte veranschaulichen exemplarisch die Erzeugung von Gegensatzpaaren. Hier ist es das Gegensatzpaar Mann und Frau, andernorts Frau und Ausnahmefrau, (als ‚Andere' markiert). Die Protagonistin Ariel Ron stellt sich beharrlich in Opposition zu allen anderen Frauen. „Eine Dekonstruktion des Gegensatzes besteht" Jacques Derrida zufolge, „zunächst darin, im gegebenen Augenblick die Hierarchie umzustürzen."[43] Leider wartet der_die Leser_in vergeblich auf einen Umsturz der Hierarchie. Eine Dekonstruktion[44] der Gegensatzpaare Mann/Frau oder Frau/andere Frauen ist hier und auch in den folgenden Beispielen nicht möglich. Die Protagonistin schreibt über sich selbst: „[...] I got into an army truck with twenty or thirty other girls [...]" (NF, S. 7) Das Wort „other" markiert hier sowohl die Geschlechtszugehörigkeit als auch eine unverzügliche Abgrenzung. Dies ist ein identitätsstiftendes Moment Ariel Rons, das im gesamten Text wirkmächtig bleibt. Klischeehaft zitiert die erzählende Instanz ihre Kolleginnen und impliziert dadurch, dass sich die Lebenswelten anderer junger Frauen lediglich um Männer oder Ängste drehen. (NF, S. 8–9) Das Sich-selbst-in-Opposition-Setzen Ariel Rons geschieht über die Diskreditierung der Anderen: „Everything seemed so ugly: all these half-women, half-children ... If they would only stop talking for a few weeks." (NF, S. 9) Nicht nur spricht sie anderen Frauen eine ‚Ganzheitlichkeit' ab, sie bedient sich auch dem misogynen Stereotyp von ständig sprechenden Frauen und meint zudem: „I avoided taking an interest in 'them' – the rest of the Company." (NF, S. 12) Das Wort „them" steht in Anführungszeichen, wodurch zusätzlich zu den dargestellten inhaltlichen Unterschieden auch eine sichtbare Abgrenzung erzeugt wird. Es folgen weitere misogyne Darstellungen:

43 Jacques Derrida: *Positionen. Gespräche mit Henri Ronse, Julia Kristeva, Jean-Louis Houdebine, Guy Scarpetta.* Graz / Wien: Böhlau 1986, S. 88.

44 Die Dekonstruktion als literaturwissenschaftliche Methode trennt Autor_innenschaft von literarischer Produktion und hinterfragt Widersprüche und Auslassungen innerhalb eines Texts. Demnach arbeiten ihre Vertreter_innen werkimmanent und lehnen sowohl einheitliche als auch abgeschlossene Interpretationen ab. Es wird Offenheit und ein Werdensstatus fokussiert. (Gero von Wilpert: *Sachwörterbuch der Literatur.* Stuttgart: Kröner 2001, S. 157.)

> Why do girls shout so much? What a noise they made in that big room, singing and crying and gossiping, a spiraling whirl of more or less human voices, fading away, coming back, voices attacking or defending, voices that separated themselves from the speakers and flowed automatically into the whirl on their own. And always, shamelessly reading aloud their letters. (NF, S. 14–15)

Nun hat man es nicht mehr mit „Halbfrauen" oder „Halbkindern" zu tun, auch haben Frauen keine Stimme, jedenfalls keine wirklich menschliche, sondern eine sich von den Sprechenden abgrenzende. Laute, tratschende, weinende, singende, attackierende oder verteidigende Stimmen – weibliche Stimmen – werden hier beschrieben. Der androzentrische Blick der Protagonistin findet sich in ihrem Vergleich von Soldaten mit Soldatinnen: „This was no longer a capricious game. This was the army at its cold, hard routine work, not a pack of helpless women with problems, but trained men, responsible and severe." (NF, S. 126) Demnach werden Männer als trainiert, ernst und verantwortungsbewusst gezeichnet, im Gegensatz zum Haufen hilfloser, problembelasteter Frauen. In Anbetracht des Frauenbildes der Protagonistin erscheint es nur logisch, dass sie sich von anderen Frauen abgrenzen muss und sich selbst als Ausnahmefrau präsentiert. In einem kulturellen System, das nur zwei Geschlechter kennt, nämlich Mann und Frau, bleibt der einzige Ausweg, um sich von negativ konnotierter Weiblichkeit zu distanzieren, sich in gewissem Maße die stets positiv beschriebene Männlichkeit anzueignen. Sasson-Levy hält fest, dass die Armee durch ihre geschlechtliche Arbeitsteilung und ihre chauvinistische Kultur spontan Zustimmung zu hegemonialen, männlichen Ideologien erzeugt. So identifizieren sich Soldatinnen in ‚maskulinen Rollen' – wie auch ihre männlichen Kollegen – mit dem Militär, maskulinistischer Ideologien und äußern antifeministische Einstellungen. Um sich von einer traditionell schwachen und unterwürfigen Weiblichkeit (wie vom Militär definiert) zu unterscheiden, sprechen sie mit Herablassung und Verachtung über die meisten anderen Frauen.[45] In *New Face in the Mirror* werden Frauen nicht nur durch antifeministische, misogyne und sexistische Strategien degradiert, Ariel Ron meint ebenso unverblümt: „[…] I don't much

45 Vgl. Sasson-Levy: Gender Performance in a Changing Military, S. 271.

like women." (NF, S. 98) Das Anderssein der Protagonistin verdeutlicht die von Orna Sasson-Levy beschriebene Strategie. So schreibe Ariel Ron in ihrer Zeit als Rekrutin nie Briefe, erhalte auch nicht viele, melde sich freiwillig für Nachtwachen, liebe diese, sei auch sonst gerne alleine und liebe ihr Gewehr. Die anderen Soldatinnen bekämen und schrieben viele Briefe und fänden keinen Gefallen an Nachtwachen. (NF, S. 13–15)

Ariel Ron beschreibt, wie sie sich für die letzten Monate ihrer Militärzeit zweiteilen müsse, ihre Schachzüge im Detail plane, jeden Moment vorhersage, um sicherzugehen, dass sie nicht scheitert. Eine Hälfte nimmt die Performance als zukünftiger Leutnant ein, im Zuge derer sie Kontaktfreudigkeit, Hilfsbereitschaft und Freundlichkeit imitiere. Die andere Hälfte bezeichnet die Protagonistin als ihr „wahres Selbst", in dem sie tief und grundlegend fühlen könne, doch diese Gefühle nicht nach außen trage, unfreundlich, böse, verletzend und intrigant sein könne, aber andere Menschen auch glücklich mache. „Within me I would be the mistress; outside, if necessary, a slave." (NF, S. 44) Ariel glaubt, dass sie alles, was sie haben will, auch bekommen könne. Sie stellt sich aber die Frage, was sie eigentlich wolle. Ihre Antwort darauf ist Macht (*power*). (NF, S. 44) Zum einen wird hier der performative Charakter von Identität demonstriert, doch beschreibt die Protagonistin zum anderen, dass es auch etwas ‚Wirkliches' dahinter, das es zu verstecken gelte, gäbe. Es wird deutlich, wie selbstbestimmt, selbstbewusst und stark sich Ariel Ron inszeniert und wahrnimmt. Ihr Streben und tiefer Wunsch nach Macht artikuliert zugleich ein Begehren nach und in weiterer Folge auch ein Einfordern von männlichen Privilegien. Allerdings sei angemerkt, dass sie selbst die beschreibende Instanz ist – sowohl bei der Darstellung anderer als auch bei Selbstdefinitionen und -wahrnehmungen. Die Ich-Erzählerin vermag sich zwar selbst als verschieden von den anderen zu beschreiben, doch charakterisiert ihre Kollegin Rachel sie als „gut" und „hilfsbereit" bzw. „kollegial" (NF, S. 18). Als Ariel dies hört, denkt sie: „Good and helpful? Hadn't she noticed that I was only strong-willed and calculating? Besides I didn't want love, I wanted respect." (NF, S. 18) Auch hier artikuliert die Protagonistin den Wunsch nach einem (männlichem) Privileg und die Ablehnung einer (weiblichen) Emotion. In folgendem Beispiel, in dem wiederum misogyne Darstellungen auftauchen, verschafft sich die Protagonistin durch eine Gender-Performance den ersehnten Respekt. In der Textstelle werden vergeschlechtlichte und insofern hierarchisierte Dichotomien offenbar. Ariel Ron äußert den Wunsch, auch stereotyp als weiblich konnotierte Eigenschaften zu besitzen. Dieser Wunsch kann als einer nach Überwindung und sogar Auflösung binärer Geschlechterordnungen gelesen werden. Rachel wird des Diebstahls beschuldigt und von Ariel Ron verteidigt:

> [B]ut now I stood up and stepped forward, a cigarette in my mouth and a book in my hand. 'Anyone want to repeat that?' I asked. Nobody said anything. They moved slowly away. [...] At critical moments I always seemed to be there, and my motives were not theirs. [...] I was secretly jealous of most of them and often wished that I, too, could feel and not merely think; dream and not merely plan; desire impulsively and not merely want demandingly. [...] But I fought against my envies. I felt that they were a weakness that had to be overcome. My aim was to be strong and indifferent; and I believed that I really was. (NF, S. 19–20)

Nach Sasson-Levy bedarf es zur Annäherung an das Vorbild des (männlichen) Kampfsoldaten intensiven Lernaufwands in Bezug auf vergeschlechtlichte Performances und der Fähigkeit, diese flexibel anwenden zu können.[46] Gekonnt und scheinbar mühelos nimmt Ariel Ron eine (männlich konnotierte) selbstbewusste Haltung ein. Sie steht auf und tritt vor, die Zigarette im Mund, ein Buch in der Hand und beendet die Diskussion mit einem einzigen Satz. Die von der Protagonistin skizzierte Situation und ihre Gender-Performance zeigen, dass Ariel gelernt hat, wie vergeschlechtlichte performative Akte funktionieren und dass sie diese auch einzusetzen vermag. Hier hat sich die Protagonistin durch eine männliche Geschlechterperformance Respekt ‚verdient'. Die zuvor bereits beschriebene Strategie von Ariel, sich als warme, fürsorgliche, nette, ‚mädchenhafte' Person darzustellen, wird auch von ihrer Kommandantin bemerkt. Das dafür erhaltene Lob macht Ariel wütend, da ihr jene nicht glaubt, dass alles inszeniert und Teil eines Plans ist. Sie behauptet: „I can act any part I choose" (NF, S. 55) und betont dadurch einmal mehr den performativen Charakter von Identitäten.

46 Vgl. Sasson-Levy: Gender Performance in a Changing Military, S. 269.

Einen scheinbar wichtigen Moment markiert der 18. Geburtstag Ariel Rons als Übertritt zum Frau_sein: „It [der Geburtstag] represented my official transfer to womanhood. I was no longer a precocious sixteen or seventeen; but a woman in some decisive way: independent, free and able to do or not to do.“ (NF, S. 61) Es handelt sich hier nicht nur um die Entwicklung einer Jugendlichen zu einer Frau, sondern auch um einen vermeintlichen Gewinn an Freiheit. Hier wird Frau_sein sehr positiv skizziert, zumal Unabhängigkeit und Freiheit Stärke implizieren.
Kurze Zeit, nachdem die Ich-Erzählerin das Kommando über ihre neuen Rekrutinnen übernommen hat, diagnostiziert sie Veränderungen ihrer Persönlichkeit: „I began to notice in myself two completely new qualities: one was patience, the other a curious interest in others, instead of only in myself.“ (NF, S. 107) Hierzu zählt, dass sich Ariel ihrer Privilegiertheit im Laufe der Interviews mit ihren Rekrutinnen bewusst wird. Sie realisiere die Existenz anderer und derer Probleme, die im Vergleich zu ihren (selbstgeschaffenen) schwerwiegend waren. (NF, S. 123) Überdies beschreibt die Protagonistin Emotionen wie Trauer, Depression und Einsamkeit. (NF, S. 115)
Analog zum ‚New Type‘ (siehe Kapitel 3), den auch Ariel Ron repräsentiert, kann zusammenfassend festgehalten werden, dass auch hier die über lange Strecken des Texts unerschütterliche Identitätskonstruktion der Protagonistin brüchig wird. Mit der Erschütterung der erst dichotom-vergeschlechtlicht angelegten Identität durch das Zulassen von Emotionen verblasst auch die Notwendigkeit nach Abgrenzung von anderen Frauen durch misogyne Strategien der Abwertung.

Julie Goldin – die Nichtjüdin

Eine der wenigen nicht-jüdischen Charaktere in den Werken Yael Dayans, Julie Goldin, ist eine Nebenfigur in *Three Weeks in October* und ihre Eltern sind die Rowes. Sie gehen sonntags in die Kirche, lesen die *New York Times* und den *New Yorker* (MF, S. 5), was auf eine christliche, linksliberale Anschauung schließen lässt. Julie und Avi leben getrennt. Julie kommt während des Jom-Kippur-Krieges mir ihrer gemeinsamen Tochter nach Israel, um Avi im Krankenhaus zu besuchen. Die Analyse der ProtagonistInnen aus *Three Weeks in October* verdeutlicht, dass jüdische Identität nicht gleich nationale/israelische bedeuten muss. Sowohl Avi als auch Leibowitz, der volontierende Arzt und Shoah-Überlebende, leben in der Diaspora und haben das Bedürfnis, nach Israel zu kommen, und zu helfen. Wie sich jüdische Identitäten konzipieren können, wird in einem Gespräch Amalias mit Julie deutlich, wenn Julie über jüdische Menschen Folgendes sagt:

> You are all too involved with something that means little to me. A destiny. It's like masturbation. You analyze yourselves, you relieve your history, you talk in big words of fate and identity and you dig into your collective souls every moment of the day. It may be heroic and commendable and noble. To me it's just frightening, inhuman. [...] It's in him [Avi], too. He doesn't talk much of heritage and sources, and he is less pompous about being chosen people. So he takes a Valium a day and acts like a regular boy, but his bearded ancestors with their sense of mission are trailing him hopelessly. (TW, S. 94)

Der hier beschriebene Entwurf von Jüdisch_sein kommt – bis auf die bärtigen Vorfahren und den Verweis auf das auserwählte „Volk'" – beinahe ohne biblische oder geografische Anspielungen aus. Hingegen wird an dieser Stelle so etwas wie eine ‚jüdische Psyche' angerufen.[47] Jüdische Identität wird hier von außen, im konkreten Fall von einer Nichtjüdin, analysiert und darüber hinaus oft an Männern festgemacht, was auch folgendes Beispiel belegt. Julie spricht hier die sogenannte Wartementalität israelischer Frauen an: So meint sie, dass die Frauen nicht leben, sondern wachsam auf das Gehen und Kommen der Männer warten, wobei sie das In-den-Krieg-Ziehen und das Zurückkehren aus dem Krieg adressiert. Zuerst warten sie als Töchter auf ihre Väter, dann als Ehefrauen auf ihre Ehemänner und dann auf ihre Söhne, auf die bereits wieder andere Frauen warten. (TW, S. 102) Eine solche heteronormative Darstellung ist nicht untypisch für Yael Dayans Texte. Frauen werden darin als Mütter, Töchter und Ehefrauen gezeichnet, sie stehen nicht für sich, sondern immer in Relation zu Männern. Es wird deutlich, dass es nicht Frauen sind, die in den Krieg ziehen, und nicht Männer, die zu Hause bleiben und auf

47 Zur *Anrufung* siehe Judith Butler: *Haß spricht. Zur Politik des Performativen.* Berlin: Berlin Verlag 1998.

ihre Frauen warten, trotz des Militärdiensts für unverheiratete jüdische Frauen. Anhand zweier Nebenrollen, Lea und Rina, wird die von Julie Goldin beschriebene Wartementalität der israelischen Frauen im Text tatsächlich umgesetzt. Beide Frauen sitzen in der Wartehalle des Krankenhauses, weil Leas Mann und Rinas Sohn verwundet wurden. (TW, S. 13–16)

Julie ist eine Nebenfigur im Text und wird kaum charakterisiert, es sei denn, sie spricht über andere oder es geht um ihr Aussehen. (TW, S. 105) Dessen ungeachtet ist sie, was die Textabsicht betrifft, durchaus relevant, zumal sie als nicht-jüdische Antagonistin fungiert und die oben beschriebenen Fragen zu jüdischen Identitäten aufwirft.

Ofra – die Spionin

Marginal bleibt die Rolle von Ofra in *Three Weeks in October*. Ofra war Spionin und wie sich im Laufe des Textes herausstellt, haben sie und Phoenix einander geliebt. Später lehrt sie an der Ben-Gurion-Universität in Beer Sheva.

Ofra wird kaum charakterisiert, eine Ausnahme bildet folgende Passage: „Ofra was pretty. Very delicate and fine. Long fingers, I remember, hazel eyes. A very quiet girl [...].“ (TW, S. 172) Ofra wird feminin stereotypisiert. Daniel, Amalias Mann und Geheimagent, artikuliert seine Meinung zu Frauen und Spionage: „The use of women, planted to obtain information, is rare and I don't encourage it.“ (TW, S. 166) Eine Begründung bleibt er schuldig. Obwohl Ofra eine gute Geheimagentin ist und ihre Aufträge positiv abschließt, scheint sie als Frau und Spionin nicht sehr viel Anerkennung zu erhalten und wird demnach im Text weniger aktiv charakterisiert und im Vergleich zu männlichen Figuren minimal repräsentiert, wie eine spätere Stelle zeigt, die eine Beschreibung des Geheimagenten Phoenix gibt. Der Spionin wird eine bedeutend geringere Rolle zugeschrieben als dem Spion.

Rita – „die Frau“

Rita wird in *Dust* unbenannt von der erzählenden Instanz Yardena eingeführt: „The woman fascinated me. [...] the woman, she looked as if she were the only human left in the world after a terrible disaster, strong and expectant, and frightened.“ (D, S. 15) Sie behauptet, wegen Leni (siehe Kapitel 3) in die Stadt gekommen zu sein, und jener ist es auch, der ihr – wie auch seinen Steinen – einen Namen gibt:

Rita kommt aus Ungarn, ihr Mann war Jude und wurde während der Revolution getötet. Weil er sehr viel von Israel sprach, ist Rita immigriert. Ritas Gefühl von Zugehörigkeit beruht also auf einer Wahl, die sie emotional wegen eines bereits toten, jüdischen Mannes trifft. Sie lernt Leni in Beer Sheva kennen: „He didn't want me, and then he did, and then he didn't again and I heard he was here, so I came." (D, S. 18) Leni äußert sich relativ früh im Text über Rita und spricht damit ihre Vergangenheit an: „What's wrong with being a whore? She is one, always was, and always will be. I met her in a whorehouse and in no time she'll add a similar institution to the new city." (D, S. 21) Rita liebt Leni und wird von ihm schwanger. Er liebt sie auch, verlässt jedoch die Stadt, als er erfährt, dass er Vater werden wird. Dennoch ist sich Rita seiner Rückkehr sicher: „He went away but left a home behind, and when he comes back he will come to stay." (D, S. 125) Ein sich aus der Verantwortung ziehender Mann wird hier dennoch positiv charakterisiert und hinterlässt doch eine weitere, auf einen Mann wartende Frau.
Bis zu dem Zeitpunkt, an dem Leni sie als Rita benennt, wird sie als ‚die Frau' bezeichnet. Dies könnte paradigmatisch für ihren Charakter, der beinahe ausschließlich über Leni definiert wird, stehen. Rita erfüllt – trotz ihrer marginalen Rolle – eine bedeutende Textfunktion: Sie ist jene Figur, an der Gefühle von Zugehörigkeit zu jüdischen Menschen und zu Israel verhandelt werden.

Amalia – die Israelin
Simona Sharoni schreibt, dass die Doktrin der nationalen Sicherheit des Staates Israels sowohl von Männern, die bereit sind, als Soldaten auf dem Schlachtfeld zu dienen, als auch von der Anpassung der Bedürfnisse von Frauen an eine israelische kollektive Erfahrung abhängt. Auf der einen Seite sind die Frauen als bedingungslose Unterstützerinnen und Hüterinnen der sogenannten Heimatfront sozialisiert, auf der anderen Seite sollen sie verletzlich und schutzbedürftig bleiben. Während diese widersprüchlichen Botschaften zweifellos Unklarheiten für weibliche israelische Identitätskonstruktionen bedeuten, wurde indes innerhalb der israelischen Populärkultur der Versuch unternommen, diesen Widerspruch durch die Vorrangstellung einer vermeintlich nationalen Identität zu leugnen. Dies wäre nicht möglich gewesen, so Sharoni, ohne die

Mythologisierung Israels als „Land ohne Menschen für Menschen ohne ein Land“; Israel ist hier der einzig sichere Ort nach der Shoah, für eine Nation, die ständigen Bedrohungen ausgesetzt ist.[48]

Die Figur Amalia aus *Three Weeks in October* ist während des Jom-Kippur-Krieges Volontärin in einem Krankenhaus. Dort denkt sie darüber nach, was sie in ihrem Leben versäumt hat. Auf gewisse Weise beneidet sie die Soldaten um ihre Geschichten, um ihr Heldendasein, was Amalia zu einer Unterstützerin der sogenannten Heimatfront macht. Amalia wird – auch in Hinblick auf ihre Repräsentation als israelische Frau nach Sharoni – von Daniel beschrieben: Er habe das erste Mal eine Frau getroffen, die frei von ‚weiblichen' Eigenschaften und Handlungsweisen wie Spielchen, Launen, Tränen, Minidramen, dem Schein von Abhängigkeit oder Schamlosigkeit sei. (TW, S. 130) Von der inhärenten Misogynie abgesehen, wird hier – wie bereits bei Ariel Ron – eine notwendige Opposition zu anderen Frauen deutlich. Es wird eine Frau von einem Mann mittels Sexismus und der Degradierung anderer Frauen ‚positiv' beschrieben. Amalia muss sich von den ‚launenhaften', dramatischen oder weinenden anderen Frauen abheben, die an dieser Stelle ihr Referenzsystem bilden.

Who Is Strong?[49] – Die Protagonisten

> As a historically contested identity, Jewishness offers a critical opening for exploring the 'interarticulation' of gender and race. [...] For Jewish male bodies, marked for an anti-Semitic imaginary by overlapping layers of blackness, effeminacy, and queerness, the sexualization of 'race' and the racialization of 'sex' are constitutive features.[50]

Das diesem Kapitel zugrundeliegende Verständnis des Verhältnisses von Nation und Maskulinität baut auf den Thesen Simona Sharonis auf. Sie geht davon aus, dass durch die hohe Priorität, die

48 Vgl. Sharoni: Homefront as Battlefield, S. 242–243.

49 EF, S. 10.

50 Ann Pellegrini: Whiteface Performances. "Race," Gender, and Jewish Bodies. In: Daniel Boyarin / Jonathan Boyarin (Hrsg.): *Jews and Other Differences. The New Jewish Cultural Studies.* Minneapolis / London: University of Minnesota Press 1997, S. 108–149, hier S. 108.

der nationalen Sicherheit in Israel zukommt, Versionen von zionistischer Ideologie und Geschichte vorherrschen. Dadurch dass der Militärdienst zur nationalen Pflicht erhoben wurde und wird, privilegiert der jüdische Staat jüdische Männer, vornehmlich jene europäischen oder nordamerikanischen Hintergrunds.[51] Wenn das Überleben einer Nation unweigerlich an den Heroismus des Kriegers gekoppelt ist, so werden Nationalismus und Maskulinität untrennbar miteinander verbunden.[52] Sharoni beobachtet in Bezug auf die jüdische Geschichte eine Wiederbehauptung von Maskulinität: „a reassertion of masculinity, justified by the need to end a history of weakness and suffering by creating an image of an Israeli man who is exceedingly masculine, pragmatic, protective, assertive and emotionally tough."[53] Dieses Phänomen findet sich auch bei Yael Dayans literarischer Darstellung des ‚New Type' wieder.

Tamar Mayer kritisiert in „From Zero to Hero" die Unsichtbarkeit von Frauen im Zionismus. Sie bezeichnet den ‚New Jew' als mythologisches Symbol des jüdischen Nationalismus.[54] Die meisten Geschlechterreferenzen zum ‚Muskeljuden' seien männliche. Diese werfen zwar ein Licht auf den Zusammenhang zwischen Männlichkeit und Zionismus, doch fördern sie auch die Unsichtbarkeit der Frauen im Zionismus.[55] Die sich historisch im Zionismus herausbildenden Männlichkeitskonstruktionen finden im israelischen Militarismus ihre Fortschreibung. Auch wenn Frauen für zwei Jahre Militärdienst leisten müssen, so sind es doch Männer, die an tatsächlichen Kampfhandlungen beteiligt sind. Eine Analyse von Maskulinitätskonstruktionen kommt nicht ohne die Auseinandersetzung mit ‚Weiblichkeit' aus. Es ist notwendig, die Trennlinien, die zur Aufrechterhaltung binärer Oppositionen dienen, aber auch die damit verbundenen Ambivalenzen aufzuzeigen und dadurch Möglichkeiten ihrer Dekonstruktion zu eröffnen. Dies wird anhand der Konstruktion einer ‚jüdischen Sissy' verdeutlicht, doch zuvor soll

51 Vgl. Sharoni: Homefront as Battlefield, S. 241.

52 Vgl. Mayer: From Zero to Hero, S. 112.

53 Simona Sharoni: Every Woman Is an Occupied Territory. The Politics of Militarism and Sexism and the Israeli-Palestinian Conflict. In: *Journal of Gender Studies* 14 (1992), S. 447–462, hier S. 457.

54 Vgl. Mayer: From Zero to Hero, S. 98.

55 Vgl. ebd., S. 99.

der Archetyp des ‚New Type' im Vordergrund stehen. Max Nordau hat ihn am Beginn des 20. Jahrhunderts wie folgt beschrieben:

> In der enge der Judenstraße verlernten unsere armen Glieder, sich fröhlich zu regen; im Dämmer ihrer sonnenlosen Häuser gewöhnten unsere Augen sich ein scheues Blinzeln an; in der Angst der beständigen Verfolgung erlosch die Kraft unserer Stimme zu einem bangen Flüstern, das nur dann zu einem mächtigen Jauchzen anzuschwellen pflegte, wenn unsere Blutzeugen auf dem Scheiterhaufen das Sterbegebet ihren Henkern ins Gesicht schrien. Aber jetzt ist ja der Zwang gebrochen, man gönnt uns den Raum, uns wenigstens körperlich auszuleben. Knüpfen wir wieder an unsere ältesten Ueberlieferungen an: werden wir wieder tiefbrüstige, strammgliedrige, kühnblickende Männer.[56]

Der ‚New Type' war also keine rein israelische Erfindung, vielmehr speist er sich aus verschiedenen Traditionen. Tatsächlich wäre es jedoch verkürzend und eurozentristisch, jene Männlichkeitskonstruktion im Europa der Jahrhundertwende als alleinige Schablone für den ‚New Type' in Palästina und Israel geltend zu machen, zumal es auch hier Entwürfe von Männlichkeiten gab/gibt, die gesellschaftlich in unterschiedlichen Graden anerkannt sind. George L. Mosse betont dieses Idealbild von Männlichkeit im Westeuropa des 19. Jahrhunderts und meint, dass sich keine Bewegung diesem Ideal komplett entziehen konnte.[57]

Gideon – „the Rock"

Gideon stellt zu Beginn des Texts *Envy the Frightened* den Prototyp des ‚New Type' dar. Er ist ein Freund Ivris, Nimrods Vater. Gideon ist gutaussehend, groß und stark. Er hat glatte, dunkle und ungekämmte Haare und eine behaarte Brust. Die Menschen aus dem Dorf nennen ihn 'the Rock' und wünschen, ihre Söhne wären wie Gideon. (EF, S. 24) Auch Ivri möchte, dass sich sein Sohn Gideon als Vorbild nimmt. Er erzählt dies seiner Frau, die erwidert: „That fool" (EF, S. 17). Ivri entgegnet: „Better than a silly old hag like Lamech.

56 Max Nordau: Muskeljudentum. In: Alfred Nossig: *Die Zukunft der Juden. Sammelschrift*. Berlin / Lilienthal: Komitee der Gedenkfeier 1906, S. 35–36, hier S. 36.

57 Vgl. George L. Mosse: *Das Bild des Mannes. Zur Konstruktion der modernen Männlichkeit*. Frankfurt am Main: Fischer 1997, S. 10.

Gideon is a hero, he fears nothing, he's strong, he's a new kind of men here." (EF, S. 17) Bereits sehr früh im Text wird deutlich, was diesen neuen Typ Mann ausmacht – Furchtlosigkeit und Stärke. Ivri spricht hierbei dezidiert von ‚Mann' und nicht von ‚Type'. Sehr schnell wird ihm Lamech als Antagonist gegenübergestellt. Folgendes Zitat veranschaulicht, wie Nimrod Gideon wahrnimmt, noch bevor er selbst zum „Rock" werden soll: „In a way Nimrod envied Gideon. Not that he cared to be like him, but there was something massive about this man; he seemed not to have to think, he seemed to be a permanent continuous proof of physical potency." (EF, S. 26) Das Physische – sprich: der (männliche) Körper als Teil eines nationalen Körpers – steht dem Verstand gegenüber und muss innerhalb des Entwurfs eines ‚New Type' gewinnen.

Spannend an der Figur des „Rock" ist seine Veränderung. Als Grund für diesen Wesenswandel wird eine Kriegsverletzung angegeben. Jene ist offenbar derart drastisch, dass Nimrod längere Zeit verwehrt wird, Gideon zu besuchen. Alle Fenster und Türen des Hauses, die zuvor immer offenstanden, findet Nimrod nun verschlossen und verdunkelt vor. Gideon sitzt in einem Stuhl. Sein Kopf ist einbandagiert, einen Arm und ein Bein hat er verloren – vor über einem Jahr. Es rieche nach Medizin und Stille. Gideon sei – ob seiner Furchtlosigkeit – auf eine Mine getreten. Er beschreibt sein Handeln als unbeabsichtigt und unüberlegt. Er gesteht ein, dass all jene, die Angst hatten, heute noch gehen können. (EF, S. 60) Seine neu gewonnene Emotionalität markiert einen Bruch in der Figur des „Rock": „I'll go out of my mind. I lie for hours thinking what will happen. I wasn't afraid for a moment when I had my body ready to operate, muscles ready to answer, limbs ready to act. Now that I've lost it, I'm afraid. And what is left?" (EF, S. 61) Als Nimrod ihm entgegnet, er könne doch noch lesen, sprechen und seinen Verstand arbeiten lassen, antwortet Gideon ‚Rocks' hätten keinen Verstand. (EF, S. 62) Nicht nur Gideons Selbstwahrnehmung, sondern auch die Wahrnehmung der anderen verändern sich durch seine Verletzungen; so bezeichnet ihn Ivri als unnütz. (EF, S. 63) In diesem frühen Werk Dayans muss der ‚New Type' körperlich gesund und unversehrt sein. In seiner Konzeption bleibt kein Platz für Handicaps und demnach ist Beit-On kein Ort für Menschen mit Behinderungen.

Wird Gideon zu Beginn noch als Antagonist von Lamech dargestellt, so wird nach seinem Kriegsunfall und Lamechs Tod die Ähnlichkeit beider hervorgehoben: „Gideon used to be the opposite of everything Lamech represented and was, and now, with one dead, and the other very ill and wounded, they were so alike, so close, belonging to each other." (EF, S. 71) Diese Verbundenheit wird auch von Gideon selbst, wenn er von seinem Bedürfnis zu beten spricht, bemerkt: „I wanted to pray at times, and I never would because it wasn't suitable for the Rock to go to the pink house, or pray or believe in God. The Rock had to be the example, the new type, the strong and fearless, and he wasn't to fear God." (EF, S. 72) Die Ablehnung jedweder Religiösität ist exemplarisch für die Konstruktion des ‚New Type', weshalb sie hier von Gideon adressiert wird. Auch Ivri verbietet dem jungen Nimrod, sich mit Lamech zu treffen oder in die Synagoge zu gehen. Dem Religiösen wird hier die Farbe Pink zugeschrieben. Dies kommt einer Effeminierung gleich. Gideon verfällt nach der Staatsgründung Israels zusehends in Selbstmitleid, weil er nicht am folgenden Krieg teilnehmen kann. Er wird folglich mit einer Frau verglichen: „[H]e was like a woman discovering she had flirted with the wrong person, and was too tired when her real lover came, and here came the demand of Gideon's love and he was impotent." (EF, S. 76) Impotent, ohnmächtig, unfähig und machtlos sind die kontrastierenden Verben zu potent, mächtig und fähig, die alle den ‚New Type' nähren und derer Gideon durch eine Behinderung offensichtlich beraubt wurde. Es ist ihm nicht länger möglich, den ‚New Type' zu verkörpern. Zu seinen physischen Wunden kommen zunehmend auch psychische. Er verlässt kaum mehr das Haus und beginnt Gedichte zu schreiben. (EF, S. 79) In seinem Abschiedsbrief an Nimrod schreibt er:

> Carry on, little boy. Climb the mountains and plough the fields and have children. Let them be scared, Nimrod. Let them play with dolls, don't let them be the newer type. Don't make them into rocks, as the rock is the loneliest among all. [...] I leave this world now, and I'll join the better ones, the ones we kill, the Lamechs and the Miriams, and if you have a God, boy, pray to him to have pity on you. (EF, S. 178)

Menschen, die keine Gefühle zeigen dürfen, vereinsamen zwangsläufig. Dies erfährt Gideon hier selbst. In seinem Brief an Nimrod warnt er ihn vor diesem Schicksal und plädiert für eine Erziehung von Kindern, in der Gefühle wie Verletzlichkeit, Empathie und Furcht zugelassen und geschätzt werden. Lamech und Miriam werden als die besseren Menschen skizziert, da beide fähig sind Emotionen zu kommunizieren. Was Nimrod an dieser Stelle noch nicht erkennt ist seine eigene Veränderung zum ‚New Type' und seine Absage an alles, was diesem widerspricht.

Nimrod – the ‚New Type'

Auffallend in *Envy the Frightened* ist die marginale Rolle von Frauen. Sie erscheinen als Mütter (Miriam), Ehefrauen und/oder als Objekte sexueller Begierde (Elli). Es hat beinahe den Anschein, als gäbe es nur Männer in dem Land – mit Ausnahme einiger ‚Mädchen', denen lediglich eine Statistinnenrolle zukommt. Ann Pellegrini schreibt: „In the collapse of Jewish masculinity into an abject femininity, the Jewish female seems to disappear"[58] Auch in *Envy the Frightened* scheinen die Frauen verschwunden zu sein. Keine der Protagonistinnen besitzt Handlungsmacht oder beeinflusst den Verlauf der Geschichte.
Nimrod ist ein Name aus einer noch vorisraelitischen Zeit in Kanaan und wurde von den ‚neuen Hebräer_innen' antithetisch zur Diaspora verwendet, um einen ‚echten' Sabra zu bezeichnen.[59] Der Name des Hauptprotagonisten Nimrod beinhaltet zugleich auch sein Handlungsprogramm, da hier das Symbol des Sabra als exemplarische Metapher für Männlichkeit geltend gemacht wird. Wie bereits erwähnt, durchläuft Nimrod mehrere Veränderungen: Als Neunjähriger sei er gut gebaut, stark, gebräunt und dunkel. Sein einziges Handicap seien seine Locken, wofür er von den anderen Jungen gehänselt wird und „Mädchennamen" erhalte. (EF, S. 11) Die Strategie der Effeminierung ist integraler Bestandteil bei der Konstruktion des ‚New Type'. Es genügt, als Junge Locken zu haben. Wie bereits angemerkt, wünscht Ivri, dass Nimrod sich Gideon zum Vorbild nimmt und nicht Lamech, was er auch Miriam, seiner Frau, mitteilt. Um dies zu gewährleisten, erfährt Nimrod immer weniger Zuwendung von seinen Eltern – Miriam verwehrt ihm den Gutenachtkuss und nennt ihn seltener Nimi. Er reagiert mit Rebellion, was sein Vater als aufkommende Stärke deutet. Die Verwandlung – oder besser ausgedrückt: die bewusste Konstruktion Nimrods – von einem ‚netten

58 Pellegrini: Whiteface Performances, S. 109.
59 Vgl. Lentin: *Israel and the Daughters of the Shoah*, S. 45.

Jungen', der gerne in die Synagoge geht und den Geschichten eines alten Mannes (Lamech) lauscht, in einen ,Felsen' verläuft parallel zum Erwachsenwerden des Protagonisten. Als Kind beginnt er das Spiel *Who Is Strong* zu spielen, bei dem es darum geht, Mutproben zu bestehen. Nimrod bewältigt eine dieser Mutproben, er habe dabei allerdings große Angst verspürt. Zu Hause angekommen, umarmt er seine Mutter, die ihn jedoch wegschickt. Als ihn Miriam schließlich doch fragt, ob denn alles in Ordnung sei, nennt sie ihn Nimi, was der gerade bei der Tür hereinkommende Vater hört und ihr daraufhin verbietet, einen jungen Mann als Nimi zu bezeichnen. Nimrod sei zum Weinen zumute, stattdessen erzähle er aber voller Stolz, dass er auf den höchsten Baum geklettert sei. Seine Mutter fragt ihn, ob er sich verletzt habe. Ivri antwortet darauf, dass Nimrod ein starker Junge sei, der sich nicht verletze und keine Angst habe. Nächstes Jahr solle er einen noch höheren Baum besteigen. (EF, S. 12) Jene Stellen illustrieren das Zu-einem-Mann-Machen. Nimrod soll und darf keine Angst haben und wird bereits als Junge von seinem Vater als Mann bezeichnet. Dies hat eine sehr konkrete und vorgegebene Aneignung von Geschlechterstereotypen zur Folge. Ivri liebe seinen Sohn, mache sich aber Sorgen um ihn, weshalb sie ihn zu ,einem Mann machen müssten'. Nimrod solle nicht so ängstlich sein müssen, wie Ivri in seinem Dorf gewesen war. Er solle keine Furcht kennen, stark, freundlich und unabhängig sein. Nimrod solle all jene Eigenschaften besitzen, welche das Land brauche. Für seinen Sohn wünsche er sich Furchtlosigkeit und so zu sein wie Gideon. (EF, S. 16–17) Angst ist die treibende Komponente bei der Konstruktion des ,New Type'. Miriam entgegnet, dass ihr Sohn keine Angst zu haben brauche, weil sie hier (in Israel) zu Hause seien. (EF, S. 16) Sie verweist damit auf eine Idee der Nation, die Sicherheit einschließt. Dies kann zugleich als Plädoyer für ein Leben in Israel und als eine Absage an die Diaspora verstanden werden.

Eine weitere beispielhafte Passage für die im Text erzeugte Diskrepanz zwischen Heimatland und Diaspora ist folgende: Nimrod fragt seinen Vater, ob er als Junge auch auf Bäume geklettert sei, woraufhin sein Vater meint, dass jüdische Jungen das nicht durften. (EF, S. 13) Dieses Motiv wiederholt sich – wie die Mutprobe – auch beim Besteigen des höchsten Bergs Israels. Die Besteigung begehen Ivri, Gideon und Nimrod gemeinsam: „The three of them felt the masculine in them, in the effort, in the achievement, in being tired, in relaxing, and for Ivri it was more than that, it was his son next to him, a man, a Hebrew man." (EF, S. 28) Dass das Besteigen eine Metapher für Männlichkeit darstellt, wird an dieser Stelle besonders deutlich. Von Ronit Lentin wird es als verbreitetes zionistisches Diskurselement beschrieben.[60] Das Zu-einem-Mann-Machen oder die aktive Konstruktion des ‚New Type' wird zudem anhand eines Stoffhasen verhandelt, den Nimrod von Lamech zum Geburtstag bekommt: „There was his son, his future Gideon [...] standing with a toy rabbit and a silly old man." (EF, S. 40) Ivri beschimpft Lamech daraufhin: „You wish he were like the Motls and Avramels of a Russian village. My boy is a new type." (EF, S. 41) Ivri referiert damit auf Diskriminierungen, Zwangsassimilation und Pogromen ausgesetzten Juden im damaligen Russland, was seinem Sohn als ‚New Type' nicht wiederfahren wird. Lamech entgegnet:

> There is no new type in human beings, and your boy is a sensitive, kind human being. You take a piece of soft elastic leather, you beat it until it becomes as hard as iron, and then – anything will crack it! What do you get? You lose the leather, and you don't get iron. [...] Being brave is good, but fearless is what you are making him. [...] and do you know what he's afraid of? To be afraid – this is the fear that masters him, until all other fears, human, normal, healthy ones, are pushed aside and stop existing. (EF, S. 41)

Lamech macht sich große Sorgen, auch deshalb, weil Nimrod meine, er könne den Hasen einem kleinen Mädchen schenken, er sei nämlich jetzt erwachsen, melke die Kühe und brauche deshalb kein Stofftier mehr. (EF, S. 48–50)
Einhergehend mit Nimrods charakterlichen Veränderungen modifiziert sich auch sein Körper: „Nimrod was thirteen, and it was a strange year [...] because Nimrod started feeling the existence of his body; [...] His curls almost disappeared, and instead of girlish names the children called him 'Little Rock', and then 'Rocky'. [...]" (EF, S. 58) Dem ‚New Type' ist eine bestimmte Form des Körperbewusstseins inhärent; ein (starker) Körper wird über alles andere geliebt und geschätzt. (EF, S. 65) Emotionen (andere als die Liebe zum eigenen

60 Vgl. Lentin: *Israel and the Daughters of the Shoah*, S. 192.

Körper) weichen zwangsläufig emotionslosen Körpern – den ‚Felsen'. Nimrods Zweck als ‚the Rock' sei ein dauerhafter Nachweis körperlicher Stärke, Fähigkeit (*ability*) und Reife. Er verwandle sich in einen Mann, nehme Gideons Platz ein, währenddessen dieser ‚Felsen' – Gideon – langsam zu einem kleinen ‚Felsen' werde, um sich dann in einen potentiellen Lamech zu verwandeln. Nun sei Nimrod „the Rock". (EF, S. 78–79) Die konstruierte Komponente des performativen Charakters von Geschlecht (er wird zu einem Mann, verwandelt sich in einen Mann) wird hier deutlich. Überdies wird auch die Verbindung der drei Figuren – Gideon, Lamech und Nimrod – augenscheinlich. Der sogenannte Muskeljude kämpft gegen den sogenannten Talmudjuden. In dieser Auseinandersetzung ist kein Raum für Uneindeutigkeiten, Grauzonen oder Verknüpfungen. Es ist lediglich möglich, von einer dieser beiden Identitäten in die andere zu wechseln. Dies ist bei Gideon der Fall und auch bei Nimrod.

Nimrod nennt seine Mutter nun auch Miriam, weil er sich dabei älter fühlt, doch ist es nun Miriam, die sich um ihren Sohn sorgt, und nicht mehr Ivri. Sie sei verwundert über seine Reaktionen, sie kämen ihr unmenschlich und unmöglich vor; sie habe den Eindruck, als würde er keine anderen Menschen brauchen, doch große Liebe für das Land hegen. (EF, S. 82) Erst nach Nimis Verwandlung in Nimrod, den „Rock", den ‚New Type', lernt Nimrod Elli, die Shoah-Überlebende, kennen. Sie beschreibt ihn, nachdem sie das erste Mal miteinander geschlafen haben, als überlegen, doch wisse sie nicht, ob sie diese Überlegenheit positiv deuten solle. Für einen Augenblick sei er Gott, ein Gott der Natur und Gesundheit, und eine Sekunde später ein hilfloses Kind, ein kleines Ungeheuer, ein Dichter; dann sei er wieder der Herr („lord"). Der grausame Ton in seiner Stimme schmerze sie und sie fühle, dass er kein Feingefühl besitzt. (EF, S. 96) Sie könne sich nicht vorstellen, dass Nimrod Angst habe, und beschreibt ihn als neuen, aber auch seltsamen Typ, an den sie sich gewöhnen wird. (EF, S. 98) Im Verlauf der Handlung wird Nimrod immer schonungsloser, unmenschlicher und härter. Seine Gefühlskälte beim Tod seiner Mutter stellt einen Höhepunkt dieses Prozesses dar, weshalb ihn die bereits schwangere Elli auch für kurze Zeit verlässt.

Die charakterlichen Veränderungen, die Nimrod im Aufwachsen durchläuft, können als Übergang vom Typus der ‚jüdischen Sissy' hin zum ‚New Type' gelesen werden. Einen weiteren Wandel macht

Nimrod durch, als er um das Leben seines inzwischen jungen Sohnes, der nach Gideon benannt und Gidi gerufen wird, fürchten muss. Gidi schlägt vor, bei *Who Is Strong* einen Fluss zu durchschwimmen. Nimrod ist zufällig in der Nähe, sieht ihn und bemerkt, dass Gidi in Gefahr ist. Das erste Mal seit Jahren verspürt Nimrod Angst und weiß nicht damit umzugehen. Kurz paralysiert springt er dann doch in den Fluss und zieht Gidi ans andere Ufer. Nimrod weint: „The Rock broke, and it broke into a thousand pieces." (EF, S. 187) Die Angst um das Leben seines Sohnes führt als Schlüsselmoment im Roman zu einer Rückbesinnung und dazu, dass Nimrod glücklich ist und wieder weinen, lieben und singen kann. (EF, S. 188)
Ein wiederkehrendes Motiv im Text ist der Spielzeughase, den Nimrod von Lamech bekommen hat. Nun will Nimrod ihn Gidi schenken, doch der Junge verschmäht den Hasen und will stattdessen lieber ein Taschenmesser. (EF, S. 189) Die Fortschreibung der Konstruktion des ‚New Type' wird durch die Tradition eines Erbes metaphorisch veranschaulicht. Analog zum Weitergeben des Plüschtiers steht hier die Weitergabe eines Männlichkeitsbildes an die nächste Generation. Die Textabsicht besteht in einer klaren Kritik am oder gar eine Absage an den ‚New Type'. Auch der letzte Satz in *Envy the Frightened* gebührt dem Hasen, der in Gidis Zimmer liegt, „staring at the ceiling with his one eye, neglected, unwanted, but superior." (EF, S. 190) Der Stoffhase verweist vehement auf eine alternative Konstruktion von Männlichkeit.

Lamech – die ‚jüdische Sissy'

> He [Lamech] didn't believe very much in the New Jew. He knew they should love the soil, the lake, the mountains. He knew they should be free, and ageless and daring. He knew a war would come and they would have to fight. […] The destructive in the Jew, he thought, the selfpity, the heroism at moments – bordering almost on the ridiculous – is changed into the self-destructive, which is encouraged and glorified. (EF, S. 49)

Lamech nimmt eine antagonistische Position zum älteren Nimrod (bis jener einen erneuten Wandel durchlebt) und zum frühen Gideon ein. Die Analyse der Konstruktion einer ‚jüdischen Sissy' in *Envy the Frightened* folgt Daniel Boyarin, der sich ausführlich mit den theoretischen Grundlagen jener beschäftigt. Seine persönliche Verortung umschreibt Boyarin wie folgt: „[B]eing Jewish in our culture renders a boy effeminate. Rather than producing in me a desire to 'pass' and to become a 'man', this sensibility resulted in my desire to remain a Jew, where being a Sissy was alright."[61] 1946 in Nordamerika geboren, hält Boyarin fest, dass die jüdische Kultur zwar ein sicherer Raum für Sissys war/ist – doch kaum für jüdische Frauen.[62] Den Ausgangspunkt seiner theoretisch-politischen Arbeit bildet nicht die Idee, einen feminisierten jüdischen Mann des 19. Jahrhunderts als antisemitische Phantasie zu verleugnen, sondern diese Idee zurückzuerobern. Er argumentiert für die Realität (im Gegensatz zur antisemitischen Phantasie) feminisierter Männlichkeit als jüdisches Ideal, das bis auf die Zeit des Babylonischen Talmuds zurückgeht. Das feminisierte (kolonisierte) Männliche kann heute insofern nützlich sein,

> for 'he' may help us precisely today in our attempts to construct an alternative masculine subjectivity, one that will not have to rediscover such cultural archetypes as Iron Johns, knights, hairy men, and warriors within.[63]

Auch in *Envy the Frightened* dient die Figur des Lamech dazu, eine alternative Form von Männlichkeit aufzuzeigen. Dieses Stereotyp des ‚Ostjuden' eines sanften, schüchternen und fleißigen Manns ist – Boyarin zufolge – tief verwurzelt in jüdischer Kultur.[64] Lamech wird als alt und weise beschrieben, er ist der Schuhmacher von Beit-On und dem jungen Nimrod zufolge der beste Geschichtenerzähler der ganzen Welt. Miriam, Nimrods Mutter, wisse nicht viel über ihn, außer dass er ein Rabbi gewesen sei, vielleicht auch reich, und alles zurückgelassen habe, um „close to the soil" (EF, S. 71) zu leben. Lamech wird durchgängig positiv als weise und sanft dargestellt, auch als etwas ‚verrückt'. Durch sein Klammern an eine ‚alte', ‚ostjüdische' Version von Männlichkeit, die nachdenkt, Geschichten schätzt, Angst hat und mit Stoffhasen spielt, und seine konstante Kritik am ‚New Type' liefert Lamech als jüdische Sissy den notwendigen Gegenpol zum frühen Gideon, Ivri und dem späten Nimrod. Sein Tod wird

61 Boyarin: *Unheroic Conduct*, S. xiii.
62 Vgl. ebd., S. xviii.
63 Ebd., S. xiv.
64 Ebd., S. 1–2.

lediglich in einem Nebensatz erwähnt: „[T]here was much work to do and no time for other things, when Lamech died.“ (EF, S. 65) Boyarin postuliert: „I want to use the sissy, the Jewish male femme as a location and a critical practice.“[65] Ähnlich kann auch die Figur des Lamech im Text verstanden werden. Durch seine bloße Anwesenheit wird Kritik an der Konstruktion des ‚New Type‘ geübt, weshalb dieser Charakter in seiner Funktion als Antagonist von immenser Bedeutung ist.

Leni – der Nichtjude

„He was an ugly man, tall and large and heavy, with kind blue eyes, hard thin lips and a crooked nose. His hair was the color of the desert and he never wore a short or shoes.“ (D, S. 11) Wie bereits erwähnt, ist Leni eine Figur aus *Dust* und der Grund dafür, dass Rita in die Stadt gekommen ist. Leni bezeichnet sich als erster Bürger der geplanten Stadt. (D, S. 17) Als Leni Rita nach langer Zeit seine Liebe gesteht, gibt er preis, dass er nicht jüdisch ist. „It didn't matter. Leni belonged where he chose to belong, not by ancestral right or religious duty. He was here, and this was all his, and maybe it was childish of him to even mention it.“ (D, S. 100) An der Figur des nicht-jüdischen Leni wird eine Form von Zugehörigkeit aufgezeigt, in der es weder eines angestammten Rechts noch einer religiösen Pflicht als Legitimation bedarf. Lenis Nicht-Jüdisch_sein hat keinen Einfluss auf den Textverlauf und doch gelingt es, durch seinen Charakter aufzuzeigen, dass Zugehörigkeit auch als Wahl gedacht und gelebt werden kann.

Ivri – der Vater

Ivri ist Nimrods Vater in *Envy the Frightened*, der in einem russischen Dorf aufgewachsen ist. Er wiederholt, dass er ein schwaches und ängstliches Kind gewesen sei, weshalb er den Wunsch hege, einen starken Sohn zu haben. (EF, S. 27–28) Er wäre „nur“ ein Jude mit dem Namen Motl gewesen, den er in Israel zu Ivri, was so viel wie ‚hebräischer Mann‘ bedeutet, gewechselt habe. (EF, S. 35) Jüdisch_sein bedeutet für Ivri Angst, Diskriminierung und Verfolgung in der Diaspora. Daher hat er auch seinen jiddischen Namen durch einen hebräischen ersetzt. Er vergöttert den frühen Gideon als Repräsentant des ‚New Type‘ und wünscht sich, dass sein Sohn Nimrod genauso wird wie ‚the Rock‘.

65 Ebd., S. xiv.

Ivri durchlebt nach dem Tod seiner Ehefrau Miriam eine Veränderung. Er wolle nicht denselben Fehler, den er bei Nimrod begangen habe, bei seinem Enkel wiederholen. Dies kränkt Nimrod. Er stellt ihm die Frage, ob er selbst denn ein Fehler sei. Ivri entgegnet, es habe sich vieles verändert und sie brauchten dieses Leben nicht mehr. „Did we need it then?" (EF, S. 184), fragt ihn Nimrod abschließend.
Die wiederholt postulierte Absage an den ‚New Type' in *Envy the Frightened* wird demnach auch vom späten Ivri formuliert. Zudem ist in der Figur Ivri sehr viel an Erklärung in Bezug auf die Notwendigkeit eines ‚New Type' angelegt, zumal er in seiner Jugend wegen seines Jüdisch_seins Diskriminierungen, Verfolgungen und Ängsten ausgesetzt war. Diesen Verlust von Macht als (männlichem) Privileg musste Ivri in der Diaspora erfahren, weshalb sein Sohn ein Israeli, ein mächtiger ‚New Type', sein soll.

Phoenix – der Spion

Three Weeks in October wechselt die Erzählperspektive von Amalia zu Daniel und wieder zurück, weshalb auch zweierlei Geschichten dieses ominösen Protagonisten erzählt werden. Für Amalia (als Ich-Erzählerin des 1. und 3. Kapitels) ist der Namenlose bis zur Auflösung des Geheimnisses ein unidentifizierbarer Komapatient im Krankenhaus während des Jom- Kippur-Krieges. Über die Erzählungen Daniels (dem Ich-Erzähler des 2. Kapitels) wird er, der Namenlose, später Arik Berkov genannt. Er hat als Spion für Israel unter dem Decknamen Phoenix gearbeitet; Ofra war seine Geliebte. Am Beispiel der Figur Phoenix lässt sich illustrieren, wie jüdische/nationale Identitäten konstruiert und gegenübergestellt werden: In einer Passage spricht Daniel mit David, einem Kriegshelden, über den jüdischen und dem Spion unbekannten Vater von Phoenix. Daniel ist der Meinung, dass Phoenix – anders als er selbst oder David – eine Wahl gehabt hätte, für/in Israel zu kämpfen. Phoenix habe sich wegen seines jüdischen Vaters, den er nie kennengelernt hat, für Israel entschieden. David jedoch entgegnet, dass Phoenix die Liebe zu einem Land – Israel – nicht aufbringen könne. Seine eigene Liebe macht David an folgenden Dingen fest: Er fühle, dass ihm Samson und König David zusehen, er erinnere die Sümpfe, die sein Großvater getrocknet habe, die ersten Orangenbäume, die von seinem Vater gepflanzt wurden, den Krieg von 1948 und die 1956er-Kampagne, die Terroristen in der

Negevwüste und im Gazastreifen und die Nazis in Europa. Er erinnere die reichen Juden in Amerika und die assimilierten in Frankreich. Er denke an seine Ehefrau und seine erwachsenen Kinder, an die Schulen, die Fabriken, die Landebahnen, die Forschungsinstitute, an die schönen Mädchen am Strand, die Volkslieder und die Frühlingsblumen auf dem Berg Karmel. David hält weiter fest, dass Phoenix all dies entbehre, doch einen Vater gehabt habe, der für all das gestorben sei. Phoenix folge, laut David, einer geistig-intellektuelle Interpretation des Zionismus. Doch sei er nie Antisemitismen ausgesetzt gewesen, habe kein Lieblingswadi in der Negevwüste oder Lieblingsgassen in Jerusalem. Er habe noch nie den Sonnenaufgang über dem Toten Meer von Masada aus gesehen oder betrunken vom Duft der Orangenblüten im Frühjahr ein Mädchen geküsst. (TW, S. 173) Einerseits wird hier wiederholt – wie im Fall von Leni aus *Dust* – dargestellt, dass Menschen eine Wahl haben, was ihre Zugehörigkeit betrifft, andererseits bleibt ihnen hier jedoch verwehrt, ‚echte' Israelis zu werden, so sie keine jüdische Erziehung genossen haben und/oder in Israel geboren wurden, aufgewachsen sind und all die von David beschriebenen Erfahrungen gemacht haben. Hier wird – wie auch an anderen Stellen der Werke Yael Dayans – der Versuch unternommen, in Worte zu fassen, was es bedeutet, israelisch und zugleich jüdisch zu sein. In diesem Fall sind es das biblische Erbe, das Land, dessen Institutionen, und persönliche Erlebnisse, hübsche Mädchen, volkstümliche Lieder, die israelischen Kriege, Terror, die Diaspora, die Shoah und der Antisemitismus. Doch werden im Text jene konkreten Konstruktionen einer israelisch-jüdischen Identität auch wieder dekonstruiert. Als Amalia sich bei Arik Berkovs Beerdigung wundert, ob er denn jüdisch gewesen sei, entgegnet ein junger Arzt: „Does it matter? [...] He was killed in our war. He had no business fighting in the Sinai if he wasn't Jewish." (TW, S. 210)

Phoenix stellt im Text eine Verbindung zwischen Daniel, der an der Front ist, und Amalia, die als Freiwillige im Krankenhaus Verwundete betreut, dar. Er ist eine Figur, die oft – trotz eines jüdischen, aber unbekannten und abwesenden Vaters – als nicht-jüdisch markiert wird und dennoch – bis zum Entschluss zur Desertion aus Liebe zu Ofra – ihr Leben vollends Israel widmet. Hier wird eine Liebe vorgestellt, die stärker ist als die Liebe zu einem Land, nämlich die zu einem anderen Menschen. Anhand der Figur Phoenix werden Fragen nach

Zugehörigkeit und der Möglichkeit zu wählen diskutiert. Betrachtet wird zudem die nicht auflösbare Abhängigkeit von Jüdisch_sein und Israelisch_sein. Im Text wird oft keine klare Trennlinie zwischen diesen beiden Identitätskonstruktionen gezogen. Die ausschweifende Breite, in der der Geheimagent behandelt wird, und seine wichtige Textfunktion stehen in Opposition zu den Darstellungen der Geheimagentin Ofra, die letzten Endes als Grund für Phoenix' Desertion (Verrat am Staate Israel) genannt wird.

Avi Goldin – ein Repräsentant der Diaspora

„Countries, states, nationalities didn't matter when you were deep in science." (TW, S. 4) Avi, eine Nebenfigur in *Three Weeks in Oktober*, ist Ph. D.-Student in New York. Im Krankenhaus trifft ihn Amalia, die mit ihm zur Schule gegangen ist, wieder. Sie erinnert sich an ihn: „[H]e was a boy, a teen-ager in shorts, never a fighter. I could never think of him as a soldier." (TW, S. 30) Sie blickt zurück auf eine innige Beziehung, eine brüderlich-schwesterliche, nicht aber romantische oder erotische. (TW, S. 31) Seiner Familie in den USA erzählt Avi, dass er Urlaub in Europa mache, sie wissen daher nicht, dass er nach Israel reist, um als Soldat zu kämpfen. Im Krankenbett umreißt er für Amalia kurz sein Leben und erwähnt Julie: „A summer holiday love and a long winter of a bad marriage. One daughter." (TW, S. 36)
Avi repräsentiert die Diaspora. Identiäten konstituieren sich meist diskursiv durch Abgrenzungen, demnach opponiert hier eine nationale israelische Identität gegen eine Diasporaidentität. Avi personifiziert ein Gefühl von jüdischer Zugehörigkeit zur Nation – Israel –, das in Zeiten der Gefahr grenzenlos zu sein scheint. Die literarische Figur Avi verdeutlicht die Abhängigkeit von jüdischen und nationalen Entwürfen der Zugehörigkeit. Sein Gefühl der Zugehörigkeit führt dazu, dass er sich umgehend als Soldat meldet, als Israel angegriffen wird.

David – die literarische Konstruktion eines Kriegshelden

Obwohl auch israelische Frauen – mit Ausnahme von Ehefrauen, schwangeren oder orthodoxen Frauen – einen zweijährigen Militärdienst ableisten müssen (Männer einen dreijährigen), durften sie lange Zeit nicht unmittelbar an Kampfhandlungen teilnehmen. Auch heute noch gibt es dafür hohe Hürden. Dies trägt unter anderem dazu bei, dass Frauen wegen fehlender Kampferfahrungen in der militärischen

Hierarchie nicht aufsteigen können, was wiederum Auswirkungen auf Berufs- und Aufstiegschancen hat. Dies spiegelt sich auch in den Texten Yael Dayans wider, bedenkt man die Beschreibung der Soldatin Ariel Ron (siehe Kapitel 3) mit ihren Aufgaben als ‚Lehrerin' für die neuen Rekrutinnen, ihre Arbeit in der Psychiatrie oder ihr Engagement in der Erstanlaufstelle für neue (jüdische) Einwander_innen. In „Homefront as Battlefield" beschreibt Simona Sharoni den Zusammenhang von sexistischen, militaristischen und rassistischen Diskursen. Dazu führt sie das hebräische Wort *Kibush* ein. Dieser Terminus wird meist gebraucht, um die Besatzung sowohl des Westjordanlandes als auch des Gazastreifens zu bezeichnen. In der hebräischen Sprache bezeichnet er zugleich die militärische Eroberung und die Eroberung von Frauenherzen. Sharoni benennt die Verschmelzung dieser beiden Aspekte nicht nur als sprachliche, vielmehr gibt diese Koppelung Auskunft über zahlreiche diskriminierende Praktiken in der israelischen Gesellschaft allgemein und insbesondere in der israelischen Armee.[66] Jene Verknüpfung findet sich auch in der diskursiven Konstruktion des Charakters David, einer Nebenfigur aus *Three Weeks in October* wieder. Er wird von Daniel als groß und hässlich beschrieben. Er sei berühmt für seine Ruhe in der Schlacht, für seine derbe Sprache mit sanfter Stimme, für seinen Mut, seine Frauen und Extravaganz. (TW, S. 154) Daniel stellt sich die Frage, ob Amalia – wie so viele andere Frauen auch – diesen Mann unwiderstehlich finden würde. (TW, S. 156) David, weder gutaussehend noch sonderlich nett, wirkt trotzdem als Soldat anziehend auf Frauen. Dies liegt in der Konstruktion des ‚sexy Soldaten' begründet, der Macht verkörpert und der Frauen an der Heimatfront dadurch Schutz und Sicherheit bieten kann. Folgendes Zitat ist eine Figurenrede Davids und soll veranschaulichen, welcher Sprechweisen sich sein Charakter bedient:

> I work with a group, we all do. We surround ourselves with sons and daddies. I have a cook who knows my taste, a driver who takes care of my intestines, battalion commanders who never question me and friends who can stand my dirty habits. [...] I doubt how well I could operate alone. I have to feed and be fed. Even homosexuality I suspect to be better than masturbation. (TW, S. 158)

66 Vgl. Sharoni: Homefront as Battlefield, S. 236.

Die derb wirkende (männlich konnotierte) Sprache des Soldaten und die Aussage, dass er sich nur mit Männern – also Söhnen und Vätern – umgibt, veranschaulicht, dass Soldatinnen innerhalb der Armee andere Aufgaben erledigen als männliche Soldaten und somit auch im Jom-Kippur-Krieg nicht an der Front angetroffen werden können. Die Homophobie ist hier ostentativ und doch wirkt der letzte Satz des Zitats in einem stark männerbündlerischen Kontext auch ungewöhnlich. In diesen Zusammenhängen wird meist ein Konzept von ‚Kameradschaft' entworfen, innerhalb dessen jede Nähe zwischen Männern entweder völlig ausgeblendet oder abgewiesen wird. Die Homophobie dient hier eher als Abgrenzung, um innerhalb eines homosozialen Kontexts, in dem sich David wohlzufühlen scheint, eine heterosexuelle Identität aufrechtzuerhalten. Gleichwohl wird vom Kriegshelden Homosexualität als mögliche sexuelle Orientierung registriert.

„I harbored no hatred of Arabs"[67] – Konzepte von Palästinenser_innen und Araber_innen

Im Folgenden werden all jene Beispiele aufgeführt, in denen Palästinenser_innen[68] oder Araber_innen in den Texten Yael Dayans erwähnt werden. Hierbei kann eine immense Diskrepanz zwischen den ersten sieben Büchern der Autorin und dem zuletzt erschienenen Buch *Transitions* festgestellt werden. Bleibt es zunächst bei Erwähnungen – vor allem von Araber_innen – und wird keine für

67 T, S. 45.

68 Meine Analyse zeigt lediglich unterschiedliche Darstellungen palästinensischer Identitäten in den Primärquellen (Fremdzuschreibung), die allerdings gegen palästinensische Selbstdefinitionen gelesen werden müssen: Hier interpretiert Edward Said in *The Question of Palestine* (London: Routledge & Kegan Paul 1980) zum Beispiel das Erwachen eines kollektiven palästinensischen Selbstverständnisses als Antwort auf den Zustrom der jüdischen Einwanderung seit 1882 und als Gegenbewegung zum Zionismus. Rashid Khalidi (*Palestinian Identity. The Construction of Modern National Consciousness.* New York: Columbia UP 1997) und Beshara Doumani (*Rediscovering Palestine. Merchants and Peasants in Jabal Nablus 1700–1900.* Berkeley: University of California Press 1995) hingegen kritisieren Saids Position und versuchen in ihrer Forschung Nuancen und Dynamiken innerhalb der palästinensischen Gesellschaft als Gründe für das wachsende nationale palästinensische Bewusstsein zu suchen und dadurch eine jüdische und zionistische Abhängigkeit zu minimieren.

die Textabsicht oder Handlung relevante Figur als palästinensisch oder arabisch definiert, so folgt *Transitions* einer anderen Strategie, nämlich jener von Sichtbarmachung und Benennung – vor allem von Palästinenser_innen. In den ersten sieben Texten konstituiert sich nationale/israelische Identität nicht durch eine gewaltvolle Abgrenzung zu Araber_innen und Palästinenser_innen, sondern eher durch deren Ausblendung. Diese Strategie referiert auf den frühzionistischen Leitspruch, „Ein Land ohne Volk für ein Volk ohne Land“[69], und erweckt den Eindruck, dass es in diesem Land keine Araber_innen oder Palästinenser_innen gab. Diese sinnstiftende Leerstelle macht eine beinahe schon aufdringliche Ausblendung/Nicht-Erwähnung zum Thema. Jenes Narrativ innerhalb Yael Dayans früher Werke untermauert die These vom zionistischen Geschichtsverständnis der jüngeren Autorin.

In *A Soldier's Diary* spricht Dov, der spätere Ehemann Yael Dayans, über Araber_innen und Jüd_innen: „To quote your uncle Eizer (General Eizer Weitzman) who was quoting an English lady, 'When an Arab is dirty he is picturesque but when a Jew is dirty he is a dirty Jew.'“ (SD, S. 106) Die hochgradig antisemitische Konnotation des Begriffs „dirty Jew“ wird in diesem Zitat dazu verwendet, den anhaltenden Antisemitismus zu veranschaulichen. Durch die Gegenüberstellung zu Araber_innen wird verdeutlicht, dass jene keinen vergleichbaren Diskriminierungsformen ausgesetzt sind.

Das erste Mal, dass der Begriff *Arabs* verwendet wird, ist in *Envy the Frightened* im Zusammenhang mit dem aufkommenden Krieg. Zuvor gibt es keinerlei Hinweise darauf, dass Araber_innen in diesem Land leben. Nimrod wundert sich, dass oft von einem möglichen Krieg mit den „Arabs“ die Rede ist. Er kenne nur eine alte Frau namens Naifa und könne sich nicht vorstellen, warum man denn gegen sie Krieg führen solle. Sie komme mit einem Esel und verkaufe Wassermelonen oder Gemüse. Nimrod könne aufgrund unterschiedlicher Sprachen nicht mit ihr sprechen. (EF, S. 46)

In *My Father. His Daughter* wird eine friedliche, nachbarschaftliche Beziehung beschrieben: „Arabs from neighboring tribes visited us often. I [Yael Dayan] was never told an Arab was the enemy.“ (MF, S. 54) Ein

69 Vgl. Diana Muir: Ein Land ohne Volk für ein Volk ohne Land. In: *Middle Eastern Quarterly* 15,2 (2008), S. 55–62.

Beispiel für die Verwendung des Begriffs „Palestinian" findet sich im selben Text, wenn sie Golda Meir und anderen Regierungsmitgliedern Blindheit gegenüber der Komplexität palästinensischen Seins vorwirft. Die Begin-Gruppe, so Yael Dayan, ignoriere das an Wirkungsmacht gewinnende palästinensische Plädoyer für Selbstbestimmung nicht, sondern weise es als gegenstandslos zurück und erwäge Hoffnungen einer Annexion. (MF, S. 191) *My Father. His Daughter* nimmt, was die Ausblendung von Araber_innen und Palästinenser_innen betrifft, eine andere Rolle ein als die früheren Texte der Autorin. So schafft Yael Dayan hier, die zuvor beschriebene sinnstiftende Leerstelle etwas zu füllen. Doch bleibt es auch beim Sprechen über Araber_innen und Palästinenser_innen, die in keinem der Texte eine Stimme haben oder Handlungsmacht besitzen.

Dayan beschreibt in *Transitions*, dass sie sich der Konflikte mit der arabischen Welt sehr wohl bewusst gewesen sei. (T, S. 45) Die arabische Welt, auf die sich die Autorin bezieht, verortet sie außerhalb Israels: „the Arab world surrounding us." (T, S. 45) Weiterhin schreibt Dayan, in dem Glauben gelebt zu haben, dass Konflikte gelöst werden würden, weil sie gelöst werden müssen. Ihre buchstäbliche Interpretation des Zionismus als Schaffung eines Heimatlandes für ein Volk bedeute für sie selbst politische Auseinandersetzung innerhalb von Grenzen und weniger eine Ausweitung des Gebietes. Sie habe sich nie bedroht gefühlt, hege keinen Hass gegen Araber_innen und habe auch keine Angst vor einem „Feind". (T, S. 45). Die Entwicklung der Autorin im Laufe ihres Lebens zeigt sich am deutlichsten in ihrer Darstellung von Araber_innen und Palästinenser_innen. Wird in ihren ersten sieben Texten kaum von Araber_innen gesprochen und noch seltener der Terminus Palästinenser_innen verwendet, so adressiert *Transitions* nicht nur durch die Benennung palästinensischer Opfer (T, S. 92), sondern auch durch das Schreiben über eine unrechtmäßig fortdauernde Besatzung (T, S. 23, 59, 92, 124) sowie durch eine Kritik an den Siedlungen in den besetzten Gebieten (T, S. 74, 76) Themen, die bislang verschwiegen oder ausgeklammert wurden. Patriotisch, zionistisch geschult und aufgewachsen überwindet die Autorin mit dem Alter dieses verkürzende Narrativ und gewährt so eine Sichtbarmachung und Anerkennung der Palästinenser_innen.

Zusammenfassend kann festgehalten werden, dass Soldaten und Soldatinnen in den Texten Yael Dayans sowohl unterschiedlich

repräsentiert werden als auch ihre Positionen im Militär stark divergieren. Brüche innerhalb der Konstruktion des Soldaten, wenn jene nicht wie David (TW) oder Daniel (DS) beschrieben werden, finden sich sowohl in der Figur des Gideon (EF), der nach seiner Kriegsverletzung unter enormen psychischen und physischen Schmerzen zu leiden hat, wie auch in *Three Weeks in October*, wenn es heißt: „Now they are heroes, next week they will be handicapped bums, rejected lovers, fighting shame and loneliness." (TW, S. 86) Veteranen kratzen demnach am Image des Kriegshelden und verdeutlichen die enorme Bedeutung eines unversehrten (männlichen) Körpers für die Nation Israel (in einem rechten, nationalistischen Diskurs). Innerhalb eines androzentrischen Systems trägt ein weiblicher Körper bereits durch seine Markierung als ‚nicht-männlich' Versehrtheit in sich. Er eignet sich also nicht, um innerhalb kriegerischer Kampfhandlungen dargestellt zu werden. Dabei geht es allerdings nicht nur um die Körper der Frauen, sondern auch um weiblich konnotierte Eigenschaften, die an der Heimatfront, keinesfalls aber auf dem Schlachtfeld benötigt werden.
Die Protagonistinnen eröffnen einen weiten Raum an Interpretationsmöglichkeiten. Ihre Charaktere werden weniger detailreich beschrieben und psychologisch hinterfragt als jene der Männer. Innerhalb eines nationalen Gefüges nehmen sie – von Ariel Ron und dem weiblichen ‚New Type' abgesehen – traditionell weiblich konnotierte Positionen ein. Dies gilt sowohl für israelische, jüdische Protagonistinnen wie auch für Julie und Rita, die einzigen Nicht-Jüdinnen in Yael Dayans Texten. Keine Protagonistin repräsentiert die Diaspora, weshalb alle jüdischen Frauen bei Yael Dayan zugleich Israelinnen sind. Diese Tatsache bestätigt die These der (literarischen) Darstellung von Frauen als Reproduzentinnen der Nation.
Für die blinde Bewunderung von (internationalen) Feminist_innen für Israel, speziell nach dem Sechstagekrieg, mache Yael Dayan die Bilder der Pionierinnen und bewaffneten Soldatinnen verantwortlich. Selbst geprägt von diesem Diskurs, nach dem Frauen in Israel vollkommen gleichberechtigt wären, beschreibt sie in *Transitions* ihren langen Weg des Denkens, Lernens, Sprechens und Verstehens. Ihre Protagonistinnen, selbst wenn sie stark, dominant oder manipulativ wären, besäßen keine wirkliche Unabhängigkeit und hätten auch keine Stimme (T, S. 42–43): „Even when they 'have the upper hand'

in the battle between the sexes, it's still a struggle, inharmonious. I myself was lacking in solidarity and empathy towards disadvantaged women." (T, S. 43)

Nicht-jüdische Charaktere eröffnen die Möglichkeit, über jüdische und israelische Identitätskonstruktionen nachzudenken. So werden über die Figuren Phoenix, Leni, Rita oder Julie Fragen der Zugehörigkeit verhandelt. Die Integration des zionistischen Narrativs des männlichen ‚New Type' unterstreicht seine eigene Notwendigkeit für eine (bedrohte) Nation. Wie anhand der Figurenkonstellationen veranschaulicht wurde, sind selbst jene Konzepte von Identität brüchig, die vermeintlich Stabilität vorgeben. (Literarische) Identitäten werden diskursiv – meist durch Abgrenzung zu anderen (Frauen, Nicht-JüdInnen oder Diasporajuden) – erzeugt; sie eröffnen Raum für Subversion. Normen werden zugleich reproduziert und hinterfragt. Auch der Begriff der Nation, der in Yael Dayans Texten nicht wortgetreu vorkommt, ist im Gebrauch vielschichtig. Die Liebe zum Land, *Ahawat Israel*, lässt sich mit dem Begriff Patriotismus umschreiben. Palästinenser_innen und Araber_innen sind in den ersten sieben Texten Yael Dayans marginal repräsentiert. *Transitions* hingegen thematisiert nicht nur die Veränderungen einer älter werdenden Frau, sondern auch die Veränderung politischer Einstellungen, wenn sich Yael Dayan der Frage stellt, wann sie von einem Mädchen in Khaki(-uniform) zu einer *Frau in Schwarz*[70] wurde. (T, S. 53)

70 *Women in Black* ist ein weltweites Netzwerk von Frauen gegen Gewalt, Krieg und Militarismus.

4.
„to love and to be exuberant“[1]
Liebe, Sex und Gewalt

Die literarische Darstellung von heterosexuellem Sex, Liebe, Beziehungen und Gewalt in den Werken Yael Dayans soll im Folgenden genauer analysiert werden. Zunächst geht es um die Frage der Sexualität, darum, welche jüdischen und israelischen (nationalen) Konzepte von Identität und Geschichte mit der spezifischen Darstellung von Sexualität evoziert werden. Wie bereits in Kapitel 3 veranschaulicht, spielt der (sexualisierte und sexuelle) Körper zum Beispiel beim ‚New Type' aus *Envy the Frightened* eine wesentliche Rolle. Jede Zeit und jede Kultur produziert sowohl gesellschaftlich anerkannte Normen als auch Praxen, die diesen diametral gegenüberstehen. In verschiedenen Gesellschaften existieren sowohl diskursiv hergestellte autorisierte Formen von Sexualität als auch solche, die unbenannt und somit unsichtbar bleiben oder verschiedenen Verboten unterliegen. David Biale geht davon aus, dass, egal innerhalb welcher Kultur Jüd_innen leben und lebten, die Konstruktionen ‚jüdischer Sexualität' stets die Aspekte ihrer Zeit reflektierten, obgleich ihr Vokabular ein Erbe ihrer Vorfahren darstellt. Die Geschichte der ‚jüdischen Sexualität' ist daher gleichsam die Geschichte eines kulturellen Systems mit all seinen Konflikten, Unterschieden und Interaktionen mit anderen Kulturen.[2]

1 T, S. 25.

2 Vgl. David Biale: *Eros and the Jews. From Biblical Israel to Contemporary America.* Berkeley / Los Angeles: University of California Press 1997, S. 9.

Israels Ruf besaß und besitzt – von der Orthodoxie und der Ultraorthodoxie abgesehen – eine progressive Sexualmoral. Hier ist ein Narrativ dominant, das sich klar von einem vermeintlich arabischen/palästinensischen Entwurf der Sexualität abhebt und gleichzeitig das bourgeois-europäische Korsett negiert. Innerhalb des Judentums wurde (heterosexuelle und eheliche) Sexualität nie als Sünde verstanden, ist positiv konnotiert und es gibt auch kein Zölibat – wie zum Beispiel im Katholizismus. Diese ‚Freizügigkeit' kommt in den Texten Yael Dayans vor, doch auch vergeschlechtlichte Vorstellungen von Moral und sexueller Gewalt. Zu beachten sind hierbei die Zeit, in der die Texte geschrieben wurden, und die Zeit, in welcher sie analysiert werden.

„I wasn't a prudish nun"[3] – Versionen der Sexualität

Yael Dayan verhandelt in ihren beiden autobiografischen Texten *My Father. His Daughter* und *Transitions* ihre eigene Sexualität. Nüchtern und distanziert schreibt die Autorin in *My Father. His Daughter* über Männer, Liebe und Sexualität. Sie sei sich ihrer wachsenden Fähigkeit, ihr zugeneigte Männer zu verletzen, durchaus bewusst. Sie wäre in jungen Jahren nicht bereit gewesen, eine exklusive Beziehung mit einem Mann einzugehen, und sexuell angezogen hätte sie sich von keinem gefühlt. (MF, S. 117). Dayan skizziert, dass ihr körperliche Berührungen wichtiger gewesen seien als tiefe Gefühle, sie berührt wurde und Sex hatte, wenn auch nicht zwingend mit jenem Mann, der ihr zu diesem Zeitpunkt am meisten bedeutete. (MF, S. 118) Dieser selbstbestimmte Umgang der jungen Yael Dayan mit ihrer eigenen Sexualität ermöglicht ihr Sex außerhalb romantischer Liebesbeziehungen nicht nur, hier wird er präferiert. Die erste Darstellung von sexuellen Handlungen im Text beschreibt eine 17-jährige Yael Dayan, die gerade als Assistentin für einen verheirateten 32-jährigen Regisseur arbeitet. Die Nüchternheit, mit der die Autorin skizziert, wie niedrig ihre sexuellen Erwartungen waren, ist bemerkenswert. So beschreibt sie, dass sie beide rund um die Uhr gearbeitet hätten und es demnach logisch gewesen wäre, miteinander zu schlafen. (MF, S. 118) „Not such a big deal, I

3 T, S. 39.

thought, and though I learned to enjoy more as I cared more for my partners, it basically remained so." (MF, S. 118) Der Bruch mit gängigen Vorstellungen von weiblicher Sexualität kulminiert darin, dass Yael vom Geschwätz der Leute und den ,Skandalen' um ihre Person berichtet: Die Autorin beschreibt, dass bei weitem nicht alle ihrer Affären im Bett endeten. Sie unterstreicht, dass nicht Moral für den Verzicht auf Sex verantwortlich gemacht werden kann. In ihrem Fall sei es mehr die Angst vor einer ungewollten Schwangerschaft und ihrem Grundgefühl, dass Sex zu Komplikationen führe. „The only creed I seemed to have was my preservation of my total freedom and independence, and sex seemed a threat or hindrance to it." (MF, S. 124) Ferner stellt sie klar, weder eine Femme fatale noch eine Art Lolita gewesen zu sein. (MF, S. 125) Hiermit liefert sie einen sehr rationalen und selbstbestimmten Entwurf von sich und ihrem Umgang mit Sexualität. Zu der Zeit, in der Yael Dayan Ariel Ron, die Protagonistin ihres ersten Romans *New Face in the Mirror*, entwirft, zieht die Autorin bei einem älteren Journalisten, der hoffnungslos in sie verliebt ist, ein: „For the first time I encountered a selfless, all-out, giving love, and I tried, in my immature way, to reciprocate". (MF, S. 141) Doch muss sie erfahren, dass sie während ihrer gemeinsamen Zeit vom israelischen Geheimdienst überwacht wird und sich einem Verhör unterziehen. Weil der Journalist kein Israeli ist, wird Yael nahegelegt, sich von ihm zu trennen; sie gibt dem Druck schließlich nach. (MF, S. 142–144) Hier werden die gesellschaftlichen Konventionen, denen Yael Dayan unterworfen ist, sichtbar. Der Staat Israel bestimmt in diesem Fall, mit wem sie eine Nahbeziehung eingehen darf oder auch nicht. In Anbetracht der Tatsache, dass Yael Dayan zur damaligen Zeit im Gegensatz zu ihrem Vater kein öffentliches Amt bekleidete und auch nicht in geheime Militäroperationen involviert war, wird der geschlechtliche Charakter dieser Restriktionen deutlich. Moshe Dayans Liebesbeziehungen und außerehelichen sexuellen Aktivitäten wurden stets als Privatangelegenheit abgetan, obgleich sie selten geheim blieben. Seine Integrität und Selbstbestimmtheit dahingehend in Frage zu stellen, war aufgrund seines Geschlechts keine Option. Einer jungen israelischen Frau dagegen wurde a priori unterstellt, sie würde von einem ausländischen Journalisten benutzt, um an Informationen zu gelangen, und in weiterer Folge wurde ihr nicht zugestanden zu wissen, was sie preisgeben kann, darf oder will.

Michael ist der nächste Mann in Yael Dayans Leben.[4] „Michael was my great unreciprocated love." (MF, S. 161) Sie lernen sich auf den Filmfestspielen in Cannes kennen und verbringen gemeinsame Zeit in Griechenland, das in den 1950er/60er Jahren von vielen Intellektuellen und Künstler_innen als Zufluchtsort genutzt wird. Michael meint, sie solle sich nicht zu sehr auf ihn fixieren. So folgt eine aufreibende, destruktive und turbulente Phase in ihrer Beziehung. „Passion was no substitute for love, as exciting as its manifestations were [...] for the first time, at twenty-five, I thought seriously of marriage and motherhood." (MF, S. 168)

Der nächste Mann, der in Yael Dayans Autobiografie erwähnt wird, ist ihr späterer Ehemann Dov Sion. Sie lernen sich im Sechstagekrieg kennen und Yael schreibt, dass sie schlichtweg wusste, dass sie ihr Leben mit diesem Mann verbringen wolle. Sie fühle Liebe, Freundschaft und Sicherheit. (MF, S. 192) Ab diesem Zeitpunkt berichtet die Autorin nicht mehr über Affären, Liebe oder Sex in *My Father. His Daugther.* Wo es endet, beginnt *Transitions*, in dem sie retrospektiv ihr eigenes Sexualleben thematisiert. Aus der Position einer älteren Frau, die sich nun nicht mehr selbst befriedigt (T, S. 7), erinnert sie, oder um es mit ihren Worten zu beschreiben: erzwingt sie ein detailliertes Erinnern (T, S. 7) all ihrer sexuellen Begegnungen. Sie bereue, die unzähligen Liebesbriefe zerstört zu haben: „Letters betraying names and titles and countries that you were afraid would fall into the wrong hands and reveal the great passions, the soaring romances and the ones that faded elegantly with mutual respect." (T, S. 7) Doch habe sich Dayan als junge Frau nie zu hemmungsloser Leidenschaft hinreißen lassen, ihre eigenen Grenzen stets respektiert, keine Drogen genommen und an keinen sexuellen Handlungen, wie zum Beispiel Sex mit mehr als einer Person zur gleichen Zeit, teilgenommen. Trotz ihrer sexuellen Neugier sei sie immer vorsichtig, zuweilen auch ängstlich und stets selektiv vorgegangen. (T, S. 39) Die von der Autorin auferlegte Selbstzensur überträgt sich auch auf ihren Text, wodurch konkrete Beschreibungen sexueller Handlungen oder gar Namen ausbleiben müssen. Lediglich als Yael Dayan eine Einladung zum Sex von einer Frau erhält, beschreibt sie Gefühle der Verlegenheit

4 Vermutlich handelt es sich hierbei um den zypriotisch-griechischen Filmschaffenden Michael Cacoyannis (1922–2011).

und Angst. Die Frau berührt sie zwischen den Beinen und sie versuche rückblickend ihr eigenes Zittern zu verstehen, als sie die Hand wegschiebt. (T, S. 42) Die Autorin reflektiert ihre eigenen Grenzen. Was Dayan in ihren autobiografischen Texten sehr vage hält und lediglich auf einer Metaebene reflektiert, erhält in den fiktionalen Werken explizitere Formen.

New Face in the Mirror ist jener Roman, der von der Kritik sexuelle Freizügigkeit attestiert bekam.[5] Die erotischen Schilderungen beginnen mit einem Traum, dem eine Beschreibung des Duschens im Militärcamp folgt: „I [Ariel] went once to queue for a shower, but only once; the shapeless figures pushing and pawing each other, the sly remarks followed by shrill laughter were too much for me. I felt sorry for some of the shy girls." (NF, S. 13) Nicht ungeachtet der wiederholt androzentrischen Charakterisierung ihrer Kolleginnen durch die Verwendung stereotyper Ausdrücke in Bezug auf Frauen wie „sly" und „shrill" gesellt sich im Traum eine homoerotische Note dazu: „I was there again, with the long lines of naked bodies; each naked girl was soaping the back of the girl in front of her. I was fully dressed, vainly struggling to tear myself away from a girl who insisted on soaping my back, too." (NF, S. 13) Der nächste Absatz wird mit den Worten „After that I went to the shower late at night, when I could be alone [...]" (NF, S. 13) eingeleitet. Es bleibt offen, ob sich jenes „After that" nun auf den Traum bezieht oder auf die literarische Realität. Auch die nächste Darstellung manifester Erotik geschieht abermals in einem Traum der Protagonistin: „In the dream she [Rina] was big, and hundreds of small men were climbing on her, disappearing into her flesh like ants, biting, licking and kissing her. [...] They began playing games and all at once had long hair, like women, and long, exaggerated men's sex organs." (NF, S. 48) Nicht nur dass die Protagonistin hier erotisch von einer Frau träumt, sie größer und von hunderten kleiner Männer begehrt werden lässt, sondern auch, dass sich diese kleinen Männer transformieren, effeminieren, dekonstruiert sowohl Heteronormativität als auch eine vermeintliche Zweigeschlechtlichkeit.

5 Vgl. Neri Livneh: Yael Dayan on Her Father's Legacy, Her Political Career and Her Illness. In: *Haaretz*, 14.09.2012. http://www.haaretz.com/weekend/magazine/yael-dayan-on-her-father-s-legacy-her-political-career-and-her-illness-1.464901 (Zugriff am 05.03.2013).

Die einzige Textstelle jedoch, in der Sex nicht geträumt wird, durch Auslassungen gekennzeichnet ist und die Phantasie der Leser_innen nachhaltiger herausfordert, ist die Szene, in der Ariel und Bill im Mondlicht baden gehen: „Our two beautiful bodies enjoyed each other on the golden sand under the light of the moon. We dressed after three in the morning and I felt exhausted, but relaxed." (NF, S. 93) Lediglich an dieser einen Stelle wird von Sex gesprochen. Daraus ergibt sich eine Diskrepanz zwischen der öffentlichen Rezeption[6] und den tatsächlichen Beschreibungen von Sex in *New Face in the Mirror*. Im übrigen Text werden nur Verweise oder Anspielungen gemacht. Dass derartige zurückhaltende Hinweise und das Nicht-Artikulieren dennoch voller Bedeutung stecken können, hat bereits Michel Foucault festgestellt. Er fokussiert eher auf die Modi des Nicht-sprechens und untersucht „welcher Diskurstyp autorisiert und welche Form der Diskretion jeweils erfordert wird."[7] Nach Foucault gibt es eine Vielzahl von Formen der Diskretion und des Schweigens „und sie sind integrierender Bestandteil der Strategien, welche die Diskurse tragen und durchkreuzen."[8] Yael Dayans Verweise und Schweigen waren zu indiskret für die Kritiker_innen der damaligen Zeit, obwohl sie aus heutiger Perspektive eher harmlos erscheinen.

Eine ebenso besondere Rolle spielen sexuelle Übergriffe. Jene werden stets von Männern an Frauen begangen. Integraler Bestandteil jener ist, dass ein ‚Nein' nicht als solches akzeptiert wird, wie die Ablehnung Ariels und deren Missbilligung Neds beispielhaft veranschaulicht:

> Ned came with me to my room. 'No, Ned, not now. Leave me alone.' 'When will you say yes, if ever? What's the matter darling?' 'You wouldn't want me to do anything I don't want to do, would you? You'd feel sad about it afterwards' – the old line! 'So my little girl worries about how I will feel

6 Yael Dayan beantwortet im Interview die Frage nach der Rezeption von *New Face in the Mirror* als ‚freizügiges' Buch: Israel sei nicht nur patriotisch, sondern auch prüde gewesen. Andere israelische Autor_innen zu dieser Zeit schrieben zwar großartige Literatur, doch exponierten diese vergleichsweise wenig Sexuelles. *New Face in the Mirror* wurde von der israelischen Öffentlichkeit fälschlicherweise als provokativ interpretiert, wohingegen die Rezeption im Ausland sehr lobend war. Sie habe nicht geschrieben, um sexy zu sein, doch war dies Teil ihres Lebens und sie versuchte Leben zu verschriftlichen. (Aus dem Interview mit Yael Dayan, 2013.)

7 Michel Foucault: *Der Wille zum Wissen. Sexualität und Wahrheit 1.* Frankfurt am Main: Suhrkamp 1983, S. 33.

8 Ebd.

> afterwards! I can't go on like this, Ariel [...] I'm a man and I want you. My love isn't simply spiritual. You can't have things all your own way.' [...] I repeated: 'No, Ned, not now.' 'All right, Ariel, but listen: I'm terribly fond of you but I would prefer to have nothing to do with you. I realize that there's something dishonest about you, and rather dangerous – for me at any rate. I love you, but you hurt my pride.' (NF, S. 87–88)

Dieses Zitat zeigt, mit welchen Reaktionen Frauen rechnen können, wenn sie mit einer Person nicht schlafen wollen. Ned versucht, Ariel zum Sex zu überreden. Er ignoriert ihr klares Nein vollkommen, fühlt sich schließlich in seinem männlichen Stolz verletzt, attestiert ihr Unehrlichkeit und bezeichnet sie als sein „kleines Mädchen". Auch Yardena ist in *Dust* sexueller Übergriffigkeit ausgesetzt, als Leni sie küsst, sie weder reagiert noch seinen Kuss erwidert. Yardena denkt an andere Dinge und behauptet, es sei ihr egal, wenn Leni sie berührt. Er öffnet ihre Bluse und berührt ihre Brust. Er sei wild und tue ihr weh, doch fühle sie nichts dabei. Leni reagiert darauf: „Push me away. Hit me, spit on me! I'll take you, Yardena. I love you, Yardena. Don't you feel anything?" (DS, S. 7) Sie verneint, bleibt am Fußboden liegen, Leni steht auf und sagt: „I won't say I am sorry. I am sorry for *you*. I hate to think I was right but I've never raped anybody yet. So get up and button your blouse, and go back to where you think you belong, and let others' hands touch you [...]". (DS, S. 71) Nicht nur findet sich hier die Strategie der Zuweisung von Schuld und Verantwortung an die Betroffene, sondern auch die Kränkung eines männlichen Egos durch ein Nicht-begehrt-Werden und die daraus folgende Grenzüberschreitung. Es ist nicht die einzige Textstelle, in der Yardena sexuellen Übergriffen ausgesetzt ist. Als sie nicht mit David schlafen will, zu ihm sagt, er solle sie gehen lassen und nicht berühren, vergewaltigt er sie:

> He grabbed me by the shoulder and pushed me to the bed. His eyes were burning now and his lips looked cruel and stubborn. [...] A new sensation choked my throat, a physical fear, a dreadful presentiment, as if I was about to be raped by a monstrous stranger. Now I noticed his back was hairy. Now I noticed his ears were too large for his skull. Now I noticed the smell of his armpits, and his body looked ugly. My saint, my martyr, became a man, the man I wanted him to be. (D, S. 137)

Die hier beschriebene Vergewaltigung wird auch von Yardena als solche benannt. Hinzu kommt, dass der Vergewaltiger für das Opfer/die Betroffene zum Monster wird, was mit einer Metamorphose und Entmenschlichung einhergeht. Demnach ist es nicht ihr heiliger David, der sie vergewaltigt, sondern das Monster, das zu einem Mann wird. Im letzten Satz lässt sich der Versuch der Betroffenen, die Schuld für sein Handeln bei sich selbst zu suchen, herauslesen: Er sei zu dem Mann geworden, den sie sich gewünscht habe. Trotz dieses Versuchs einer Schuldumkehr wird die Gewalttätigkeit in Davids Handlung auch als solche dargestellt: „Don't dare! I will hate it!" (D, S. 137), ruft Yardena. Er schlägt ihr daraufhin mehrmals ins Gesicht und Yardena verstummt. Selbstmitleid und Todesangst seien ihre Empfindungen dabei. (D, S. 137) Als David fertig damit ist, Yardena zu vergewaltigen, erscheinen Yardena die Geister seiner Familie: „His father, stern and sad. His mother, gentle and warm. Avram and Rivka. They were there again. But they were closer to me. [...] I knew I had to join them." (D, S. 138) Die gesamte Beschreibung der Vergewaltigung impliziert Schuld auf Seiten der Betroffenen (Yardena hatte sich gewünscht, mehr von David begehrt zu werden) und eine Rechtfertigung der Handlung durch den Verweis auf die Shoah und das Trauma des Überlebenden über Davids Familie als Geister. So behauptet Yardena, es sei ihr Wunsch gewesen, dass David derart handle. Nur stimmt dies nicht. Sie wollte zwar mit einem leidenschaftlichen David schlafen, aber wenn auch sie das Bedürfnis nach Sex hat – und nicht in Form einer Vergewaltigung unter Schlägen. Die Grauen, die David erleben und am eigenen Körper erfahren musste, sind integraler Bestandteil seiner Persönlichkeit. In der Szene wird der Versuch unternommen, die verletzte/traumatisierte männliche Identität und Macht durch eine Vergewaltigung wiederherzustellen.

Die in den Beispielen vorgenommene Darstellung sexueller Gewalt und Übergriffigkeit charakterisiert die Täter nicht als solche und die Betroffenen bestenfalls als Opfer. Doch ist auch hier die Darstellung von Frauen als Opfer nicht stringent, zumal weder Yardena noch Ariel Ron diese Rolle vollständig einnehmen. Beide Frauen haben – von obigen Beispielen abgesehen –Sex, ohne dazu gezwungen zu werden, genießen diesen und fordern ihn auch ein. Trotz der Schwere der Thematik wird sexualisierte Gewalt in Dayans Werken marginal behandelt.

Ein anderes Thema in Dayans Texten im Zusammenhang mit Sexualität und Erotik ist der Voyeurismus. Hierbei handelt es sich nicht nur um jenen der Ich-Erzählerin aus *Dust*, sondern auch weiterführend um einen möglichen voyeuristischen Blick der_s Leser_in. Das erste Beispiel findet sich, wenn Yardena am Krater sitzt, Leni und Rita in ihre Nähe kommen und Sex haben: „The most embarrassing thing is to be in the presence of people making love, hidden and unnoticed." (D, S. 99) Yardena wird eifersüchtig, da sie selbst gerne Sex hätte, berührt und geküsst werden will. Weiter im Text heißt es: „They were like Adam and Eve, truthful and clean." (D, S. 101) Die Protagonistin beschreibt ihr Schamgefühl als ‚heimliche Beobachterin' und die Wahrhaftigkeit und Reinheit des ‚Liebe-Machens'. Dieses ‚Liebe-Machen' findet sich auch bald wieder, wenn Yardena nach Tel Aviv fährt, um Spielzeug für ihre Kindergartenkinder zu kaufen: „I wanted this gay carefree city to melt my melancholy, and I was going to help it. I put on the dress, low-cut and flattering, and walked into the main street. Men watched me. Was this what I wanted?" (D, S. 132) Sie tanzt mit einem Mann, kennt seinen Namen nicht und meint, sie heiße Yardena. Und auf die Frage, warum sie alleine hier sei, entgegnet sie, ihr dummer Freund habe sie heute verlassen. Der Mann fragt, ob sie mit ihm kommen wolle und Yardena bejaht dies: „He undressed. His arms were hairy. No number. I undressed. [...] He told me I was beautiful. He told me something about my skin. He wanted me, and I wanted to be wanted. He made love to me. He excited me." (D, S. 133) Sie schläft nicht bei ihm, fährt zurück in ihre Stadt und entscheidet, David nichts zu erzählen. Sie befürchtet, seine Reaktion würde Mitleid sein und ihre Reaktion darauf Depression. Eifersucht scheint in jenem Moment keine Option zu sein, Begriffe wie Treue oder Betrug werden nicht erwähnt. An dieser Stelle geht es für Yardena lediglich um die Befriedigung eines Bedürfnisses, das David nicht befriedigen kann/will. Sex ist dabei das Mittel zum Zweck, da Yardenas Bedürfnis eines nach Begehrt-werden-Wollen ist, Sex hat sie auch mit David und benennt es ebenso als „Liebe machen". Dies wird bereits früher im Buch deutlich, als der Shoah-Überlebende und die Ich-Erzählerin zum ersten Mal miteinander schlafen:

> He kissed me and his hands were feeling my body, and Avram and Rivka, his mother and his father seemed to retreat, watching, but distant. We made love there. Under the orange trees. [...] We knew we were not alone, and when I touched his hair it was Rivka's hair for a second, and when my hand rested on his thin shoulder it was Avram's shoulder. [...] More

> than all, there, under the trees, there was shame. Shame around us, in us and between us. Not shame of the deed, but shame of our ability to do it. There were our bodies reacting, responding, alive, and there was the chorus of the dead, envious, scolding, not interfering, but unable to leave us alone. (D, S. 50)

Wie in der Vergewaltigungsszene wird auch hier auf die Shoah verwiesen, jedoch wesentlich expliziter. Die Darstellung sexueller Handlungen beruht hier auf der Relation von Körper, Leben und in weiterer Folge Familie. Sex repräsentiert die Quintessenz dessen, was über den Körper und die (sexuelle) körperliche Tätigkeit verhandelt wird – d.h. Leben. Die Toten sehen zu. Die Referenz auf die Geister als Repräsentant_innen aller von den Nazis ermordeten Familien und Menschen evozieren Schuldgefühle und Scham. (Wie ist ein Leben, wie ist Sex nach der Shoah möglich?) Ein weiterer Verweis auf diese Katastrophe in Bezug auf Sex findet sich in *Death Had Two Sons*: Der 14-jährige Daniel wird beim Masturbieren ertappt und aufgrund dessen zu einem Arzt geschickt. Unter der Annahme, Masturbation sei ein Problemverhalten, wird jenes auf seine Shoah-Vergangenheit geschoben. (DS, S. 26)

Nechama und Nili (siehe Kapitel 3) sind die beiden Frauen, mit denen Daniel Sex hat. Sein erstes Mal Sex mit einer Frau wird wie folgt beschrieben: Nechama zieht erst sich und dann ihn aus. Daniel meint, dass er noch nie mit einer Frau intim gewesen sei, und Nechama entgegnet, dass sie das wisse. Obwohl Nechama die treibende Kraft ist und Daniel verführt, steht im folgenden Satz: „He made love to her" (DS, S. 76), zwar „perspiring and clumsy" (DS, S. 76), doch ist er derjenige, der es macht. Die nächste Person, mit der Daniel schläft, ist Nili. Die Beschreibung beschränkt sich darauf, dass sie miteinander geschlafen haben, Details bleiben aus. Erwähnenswert ist dennoch folgendes Zitat, wenn Daniel früh am nächsten Tag arbeiten muss: „He was used to hard work and there was something relaxing about the roar of the engine, the heavy movement of the bulldozer, the upturned and lifted earth and the sight of other men, muscled and perspiring, naked to the waist." (DS, S. 140) Spannend an dieser Stelle ist das homoerotische Motiv, dem in einem sonst heteronormativen System, in dem sich die Texte Yael Dayans bewegen, kaum Raum zugestanden wird.

Eine der zentralen Kritikpunkte des Zionismus, so David Biale, sei eine entkörperlichte Existenz von Jüd_innen im Exil oder der Diaspora; lediglich ein ‚gesundes' nationales Leben wäre Garant dafür, ein nötiges Ausmaß an Körperlichkeit und Materialität zu erlangen. Diese Ideologie beruhe nicht nur auf dem Körper als Metapher, sie verlange außerdem danach, den jüdischen Körper selbst und besonders den sexuellen Körper zu transformieren.[9] Die Verflechtung von Körper und Sexualität findet sich auch bei Nimrod, dem ‚New Type', der mit 13 Jahren seinen Körper folgendermaßen wahrnimmt:

> His body was nonexistant before. Now it was an instrument. When he played with it, Miriam stopped him and Ivri said he'd spank him if he touched his organs. So he did it at night in fear. His parent's bodies were covered always. There was curiosity, and fear. Little girl's bodies were something the boys talked about, and when he was ten he had made a deal with Rina, he had shown her his, and so had she. (EF, S. 59)

Augenscheinlich tritt hier die Nichtbenennung von Masturbation oder Geschlechtsorganen an die Stelle von dezidierten Beschreibungen. Das Verbot repräsentiert sich auch sprachlich und impliziert Gefahr. Die Koppelung von Sexualität an Nation kulminiert in der Figur Nimrods, einem Idealbild der Männlichkeit. Er lernt Elli kennen: Sie sei wie ein neues Spielzeug, doch sei die Reaktion seines Körpers auf sie seltsam, neu und aufregend. (EF, S. 86) Elli, die junge Frau, erregt Nimrod und wird von ihm nicht als Person wahrgenommen, sondern als neues Spielzeug. Doch Elli nimmt, wenn es darum geht, initiativ zu sein, eine diametral zu Nimrods Gedanken stehende Position ein. So macht Elli den ersten Schritt und fragt Nimrod, ob er sie küssen wolle. Er sei nicht sicher, wie und warum er sie küssen solle, weshalb er nicke und warte. Es ist erneut Elli, die initiativ wird und Nimrod küsst, woraufhin er reagiert: „And he kissed her the way he used to kiss his mother when he was a boy, but she still held him and he did it again, and then she was pushing her tongue between his lips and drinking him in." (EF, S. 87–88) Bevor es zum ersten sexuellen Kontakt kommt, stellt Nimrod fest, dass er ein Mann ist und sie eine Frau. Zu unterstreichen ist hier die Anrufung von Mann und Frau,

9 Vgl. Biale: *Eros and the Jews*, S. 176.

damit heterosexueller Sex sprachlich eindeutig und somit innerhalb eines heterosexuellen Kontexts möglich wird. Die Perspektive, aus welcher die Sexszene beschrieben wird, ist zwar eine auktoriale, doch wird eher Nimrod als Akteur nominiert. Sein Empfinden steht im Vordergrund und auch wird seine Gedankenwelt psychologisch dargestellt. Somit verfügt der Text – wie auch Nimrod – über Elli. Sie ist Mittel zum Zweck:

> He forgot her name and her color and her looks, and he didn't want to remember. [...] He'd be heavy on her and she'd be his. She'd stop smiling and being poetic. She'd just be his. He wanted to hurt her. [...] He could tear and destroy. [...] He wouldn't stop, because if he stopped he'd run far away, and he could almost hear the old echo – show us you're strong, strong, strong. (EF, S. 93–94)

Hier stehen nicht Elli oder ihre Empfindungen im Zentrum. Nimrod vergisst sogar ihren Namen und ihr Aussehen. Es wird wiederholt, dass es ihm nicht nur gleichgültig ist, wie es Elli geht, er will sie sogar verletzen. Sie gehört ihm. Hinzu kommt der Verweis auf das Spiel *Who Is Strong*, wodurch eine bestehende Relation zwischen Sexualität und nationalen Konstruktionen von Identität augenscheinlich wird. Kommt es zum Akt der Penetration, gehe es nur um ihn, Elli sei vorerst nicht anwesend.

> Until his hand touched her wetness. And then he shuddered and went into her. She cried. [...] And then he came out and rolled on his back, [...] Elli [...] knew he didn't notice that she was there. She knew it wasn't she, Elli. It was a woman, any woman and he just wanted to be a man. [...] She liked being hurt, and he had hurt her. (EF, S. 97)

Erst nachdem Nimrod fertig ist und sich wegdreht, erfahren wir, wie sich Elli fühlt. Sie beschreibt, dass er sie verletzt hat, doch dass sie es mag, verletzt zu werden, was in diesem Kontext eine Chance auf Selbstbestimmtheit eröffnet – allerdings die einzige Chance, die ihr hier bleibt. Nimrod ist vorrangig auf sich und seinen Körper fokussiert, Elli ist als Frau austauschbar. Obwohl Nimrod im Zentrum der Handlung steht, wird Ellis „Feuchtheit" erwähnt und auch, dass sie

den Sex trotz Schmerz und Angst mochte. Beschreibungen der nächsten Male bleiben aus.
Amalia und Daniel sind ein Ehepaar aus *Three Weeks in October*: „They made love, a Friday night routine, quietly because of the children. Lovemaking was satisfactory to both, if somewhat mechanical, a friendly act rather than a burst of desire.“ (TW, S. 2) An dieser Stelle wird aus Amalias Perspektive beschrieben, wie Sex – auch wenn er wie in *Envy the Frightened* und den anderen Werken Yael Dayans als ‚Liebe machen‘ bezeichnet wird – völlig anders verhandelt wird. Dezidiert geht es hier nicht um Leidenschaft oder Begehren, sondern um Freundschaft und Routine. Amalia beschreibt das erste Mal mit Daniel; sie besucht ihn nach dem Sechstagekrieg unangemeldet: „I wasn't even annoyed by the fact that he expected me, and he walked to the bedroom as if we'd done it many times before.“ (TW, S. 115) Keine Beschreibung sexueller Handlungen oder Wahrnehmungen folgen diesem Zitat. Folgende Textstelle formuliert ähnliches: „Lovemaking was satisfactory, if not passionate, and we sheltered each other into self-sufficiency. In a week we had a daily routine; after a couple of months we needed very few words and communicated without them.“ (TW, S. 119) Sehr positiv wird diese Form von intimer Beziehung beschrieben, ohne Hinweise darauf, dass etwas fehlen würde.
Da *Three Weeks in October* während des Jom-Kippur-Krieges spielt, werden die Auswirkungen eines Krieges auf Sex von Amalia dahingehend beschrieben, dass sie jede Form von Zuneigung seit Kriegsausbruch ablehne. (TW, S. 41) Wie bereits erwähnt, ist Amalia die erzählende Instanz im 1. und 3. Kapitel von *Three Weeks in October*. Dies sind auch jene Kapitel, in denen Sex eine Rolle spielt. Das 2. Kapitel, aus der Perspektive ihres Ehemannes erzählt, setzt sich nicht mit Sexualität auseinander. Amalia trifft als Volontärin im Krankenhaus auf ihren alten Freund Avi, den Exmann von Julie. Dieser lebt bereits längere Zeit in den USA und ist nach Israel gekommen, um im Jom-Kippur-Krieg seine Pflicht als Soldat zu erfüllen. Die Begegnung mit Avi veranlasst Amalia dazu, über ihre ersten sexuellen Erfahrungen mit Avi nachzudenken. Wie bereits beschrieben, sind sie seit ihrer Kindheit befreundet. Und doch gibt Avi eines Tages an, sexuelle Gefühle für Amalia zu haben, worhaufhin Folgendes geschieht:

> I [Amalia] didn't answer or move, as if his words in themselves meant doing something wrong or premature. There were girls who "gave" and others who didn't, like myself. He thought my silence meant consent and his thin fine hand moved hesitantly to the brassiere's hook. [...] Once I regained my speech, he let go, and we discussed it in length. (TW, S. 123–124)

Hier zeigt sich, dass Schweigen nicht Zustimmung bedeutet und Avi, ein Mann, davon ausgeht, seine Handlungen seien solange in Ordnung/erwünscht, bis eine Frau Gegenteiliges ausspricht. Hierbei wird eine bürgerlich konservative Sichtweise auf Frauen und deren Sexualität projiziert, in der der es für eine Frau besser ist, nichts zu „geben".

Three Weeks in October folgt allerdings keiner bürgerlichen Vorstellung von weiblicher Sexualität, d.i. Enthaltsamkeit. Amalias Ehemann Daniel ist nicht der einzige Mann und auch nicht der einzige Sexualpartner der Protagonistin. Amalia sammelt vor ihrer Ehe sexuelle Erfahrungen –zum Beispiel mit Amnon: Sie lebe mit Amnon nur in der Gegenwart, sie beziehen sich bei ihren Treffen nie auf Vergangenes oder auf die Zukunft. Sie planen nie weitere Verabredungen und sprechen auch nicht über mögliche gemeinsame Unternehmungen. (TW, S. 53) Sie lernen sich in einem Café in der Dizengoff-Straße (Tel Aviv) kennen. Amnon kommt an ihren Tisch und sagt, er sei reich, gelangweilt, verheiratet, müde und einsam. Eine Stunde später haben sie Sex und wieder eine Stunde später seien sie verliebt. Es seien weder Lebensgeschichten noch Telefonnummern ausgetauscht worden, doch empfinde Amalia eine tiefe Zweisamkeit. (TW, S. 51–52) Wenn Amnon bei ihren Treffen seine Ehefrau Rina erwähne, so seien seine Äußerungen über sie stets voller Zuneigung und Respekt. Beide, Amalia und Rina, haben Platz in seinem Herzen. (TW, S. 53) Die Affäre mit Amnon kann einerseits als Geschichte eines Ehebruchs gelesen werden, andererseits aber als polyamoröses Konzept. Die positive Beschreibung jener Beziehung legt nahe, dass ein ‚abendländischer' Entwurf von romantischer Liebe, welcher Monogamie propagiert und sowohl Ehe und Familie privilegiert, in den Texten Yael Dayans nicht der einzige bleibt. Wie bereits anhand der Figuren Elli, Nimrod, Ariel, David (D), Rita, Leni und auch hier bei Amalia zu erkennen ist, kann keine klare Trennung zwischen Liebe und Sex gezogen werden.

„Written with love“[10] – Versionen der Liebe

> Die unmögliche, unangemessene, unmittelbar anspielende und sich jeder gewollten Direktheit entziehende Sprache der Liebe setzt Metaphern frei: Sie ist Literatur.[11]

Das Werk, in dem Liebe – oder besser ausgedrückt: die Unfähigkeit zu lieben – am ausführlichsten besprochen wird, ist *Dust*. Es wird nicht nur die romantische/erotische Liebe zwischen den beiden HauptprotagonistInnen analysiert, sondern auch die Beziehung von Leni und Rita näher betrachtet. Relativ früh im Text sagt Leni zu Rita, er wisse, dass es weh tue zu lieben, doch sie wisse nicht, wie sehr es weh tue, geliebt zu werden. (D, S. 19) Rita sei nett, Leni sei freundlich zu ihr gewesen, was er als einen Fehler bezeichnet, alles andere wie die Chance auf gegenseitige Liebe sei ihre Vorstellung. (D, S. 21) Auch David äußert seine Meinung über die offensichtlich unerfüllte Liebe Ritas:

> When a woman's first love is stepped upon, ignored, taken apart, and rejected at the man's own choosing – when a woman is ready to give all and the man wants nothing – with people like Rita it is suicide, or the extreme. If she can't give herself to whom she chooses, let everybody have her. (D, S. 30)

Jene implizierte Singularität entspringt einem vergeschlechtlichten Konzept von Liebe, das Beziehungen lediglich paarförmig denkt. Wird die Liebe zu dieser einen Person nicht erwidert, kann sie nicht auf andere übertragen werden, doch bleibt die Person, in diesem Fall eine Frau, sexuell verfügbar. Hier findet sich wenig emanzipatorisches Potenzial. Ganz im Gegenteil folgt dieses Konzept einem Ideal, das eine heterosexuelle Zweierbeziehung allen anderen Beziehungsformen gegenüber privilegiert – hier sogar so weit, dass die Frau, Rita, nichts anderes machen kann, als auf Lenis Liebe zu warten. Rita wird schließlich schwanger und Leni erwidert ihre Liebe. Ein weniger

10 T, S. i.

11 Julia Kristeva: *Geschichten von der Liebe.* Frankfurt am Main: Suhrkamp 1989, S. 9.

glückliches Ende findet die Beziehung von Yardena und David. Wie bereits erwähnt, stirbt Yardena. David gibt der Protagonistin eingangs zu verstehen, dass er nie eine Frau lieben könne, die ihn nicht liebe, „[…] and no woman could love me as she would have to meet me at first, and to understand – and what I am made of is the result of the human at its lowest. The marks on my soul are those of devilish forces, and no human being can touch me and survive." (D, S. 30) Sie hat David berührt – auch im Sinne von bewegt – und seine Vergangenheit und somit sein Wesen verstanden. Ihre Solidarität kulminiert in Mitgefühl und dem Wissen um seine Shoah-Vergangenheit, die ihr das eigene Weiterleben unmöglich machen. Obwohl der Text bereits ein tragisches Ende prophezeit, schafft er es, den Blick der_s Leser_in darauf zu lenken, was es zu verstehen gilt – die Unmöglichkeit und Undenkbarkeit von Liebe in Anbetracht der Shoah und die unmittelbaren Auswirkungen dieser Katastrophe auf Einzelpersonen.

Yardena meint zu David, dass er nie gesagt habe, er würde sie nicht lieben oder nicht lieben wollen. David entgegnet, auch nie gesagt zu haben, er würde sie lieben oder lieben wollen. Er meint weiter: „I took you, sometimes because I had the physical need to do it, at times, because you wanted it, always because it gave you the illusion of being near to me." (D, S. 74) Wenn meist in Bezug auf Sexualität von „Liebe machen" die Rede war, so findet sich hier ein anderes Vokabular: David „nimmt" Yardena und ihr damit gleichzeitig die Illusion auf Nähe.[12] Er äußert, dass er versuche, mit ihr zu leben und zu lernen, sie zu lieben. Er schlägt ihr Leni als alternativen Partner vor, weil jener ihr das Gefühl geben könne, ‚eine Frau' zu sein. (D, S. 75) Davids Vorstellung von einer Beziehung und dem Miteinandersein durchbricht das klassische, traditionelle Bild von heterosexuellen Paarbeziehungen. Er will versuchen, lieben zu lernen, weiß aber, dass er Yardenas Bedürfnisse nicht befriedigen kann. Liebe ist hier an Sexualität gekoppelt. David geht davon aus, dass Yardenas Sehnsucht eine nach körperlicher Nähe sei. Eifersucht scheint hier abwesend zu sein, jener Topos spielt aber später eine Rolle in ihrer Beziehung: Yardena trifft Rami, ihre erste Liebe, nach Jahren in Ritas Café, was ein Erinnern an die gemeinsame Liebe evoziert. (D, S. 105) Bei ihren Treffen sei sie wieder die fröhliche, unbeschwerte Person von damals und obwohl Rami

12 Dies ist seine Einstellung noch vor der Vergewaltigung.

Yardenas Veränderungen an ihr bemerkt, so würde er sie noch immer lieben. (D, S. 107) Eines Abends tanzen sie Polka und küssen sich. Yardena weiß, dass David zusieht. Zuhause angekommen meint David, dass er noch nie zuvor eifersüchtig gewesen und ihr für dieses Gefühl dankbar sei: „'[...] He kissed you, and I felt you were my woman and I wanted you.' He wiped the sweat from his forehead. It was the first time I had seen David sweating. If he could sweat, perhaps he could cry, [...] perhaps he could love?" (D, S. 108) Dies ist eine der wenigen Textstellen, in denen Yardena hofft, dass eine Liebesbeziehung für David und sie möglich ist. Diese Hoffnung schwindet jedoch und Yardena beschreibt, dass er nie wirklich bei ihr sei. Er gebe seinen Körper als Geschenk und seine Gespräche als Lektion. Er habe nie gesagt, dass er sie liebe und sie wage nicht zu fragen. (D, S. 122). Nach einem von Yardenas Albträumen fragt David, ob er gehen solle. Yardena entgegnet, dass er hierher gehöre und sie ihn liebe. Ihn zu lieben, bedeute eben, ein Teil von ihm und seiner Vergangenheit zu sein. Doch er würde sie nicht lieben, wäre nicht herzlich, sondern nur höflich: „It's like being polite. I want warmth in return for my love. I want a frivolous word at times. I want a joke, laughter ... David, I want you to tell me you like the dress I am wearing, the sheen of my hair, my voice ..." (D, S. 123–124) David antwortet, dass er viel mehr fühlen würde und diese konventionellen Gesten nicht brauche. Yardena würde darüberstehen, er verehre ihre Person, respektiere ihren Verstand und verstehe ihr Herz. Warum solle die Farbe eines Kleides wichtig sein? Yardena erwidert, dass sie nicht über diesen Konventionen stehe. (D, S. 124) Deutlich wird hier, was geschieht, treffen unterschiedliche Entwürfe von Beziehungen aufeinander. Yardenas Bedürfnisse sind andere als Davids. Sie stünde eben nicht über gesellschaftlichen Konventionen und wünsche sich daher übliche Komplimente.

Die Wiederkehr der tätowierten Nummern signalisiert das unauslöschliche, alle Lebensbereiche durchdringende Grauen, das die Unfähigkeit zu lieben festschreibt. Jene Unfähigkeit ist genauso eingeschrieben in den Körper, in die Haut wie die Nummern auf Davids Arm. Jede Zahl strahle Distanz aus und jeder Punkt bedeute Terror. Seit Monaten habe Yardena sie nicht bemerkt, und nun schien es, als seien die Nummern auf Davids Brust, seinem Gesicht tätowiert, über dem Bett, an die Wand, an der Decke und auf dem Boden eingraviert. (D, S. 124–125)

Marko, eine Nebenfigur, spricht Yardenas Veränderung an und rät ihr, David zu verlassen. Yardena entgegnet, dass sie ihn aber lieben würde, woraufhin Marko antwortet: „Once I thought this [Liebe] was the answer, justification, and cure for everything. Love cannot go wrong… But oh yes it can, so easily. Of course you love him, but does he love you? Is loving only giving? Does he want your love?" (D, S. 128) Marko spricht hier die Form der tragischen Liebe an. Sie ist einseitig und verletzend. Julia Kristeva schreibt über eine wahnsinnige, absolute Liebe, die sich dennoch „mit einem scharfen, überichhaften, klaren Verstand, den sie allerdings als einzige vorübergehend ausschalten kann"[13], verträgt. Auch Yardena weiß, dass sie an ihrer absoluten Liebe zu einem Shoah-Überlebenden zugrundegehen wird, entscheidet sich jedoch, bei ihm zu bleiben. Sie wird trotz ihres sonst sehr klaren Verstandes, der von ihrer Liebe ausgeschaltet wird, ‚wahnsinnig'.
Eine weitere Form der Liebe, die in Yael Dayans Texten repräsentiert wird, ist jene zwischen Nimrod, dem ‚New Type', und Elli, der Shoah-Überlebenden aus *Envy the Frightened*. Im Gegensatz zu David, dem männlichen Shoah-Überlebenden, hat Elli die Fähigkeit zu lieben nicht verloren, sucht sich allerdings den gefühlskalten ‚New Type' Nimrod als Liebespartner. Seine Gedanken nach dem ersten Kuss sind folgende: „He imagined himself coming back from a war, and there would be Elli to receive him and admire him. She was a woman, she said so herself, and he had kissed her mouth and held her body close. The body of a woman, and his body felt it." (EF, S. 88) Die Verbindung von Erotik/Liebe und Krieg wird evident. Es geschieht eine doppelte Anrufung Ellis als Frau, als würde es einer weiteren bedürfen. Nimrod betrachtet Elli als passiv, sie empfängt ihn und bewundert ihn: „He dreamed about her body night after night, and ate her with his bread, drank her with his water." (EF, S. 89) Er wolle sie besitzen (EF, S. 91) und nenne dieses Gefühl Verliebtsein: „Nimrod called it being in love, and as definitions have no value unless we feel them deeply – it was love. […] He loved to love the way he did, and the object of his love happened to be Elli." (EF, S. 100) Elli wird zum Objekt Nimrods. Facetten ihrer Liebesbeziehungen bestehen darin, dass er sie geküsst hat, mit ihr spazieren geht, Sex mit ihr hat, nebensächliche Kleinigkeiten mit ihr teilt und Elli seine Gefühle erwidert. Ist sie traurig

13 Kristeva: *Geschichten von der Liebe*, S. 9.

oder enttäuscht, so seien das ihre Probleme. (EF, S. 100) Als nationales Muster physischer Männlichkeit besitzt der ‚New Type' keinen Zugang zu tiefen Emotionen wie Furcht, Mitgefühl oder selbstloser und hingebungsvoller Liebe. Über Ellis Gefühle und ihre Liebe zu Nimrod gibt der Text vergleichsweise wenig Auskunft. Eine Ausnahme stellt die Szene dar, in der Nimrod mit dem späten Gideon darüber spricht, dass ihn Elli – wegen seiner Gefühlskälte angesichts des Todes Miriams – verlassen hat. Auf die Frage Nimrods, warum Gideon zu wissen glaubt, dass Elli zu ihm zurückkehren wird, antwortet Gideon: „Because the fool [Elli] loves you. And in spite of all, she loves in you the new and the nauseating and the strong and the stony and she faced it until now and will come back to it." (EF, S. 170) Der Kontext, in dem der ‚New Type' enstand, wird u. a. aus der Shoah, Antisemitismen und Pogromen geknüpft. Folglich muss Elli – als Shoah-Überlebende – den ‚New Type' lieben. Nur bei ihm und in dem sicheren Land, das er sowohl repräsentiert als auch gestaltet, ist sie sicher.

Three Weeks in October beschreibt eine völlig andere Form der Liebe. Daniels und Amalias Sex wird als routiniert dargestellt; er kommt ohne Gewalt oder Formen des Besitzen-Wollens aus. Amalia ist mit ihrem Ehemann Daniel auch befreundet. Sie beschreibt ihr erstes Aufeinandertreffen eher als Zuneigung denn als Liebe auf den ersten Blick. (EF, S. 112) Jene Liebe ist keine tragische oder leidvolle; sie beruht auf gegenseitiger Wertschätzung und Vertrauen. Eine ähnliche Liebesgeschichte findet sich in *Transitions*. Yael Dayan habe mit Dovs Tod nicht nur ihren Ehemann verloren, sondern auch ihren weiblichen Körper. Sie wache nicht mehr feucht auf und verspüre keine sexuelle Lust mehr. (T, S. 6) Kapitel 10 und 11 widmen sich rührend den letzten Tagen und dem Tod ihres Ehemannes. In *Transitions* wird sowohl der Wandel ihrer Beziehung zu Dov nach dessen Parkinson-Diagnose als auch ihre Neuorientierung nach seinem Tod beschrieben. Ihre Liebe zueinander ändert sich nicht, ist stets stark und von gegenseitiger Wertschätzung geprägt, auch wenn die Krankheit einen Einschnitt darstellt. (T, S. 80) Yael Dayan leidet zunehmend an Depressionen und Einsamkeit wegen der Verluste von geliebten Menschen – allen voran Dov. (T, 94–102)

Nechama – „the Lover"

Death Had Two Sons führt den Charakter Nechama mit dem Satz „[...] Nechama, the lover, the comforter, the woman, the witch, a good luck charm, the evil eye" (DS, S. 79) ein. Nechama bedeutet ‚comfort', was sowohl mit Trost als auch mit Liebesgabe übersetzt werden kann. So definiert bereits der Name ihre Rolle im Text. Sie tritt erst relativ spät in Erscheinung, die Gründe dafür benennt der Text selbst: Über Nechama solle nicht geredet werden. Jeder Mann, der sie kenne, trage dieses Wissen in seinem Herzens. (DS, S. 75) Etwas später heißt es: „Nechama was not a prostitute. She was a woman who had lost her great love. He was a paratrooper and since his death she was 'their woman.'" (DS, S. 77) Nechama wird im Text nicht als Sexarbeiterin beschrieben, sie nimmt kein Geld für ihre Dienstleistungen. Sie erscheint weder als selbstbestimmt noch als stark, sondern als ‚verloren'. Zwar steht „their woman" in Anführungsstrichen, doch impliziert diese Benennung, dass Nechamas Dasein allein ein den Männern dienliches ist: „She carried on her flesh the touch of fingers which were now feeding worms and she was the cleanest of women. To be with her meant to be with others who had died, with a spirit of destiny, of acceptance." (DS, S. 77) Mit Nechama zu sein, bedeutet demnach, eine (sexuelle) Verbindung einzugehen mit allen Soldaten, die für das Land Israel gestorben sind. Zu dieser patriotisch nationalen Komponente gesellt sich demnach ein homoerotisches Moment. Tatsächlich enden jedoch die Besuche der Soldaten, was Nechama auf ihr Alter zurückführt. Sie glaube zu wissen, dass eine einsame Frau nie gut aussehen kann. (DS, S. 146) Diese Aussage impliziert eine vermeintliche Einsamkeit von Frauen ohne einen Mann. Es werden Jugendlichkeit und Schönheit als Prämissen dafür vorausgesetzt, dass sie von Männern begehrt werden. Ihre Vermutung bestätigt sich, als sie in einem Café junge Soldaten über eine Frau sprechen hört, die einst in Beer Sheva gelebt habe. Sie sei wunderschön und die Geliebte, Mutter und Freundin der Soldaten gewesen. Einer der Männer fragt den anderen, was mit ihr geschehen sei, woraufhin der andere entgegnet: „She must be an old hag by now and a woman knows when the game ends." (DS, S. 146) Analog zum Dienst der Soldaten an ihrem Land leistet Nechama durch ihre sexuelle Verfügbarkeit Dienst an der Nation. Im Gegensatz zu den Soldaten ist Nechamas Heldinnentum auf das Private beschränkt. Dadurch, dass Nechama ihre ‚große Liebe' in einem nationalen Krieg verloren hat, macht sie sich sexuell für viele andere Soldaten verfügbar und bietet ihnen kurze ‚Auszeiten' von den Kämpfen. Eine patriarchal strukturierte Gesellschaft beschränkt sie auf ihr Heldinnentum an der Heimatfront.

Nili – eine weitere Konstruktion einer Ausnahmefrau

Nili ist, neben Ariel Ron, eine weibliche Protagonistin, die ihr Leben eigenständig lebt und dies auch in vollen Zügen genießt. Sie wird als starke, unabhängige und ‚wilde' Frau beschrieben, die ohne ständige Referenzen auf Männer auskommt und eigene Entscheidungen trifft.

„Since Nili left him [Daniel] on a spring day in a room in Tel-Aviv, he had not thought of women's breasts." (DS, S. 46) Dies ist der Satz, mit dem Nili sehr spät in *Death Had Two Sons* eingeführt wird. „And when he [Daniel] thought of Nili he was not really thinking, because Nili could not be conceived or understood by a pure mental process." (DS, S. 132) Er sieht sie das erste Mal in einem Tel Aviver Café und bemerke ihre zwei großen, durchdringenden blauen Augen. Ihre spöttischen Pupillen spielen mit der Welt, flirten mit Leuten und Gegenständen gleichermaßen und seien gleichzeitig einladend und ablehnend. (DS, S. 133) Nili ist plötzlich da und nimmt Raum ein. Sie wird als laut und aufbrausend beschrieben. Die Konversation mit Nili ist schnell, sie übertreibt gerne, spricht viel und meint dann über sich selbst: „I'm not always like this. I can be serious and silent too. [...] But she was always like that. Even her seriousness was bubling and her silence was that of a lightning belt [!]." (DS, S. 135) Nili will nichts über Daniel wissen, was ihm sehr entgegenkommt. Alles, was sie interessiere, sei, dass er kein Idiot ist, gut aussehe und neu ist. (DS, S. 137) Sie legt sich zu ihm ins Bett und sagt, noch bevor sie miteinander schlafen, dass sie nicht jede Nacht Fremde in ihr Bett einlade. (DS, S. 140) Nili lebt im Hier und Jetzt. Ihr Charakter verändert sich nicht: „And Nili was always now and he was making love to her on the small unstable bed and she was talking." (DS, S. 140) Am nächsten Tag, als Nili nach Hause kommt, zieht sie sich aus und schlägt vor, Liebe zu machen: „Here she was a bundle of colours and stockings and her hair tied back in a ribbon looking like a little girl and less than a moment later, a naked woman in the bed, eager and inviting." (DS, S. 142) Sie sprechen nie über Gefühle und Nili nennt

Daniel durchwegs ‚Fremder' was er, ob seiner Shoah-Vergangenheit, befürwortet. Sie unternehmen nichts gemeinsam, sondern verbringen die Nächte zusammen in Nilis Wohnung. Eines Abends kommt Daniel nach Hause und Nili meint, sie habe vor einer Woche bemerkt, dass sie schwanger sei und heute ihre Abtreibung gehabt. Daniel wirft Nili vor, es ihm verschwiegen zu haben. Sie verbringen noch eine gemeinsame Nacht, doch am nächsten Tag findet Daniel eine Notiz mit den Worten „Nili ist weg". So packt auch er seine Sachen und geht. (DS, S. 143–144)

„When did you change?"[14] – Geschlechtliche Konsolidierungen und Devianzen

Besonders stark ausgeprägte geschlechtliche Festschreibungen finden sich in *Envy the Frightened*. Gleich zu Beginn wird eine Gruppe aus Jungen und dessen Anführer Udi erwähnt. Sie spielen *Who Is Strong*, stellen also ihre Stärke und ihren Mut unter Beweis? Frauen/Mädchen werden nur an wenigen Stellen erwähnt, etwa als Nimrod neun Jahre alt wird und eine Geburtstagsparty veranstaltet: „[...] and a group of girls, their hair tied in ribbons and in white dresses, sitting in a circle watching the boys play games." (EF, S. 38) Junge Frauen werden als passiv beschrieben. Ihr einziger Zweck ist es ist, den Jungen beim Spielen zuzusehen. Dies folgt der Logik der Textabsicht durchaus. Wenn Frauen derart stereotyp ‚weiblich' konnotiert werden, lässt sich der ‚New Typ' viel leichter dazu stereotyp ‚männlich' in Opposition bringen. Diesem sehr pointierten Geschlechterverhältnis wird aber schlussendlich eine Absage erteilt. Als wiederkehrendes Symbol für jene dient ein Geschenk Lamechs an Nimrod: ein selbstgemachter Stoffhase. Die weiblichen Kinder finden ihn wunderbar, die Jungen hänseln Nimrod und nennen ihn nun auch: „Nimrod, the rabbit [...] Nimrod will only eat carrots now and will jump, and anyway he's probably as frightened as a rabbit!" (EF, S. 39–40) Jahre später, als Miriam den Hasen weggeben will, erinnert sich Nimrod und will ihn für Elli oder seine zukünftigen Kinder aufheben. Für einen kurzen Moment ist Nimrod wieder Nimi. Der Hase ist während des gesamten Textes Symbol für den fühlenden, furchtsamen Menschen und auch für

14 T, S. 47.

jenen Teil in Nimrod, den er zu verdrängen erzogen wird. Auch Elli hat bereits die Strukturen eines ‚New Type' verinnerlicht, wenn er versucht, ihr den Hasen zu schenken. Sie denkt, es wäre ein Test und sie müsse so wie Nimrod Stofftiere kindisch finden. Sie meint sogar, Nimrod sehe lächerlich aus, er, ‚the Rock', mit einem Spielzeughasen in der Hand. (EF, S. 123–124)
Die Rollenverteilung bei David und Yardena in *Dust* ist eine klassische: sie kocht, putzt das Haus und erledigt die Einkäufe. „The children naturally thought we were married" (D, S. 78). Devianz kristallisiert sich heraus, wenn es darum geht, Kinder zu bekommen. Rita ist schwanger, erzählt es voller Freude und Stolz Yardena, die zugleich Traurigkeit, Neid und Furcht verspürt. Sie selbst wolle keine Kinder mehr, weil sie Angst vor Davids Kindern hätte: „I thought David's children would never be happy, gay children. I thought they would be born with numbers tattooed on their little red arms." (D, S. 112–113) Beide denken, ihre Kinder würden wie er Albträume haben. (DS, S. 127, S. 135) Demnach verhindert eine Shoah-Vergangenheit den Traum von der ‚perfekten Heterofamilie'.
Nach dem Sechstagekrieg macht Daniel Amalia einen Heiratsantrag und sie formuliert ihre Unsicherheit bezüglich der Bedeutung des Verheiratet-Seins. Sie reagiert darauf mit Unsicherheit, räumt dem Eheleben aber Natürlichkeit ein. Für sie sei es weniger Wunsch oder Bedürfnis noch Ziel gewesen. Der Sieg im Sechstagekrieg habe ein Hochgefühl von ansteckender Aufregung mit sich gebracht. Amalia habe „Ja" gesagt, weil sie Daniel vertraue, der Krieg gewonnen ist, sie keine anderen Pläne habe, Daniel sie liebe und sie befreundet seien. (TW, S. 116) Diese Beschreibung steht einem klassischen romantischen Bild von Ehe diametral gegenüber und unterstreicht einmal mehr die besondere Stellung ihrer Beziehung. Abweichend zu konventionellen Vorstellungen sagt Amalia: „The word 'forever' suddenly frightened me. [...] There was a shore, and as beautiful as it was, it was 'forever', and as wide and deep as the new ground was, it was still an island surrounded by moral codes and taboos and limitations." (TW, S. 118) Hier wird Kritik an der Institution Ehe geübt, ohne die Beziehung der beiden Menschen wertend zu beurteilen. Weiter im Text heißt es, dass die Hochzeit langweilig gewesen sei und es keine Flitterwochen gegeben habe. (TW, S. 119) Diese Konstruktion der Beziehung folgt keiner romantischen Vorstellung.

Vielmehr geht es um Freundschaft, Wertschätzung und gegenseitigen Respekt und weniger um Leidenschaft, Romantik, Abenteuer oder eine pompöse Hochzeitsfeier.
Dieses Kapitel resümierend wird Sex stets positiv konnotiert, ausgenommen natürlich die sexuellen Übergriffe und die Vergewaltigung Yardenas. Frauen wie Ariel, Yardena, Nechama und Nili werden keineswegs als passiv beschrieben. Es werden Beziehungskonstellationen vorgestellt, die sowohl von der Norm abweichen als auch solche, die jene aufrechterhalten. So finden sich die verschiedensten Formen von (heterosexuellen) Beziehungen, sei es eine konventionelle Ehe, Sex mit Fremden oder Bekannten, Affären, PartnerInnenschaften oder FreundInnenschaften. All jene Entwürfe können in den Texten Yael Dayans nebeneinander bestehen, ohne dass ein Konzept das andere dominiert. Auch Sexualität und Liebe werden an vergeschlechtlichten Körpern verhandelt, die innerhalb der Texte nationale Konstruktionen von Männlichkeit und Weiblichkeit reflektieren. Bei Yael Dayan finden sich mehrere Liebesbegriffe – von einer leidenschaftlichen, aufopfernden Liebe bis hin zu einer freundschaftlichen Ehe, anhand derer (heteronormative) Grauzonen und Spielarten sichtbar gemacht werden.

5.
„no God or faith"[1] Glaube, Tod und literarische Schauplätze

> Just as we make our own values and then create a god to match them. But now it seems that my self-made values have gone and the gods, too; [...] And now values come, which are really not new at all but as old as the stones of the Negev and the waves of the sea, and requiring a new, but old and eternal, God. (NF, S. 160)

Die ProtagonistInnen in Yael Dayans Texten haben wenig mit Gott zu tun und noch viel weniger mit Religion. Gläubige Personen wie Lamech, der frühere Rabbi, hatte in seiner Vergangenheit eine religiöse Institution hinter sich, doch gibt es tatsächlich keine Figur in den Werken der Autorin, die als religiöse Repräsentant_innen fungieren (abgesehen von Erwähnungen der Militärrabbis).

In *Envy the Frightened* bittet der junge Nimrod Lamech, ihm mehr von Gott zu erzählen: Gott sei nicht wie wir, er sei irgendwo da oben und wir seien dazu bestimmt, seinem Willen zu folgen. Doch müssen wir zwischen Gut und Böse wählen, was sein Geschenk an uns sei und gleichzeitig unsere Verdammnis. Das Ergebnis unserer vielen Entscheidungen lasse Gott wissen, wie gut oder wie schlecht wir sind. (EF, S. 18) Nimrod will, auf Lamechs Ausführungen bezugnehmend, wissen, was passiert, wenn wir böse sind. Lamech sagt, wir würden bestraft werden. Doch sei dies keine Strafe, die wir direkt bemerken. Wir würden leiden, bedauern und die Leiter der Moral,

1 T, S. 38.

des Glücks und der Selbstachtung stufenweise hinuntersteigen. Und dann, eines Tages, wären wir am unteren Ende der Leiter angekommen und die Leiter würde verschwinden, sodass uns der Weg nach oben nicht mehr zugänglich sei. (EF, S. 19) Nimrod will von seinem Vater wissen, ob dieser schon einmal in der Synagoge des Dorfs gewesen sei. Daraufhin antwortet jener: „No, son. I went to the synagogue when I was young, but my father made me go. We were dressed in little suits like some men you saw in Haifa when we went there, and we had to pray to God, and the Russian children mocked us." (EF, S. 14) Die Diskriminierung, die für Ivri im damaligen Russland mit der Ausübung jüdischer Religiösität einherging, ist eine Erklärung für seine Ablehnung dieser und für seinen Wunsch danach, dass Nimrod diesen Diffamierungen nicht ausgesetzt ist. Nimrod versteht nicht, warum sich Lamech so stark von Gideon und seinem Vater unterscheidet. Er will in die Synagoge gehen, um Klarheit zu erlangen. Die Synagoge des Dorfs ist hell rosa und Lamech nennt sie „the pink house" (EF, S. 30). Als Lamech Nimrod mitnimmt, ist der Junge zugleich fasziniert und irritiert von den Gebeten der Männer. Nachdem seine Eltern davon erfahren, meint seine Mutter: „And all of a sudden, of all boys in the village, it's our son who comes out of the pink house. It's just strange, not bad." (EF, S. 35) Die Antwort Ivris auf den Synagogenbesuch von Nimrod unterscheidet sich stark von Miriams:

> Now listen, boy, Lamech isn't the friend for you, and the pink house isn't a game. Years ago it was necessary for us to obey regulations and keep our religion. Now we have land instead [...]. You are an Israeli. I was only a Jew. You know what my name was in Russia? Motl, can you imagine that? Motl, and I changed it to Ivri. I left my clothes behind and some of my family and found a new God. He is in the orange blossom, in the feeling of the soil. (EF, S. 35–36)

Die Zuordnung des Religiösen zur Sphäre des ‚Weiblichen' geschieht zum einen über die Benennung der Synagoge als „pink house" und zum anderen über die Relation zu Lamech, der ‚jüdischen Sissy'. Demonstriert wird hier zudem die Abhängigkeit zwischen Religion und zugleich nationalem und jüdischem Bewusstsein. Gott wird an dieser Stelle nicht verleugnet, anders verhält es sich mit Religion, die von Ivri strikt abgelehnt wird. Es wird eine klare Trennung von

Jüdisch- und Israelisch_sein gezogen, indem Nimrod als Israeli definiert wird und Ivri über sich selbst sagt, „nur" ein Jude gewesen zu sein. Hiermit meint er sein (unsicheres, angsterfülltes) Leben in der Diaspora. Das Wort „nur" impliziert eine Wertung, das Israelisch_sein wird privilegiert. Anstelle von Religion tritt das Land, der Boden, die Nation.
Eine Verflechtung von Nation und Religion findet sich auch in folgender Passage. Die Bibel bietet das Legitimationsnarrativ dafür, dass Jüd_innen in Israel leben: Die Bibel sei für Nimrod ein Buch, das er wegen des darin beschriebenen Landes liebe. Er liebe es, die biblischen Orte auf seinen Erkundungstouren zu besuchen „and he'd be David flying from Saul, and he'd be Barak preparing for war and talking to Deborah, and he'd be Solomon talking to the trees and animals. [...] It was preparation for really being Nimrod, Nimrod the hunter." (EF, S. 64–65) Zum einen wird der Bibel zum Teil die Heiligkeit abgesprochen, wenn es heißt, dass Nimrod sie nicht wegen des göttlichen Geistes, welcher über den Seiten schwebe, lieben würde, sondern wegen des Landes und der Orte. Zum anderen identifiziert sich Nimrod mit den biblischen Figuren, die er mit der in der Bibel dargestellten Vergangenheit verknüpft. Nimrod steht hier nicht nur für eine Einzelperson. Als Repräsentant des ‚New Type' vertritt er jenen Identitätsentwurf insgesamt. Er betont die (biblische, göttliche) Verbundenheit der Israelis, einer Nation, mit dem Land. Religion wird – durch die Zuordnung zur Diaspora – vom ‚New Type' abgelehnt, die Bibel findet hingegen wie in *My Father, His Daughter* als nationales Geschichtsbuch breite Anerkennung. In diesem schreibt Yael Dayan über die spezielle Bedeutung des Shabbat in ihrer säkularen Familie, es ginge um die Verbundenheit mit der Familie. (MF, S. 9) Wiederholt verweist die Autorin auf ihre Säkularität – zum Beispiel nach Zoriks[2] Tod, als Moshe Dayan seiner Tochter versichert, dass ihm selbst nichts passieren wird. Sie meint dazu: „There was no god in our lives to pray to, so I had to take his word and try hard to believe what he said". (MF, S. 60) Ferner schreibt sie, dass sie nie in die Synagoge gingen, nicht fasteten und nur im privaten Raum gebetet wurde: „God was absent from our lives, as from our education [...]" (MF, S. 210) Auf der anderen Seite

2 Zorik ist Moshe Dayans Bruder. Er starb im Arabisch-Israelischen Krieg 1948.

hätte Moshe Dayan seiner Tochter die Weisheit der Richter oder die Größe der Könige nähergebracht. (MF, S. 80) Dayan fokussiert meist die männlichen Helden der Bibel und benennt die Bibel auch als solche. So spricht sie von Abraham, Jakob, Josef und seinen Brüdern oder Moses. (MF, S. 80) Wenn Yael Dayan meint, keine religiöse Erziehung genossen zu haben, so legen derartige Textstellen auch hier nahe, dass die Bibel nicht gänzlich der Religion zugeordnet wird, sondern eher einem gewissen Narrativ der Geschichte, das durch stetige Verweise auf das Land Legitimation für die Nation Israel erzeugen will.

Es erscheint konsequent, dass in *Dust* eine Verbindung von Gott, Nation und Shoah konzipiert wird. Yardena stellt sich die Frage, wo der Gott sei, der die Shoah geschehen hat lassen. Gott würde David nicht antworten, weil er sich für ihn schämen würde. David habe Menschen brennen sehen, die dabei nicht schrien, sie haben zu einem Gott geflüstert, der nie antwortete. (D, S. 31) Hier geht es nicht darum, ob es einen Gott gibt, sondern um die Frage, warum ein allmächtiger, allwissender und gütiger Gott die Shoah geschehen ließ, womit auf die sogenannte Holocaust-Theologie[3] verwiesen wird. Würde Gott existieren, so David, hätte er gesehen, wie die Kinder ins Feuer geworfen wurden. Hätte er dann nicht eingegriffen und stillschweigend zugesehen, würde er auch nicht existieren. (D, S. 54) Demnach kann Gott in Anbetracht der Shoah für David nicht existieren, und doch streitet er viermal jährlich mit ihm: Im Frühling, als Rivka ermordet wird und die Menschen die Schönheit der Natur segnen, spricht David mit Gott über das Blut der Kinder. Zu Chanukka, wenn der Sieg über die Makkabäer gefeiert wird, wird Avram zu Tode gehungert. An diesem Tag streitet David mit Gott über das Anrecht kleiner Jungen auf Essen. Im Sommer, wenn die Luft trocken ist und Davids Mutter vergast wird, streitet er mit Gott über das Recht der Mütter zu atmen und zu leben. Gegen Ende des Sommers, als sein Vater gedemütigt und erschossen wird, streitet David mit Gott über Würde und Selbstachtung. Dadurch beweise er göttliches Versagen, Betrug und Schwäche. (D, S. 41) Jüdische Feiertage wie Purim, an dem die

3 Siehe hierzu auch Melissa Raphael: *The Female Face of God in Auschwitz. A Jewish Feminist Theology of the Holocaust.* London: Routledge 2003. verwiesen. Sie entlarvt die Vorstellung eines omnipotenten Gottes als patriarchal und entwirft anstelle dessen eine feministische Theologie der Shoah, aufbauend auf der „presence of God" (ebd., S. 51).

Rettung persischer Juden und Jüdinnen durch Königin Ester gefeiert wird, Chanukka, dem Lichterfest, Rosch Haschana, dem Neujahrstag und Sukkot, dem Laubhüttenfest sind nun für David an die Shoah verknüpft.
Religion stellt in den Texten Dayans weniger eine Institution dar. Vielmehr legitimiert die Bibel als nationales Geschichtsbuch einen Landanspruch. Der Glaube ist eng an die Shoah gekoppelt und an die Frage, wie an einen Gott nach dieser Katastrophe geglaubt werden kann. Hinzu kommt die Ablehnung jedweder Religiosität durch den ‚New Type' sowie der Zuordnung von Religion zur Diaspora. Der ‚New Type' lehnt Religion und Glaube innerhalb seiner Vorstellung von Nation ab. Durch die Absage an den ‚New Type' wird der Glaube an Gott – oder besser ausgedrückt: die Furcht vor Gott – dennoch als erstrebenswert betrachtet.

„If you could choose a death"[4] – Tod und Verlust

> We create the dualism, not realizing that death,
> like life, is a process.
> The moment I am born, I enter the realm of death.
> Life and death are together one process,
> and we are dying every moment.[5]

Death Had Two Sons trägt den Tod bereits im Titel. Augenscheinlich ist der Tod ein zentraler Topos des Buchs. Haim Kalinsky leidet an Lungenkrebs, liegt im Sterben. Daniel meint, seinen Vater in einem fiktiven Gespräch adressierend: „You died on that winter day Kalinsky. You took Shmuel with you and you died for me and now you are dying again and perhaps all that happened in between doesn't matter." (DS, S. 24) Nicht nur Daniel und Haim können in Verbindung mit dem Tod gebracht werden, sondern auch die Nebenfigur Nechama (siehe Kapitel 4). Der Tod ist integraler Bestandteil ihrer Figur: Von den Soldaten, mit denen sie schläft, weiß sie nicht, ob sie wiederkommen, ob sie überleben. Sexualität wird hier als Metapher

4 T, S. 5.
5 T. Minh-Ha: *Woman, Native, Other*, S. 35.

für ein Sehnen oder Streben nach Leben im Angesicht des Todes eingesetzt. Auch Yoram, Daniels wichtigste Bezugsperson, bester Freund und die Liebe Rinas, stirbt. Eine Verflechtung von Tod und Geschlecht wird explizit, wenn es heißt: „Suddenly Rina [...] was a woman, never to be a girl again." (DS, S. 101) Demnach war der Tod Yorams (mit)verantwortlich dafür, dass die sonst eher stereotyp ‚unweiblich' beschriebene Rina plötzlich zur Frau wird. In den Texten Yael Dayans scheinen Frauen wie Nechama oder Rina ‚anders' am Leben zu hängen als Männer, was eine eher biologistische Konstruktion von Frau_sein nahe legt. Daniel verkraftet Yorams Tod nur schwer, was sich im Text dadurch äußert, dass lange und detaillierte Passagen sowohl über den Tod als auch die Beerdigung folgen.
In *Envy the Frightened* sterben sowohl Gideon, Lamech und Miriam – also alle AntagonistInnen des ‚New Type'. Zudem bewegt die Angst vor dem Verlust seines Sohnes Nimrod zum Einlenken. Als Lamech stirbt, wird sein Tod vorerst nur in einem Nebensatz erwähnt. Etwas später im Text erfahren wir, dass Nimrod bei ihm ist und seine Hand hält. „So that's the end he [Nimrod] thought, just like this [...] He was the one to see Lamech die, he thought, nobody else hears what Lamech says now, and it was flattering, another secret to add to his private list. It made him feel like a man." (EF, S. 67) Erneut wird ein Zusammenhang von Tod und Geschlecht sichtbar, in diesem Fall evoziert das Geheimnis um den Tod Gefühle von ‚Männlichkeit' bei Nimrod. Der im Sterben liegende Lamech fragt Nimrod, ob er Angst habe, woraufhin Nimrod meint, dass er sich vor nichts fürchte und Lamech sich keine Sorgen zu machen brauche. Die letzten Worte des alten Mannes sind seine Antwort darauf: „No, little one, it's not good like this. I mean ..." (EF, S. 67) Später im Text wird die Gleichgültigkeit Nimrods bezüglich der Krankheit und des Todes seiner Mutter geschildert. Er tut so, als sei alles in Ordnung. Allein Elli will sich nicht damit abfinden, dass Miriam nicht geholfen werden kann. Nimrod ist der Meinung, man solle sie in Frieden sterben lassen. Miriam würde niemals das Kind sehen, das gerade in Elli heranwächst. Elli ist schockiert wegen Nimrods Gefühlskälte, und jener äußert, sie solle sich entspannen, es sei nicht gut für das Kind. Elli antwortet ihm: „All you care for is the child, as if your mother was but an instrument to produce you and I a means to produce your child." (EF, S. 159) Der Text übt hier Kritik daran, Frauen zu instrumentalisieren und auf ihre

Rolle als ‚Erhalterinnen einer Nation' zu reduzieren. Nimrod wird nach Miriams Tod klar, dass er seine eigene Mutter nicht wirklich kennt und sie demnach eine Fremde für ihn bleiben wird. Als Miriam stirbt, ist Nimrod nicht da, weil er einen Berg besteigt. Sie fragt Elli, wo ihr Sohn sei. Jene meint, dass er bald hier sein werde, woraufhin Miriam antwortet: „No. My son will never be here. My son was never here. He killed Nimi and Nimrod ran away." (EF, S. 160) Die Nation – das Land – steht über allem anderen, über dem Glauben, der Religion, Freund_innen und Liebe. Jene können nur an Relevanz gewinnen, wenn sie sich in den Dienst der Nation stellen.

Der Tod Moshe Dayans in *My Father, His daughter* wird von Yael wie folgt beschrieben: „We weren't ready yet, I wanted to whisper; whatever was between my father and myself – the love and the hurt and the desperate longing for balance – wasn't yet settled." (MF, S. 10) Im Sterbebett habe er seinen Kindern nur sagen können, wie er sich gerade fühlt. Yael bricht in Tränen aus. „We stood around his bed. There was our father, lonely and dependent, yet not stripped of the powers he always had over us, unquestionable authority, a soliloquy which seldom developed into a dialogue. He talked – rather, delivered a statement." (MF, S. 10) Anders als der fiktionale Charakter Nimrod bleibt Moshe Dayan bis zu seinem Tod ein Repräsentant des ‚New Type', dem dadurch eine andere Art zu reden verwehrt bleibt und der seine Angehörigen mit Unbehagen zurücklässt.

Integraler Bestandteil von *Transitions* ist das Sterben und der Tod. Im 1. Kapitel wird der Tod Aharonas, der ersten Ehefrau Assi Dayans, beschrieben, wohingegen sich das 14. und letzte Kapitel mit dem Tod ihres Bruders Assi auseinandersetzt. Referenzen auf den Tod Dahlia Ravikovitchs, einer engen Freundin Yael Dayans, ziehen sich durch den gesamten Text. (T, S. 3, 7, 22, 23, 100) Umfangreich wird das Sterben Dov Sions und Yael Dayans damit verbundenes Leid beschrieben. Ausführlich und herzzerreißend beschreibt sie das Leben mit ihm und seiner Krankheit und der damit einhergehenden Entfremdung und Entzweiung. Sie lebe zwar im selben Haus, seien zusammen, doch habe sie ihren Partner verloren, Dov lebe in einer anderen Welt und sie teile ihr Leben auf zwischen der Knesset in Jerusalem und der Pflege ihres Ehemanns in Tel Aviv. (T, S. 80–88) Die letzten Tage in Dovs Leben, seinen langsamen Tod, knüpft sie an Weltgeschehnisse wie den Irakkrieg, die gewaltvolle israelische Besatzung und die

Ermordung palästinensischer Kinder und junger Israelis. (T, S. 91–92) Dayan benennt hier die palästinensischen Opfer wie den zweijährigen Hanan Al-Bassa, den dreizehnjährigen Muhammad Darwish und den siebzehnjährigen Muhammad Abu-Youssf. (T, S. 92) Ihr eigenes Sterben verarbeitet Yael Dayan über die Angst davor, dass ihre Zeit nun begrenzt sei und es keine Zeit mehr für Neuanfänge gebe, doch sei sie noch nicht bereit zu gehen. (T, S. 63–64)

„She remains rooted in place"[6] – Schauplätze literarischer Handlungen

Orte als Schauplätze literarischer Handlungen, die bedeutend in den Werken Yael Dayans erscheinen, sind vorrangig jene Israels – fiktionale wie reale. Einzig die Stadt Warschau ist ein außerisraelischer Schauplatz. In *Death Had Two Sons* heißt es, die Kalinskys (Haims zweite Ehefrau Dora und deren gemeinsame Tochter Miriam) sollen nach Israel gehen. Nur dort, sei es sicher und sie wären frei. (DS, S. 52–53) Im ersten Brief an seinen Vater schreibt Daniel: „I would like to think that you might consider leaving Poland to come to Israel. I shall try to make you feel at home here, it is a tough country, a wonderful one, and the only home one can take for granted." (DS, S. 65) Wiederholt wird Israel als einziger sicherer Ort für Jüd_innen beschrieben.
Yael Dayan lebt in Tel Aviv und die Stadt ist Schauplatz ihrer Texte. So ist sie zum Beispiel Nilis Stadt in *Death Had Two Sons*, wo sie Daniel kennenlernt und Yardena aus *Dust* nutzt Tel Aviv, um flüchtigen Sex mit einem Fremden zu haben. In *Envy the Frightened* wird beschrieben, dass das Leben in Tel Aviv sich stark von dem in Beit-On unterscheidet. In Tel Aviv wird ein ‚Bohemian way of life' gelebt und die Menschen in den Cafés reden über Schönheit, Weisheit, Sex und Politik: „Artists who seldom painted, writers whose last novel had come out ten years before, and journalists who wrote for whoever paid well, laid humanity on the small tables [...]" (EF, S. 116) Wenn Elli und Nimrod Tel Aviv besuchen und in einem Café auf Tel Avivs Dizengoff-Straße sitzen, wird Nimrod von einem jungen Intellektuellen gefragt, wo Beit-On sei. Beleidigt, dass sein Dorf nicht bekannt ist, verlassen sie umgehend das Café. Was die geschlechtlichen Fixierungen der Orte angeht, so steht Tel Aviv ganz klar im Gegensatz zu

6 T, S. 35.

Beit-On. Wie bereits beschrieben, findet Yoram all das in Rina, was den Stadtfrauen fehle. Nimrod meint: „For a girl it's easier to make the choice. She doesn't have to work, support, or worry, and the city has more to offer her." (EF, S. 117–118) Beit-On ist demnach der Ort der Männer, der ‚New Types', wohingegen Tel Aviv effeminiert beschrieben wird. Die besondere Bedeutung Jerusalems wird in *New Face in the Mirror* beschrieben: „It has the magnificent value of timelessness; you feel it belongs to you, and yet belongs to other generations as well." (NF, S. 128) Als in *A Soldier's Diary* am dritten Kriegstag des Sechstagekrieges die Altstadt von Jerusalem erobert wird, zeigt sich auch hier die besondere Bedeutung für das nationale Narrativ:

> Pride? Sense of history? Religion? [...] This was not conquest but liberation, this was not our long route to Nakhl, it was the long route of our people, from Moses to the paratrooper who first touched the sacred wall. Now we were not defending a frontier, a settlement, a decade, we had become a part of something that was larger. For a moment the past and the future touched us. (SD, S. 87)

Jenes Narrativ über die Eroberung Jerusalems bedient sich nationalistischer Ideologie. Es wird statt von Eroberung von Befreiung gesprochen und auf die biblische Geschichte als Legitimationsgrundlage zurückgegriffen. Die Bedeutung Jerusalems scheint von enormer emotionaler Wichtigkeit zu sein, ungeachtet dessen, was dies für Palästinenser_innen bedeuten mag. Hierzu zitiert Yael Dayan die Radiorede ihres Vaters nach der Eroberung Jerusalems: Jerusalem, die geteilte Hauptstadt Israels, sei vereinigt. Sie seien zu den heiligsten ihrer heiligen Stätten zurückgekehrt, um sich nie wieder von ihnen zu trennen. Das sei ihr Gelübde. (SD, S. 88)

Beit-On ist ein fiktionaler Ort im realen Israel. Anzunehmen ist, dass der Text bewusst einen fiktiven Ort benennt, um zu implizieren, dass *Envy the Frightened* nicht an einen speziellen Ort gebunden ist, sondern überall in ländlichen Regionen Israels spielen kann. Hier wird Beit-On an der Nähe zu den Golanhöhen[7] angesiedelt, ein See und der

7 Als in den 1920er Jahren die Golanhöhen nicht mehr zum britischen Mandatsgebiet Palästina zugerechnet wurden, sondern dem französischen Mandatsgebiet Syrien und Libanon, wurden alle jüdischen Siedlungen auf den Golanhöhen aufgegeben. Spannend erscheint hier, dass Yael Dayan *Envy the Frightened* bereits 1960 publiziert wurde, die Golanhöhen jedoch erst im Sechstagekrieg von 1967

Berg Hermon werden mehrere Male erwähnt. Der Name des Protagonisten, Nimrod, bezeichnet zugleich einen Nationalpark und eine Burg in den Golanhöhen. Beit-On ist – wie erwähnt – die Stadt der ‚New Types', der Männer, in der Spielsachen nichts verloren haben und in der das Spiel *Who Is Strong* gespielt wird. Dadurch dass innerhalb des Texts *Envy the Frightened* die vermeintlich starre Konstruktion des (männlichen) ‚New Type' brüchig wird (sowohl bei Gideon als auch bei Nimrod) braucht sein Entwurf einen Schauplatz, der ebenso vermeintlich starr gezeichnet werden kann und zudem stetige Verweise auf die umliegende Natur, als Opposition zur Stadt, zulässt. Zusätzlich bedarf es einer Stadt wie Tel Aviv, um Beit-On als Ort der ‚New Type' auch räumlich abzugrenzen und durch die Gegenüberstellung der beiden Schauplätze die Divergenz zu betonen.

Haifa wird in *Envy the Frightened* erwähnt, als Nimrod dort ist und Beit-On vermisst. Im Text dient Haifa wie auch Tel Aviv dazu, einen Gegenpol zu Beit-On zu entwerfen. In Haifa kennen die Kinder das Spiel *Who Is Strong* nicht (EF, S. 52). Deren Eltern finden Nimrods Art sehr bedenklich und äußern dies auch. (EF, S. 56)

Die Stadt, die in *Dust* zu entstehen beginnt, kann als eine der israelischen Entwicklungsstädte nach der Staatsgründung 1948 gesehen werden. Zu verorten ist sie in der Negevwüste an einem der fünf Erosionskrater Israels, nahe der jordanischen Grenze. (D, S. 105) „THE CITY was yellow and its substance was dust. Its pulse was infinity and it had no name as yet" (D, S. 9), so der Beginn des Textes. Im letzten Kapitel, das genauso beginnt wie das erste und denselben Namen trägt, wird beschrieben, dass die Stadt nun einen Namen hat, jedoch wird dieser vorenthalten. Geplant ist eine Stadt, die 20.000 Menschen in den nächsten sieben Jahren aufnehmen kann. Leni hat zuvor allein dort gelebt und meint dazu:

> You want the plants to die, and you have never seen dead children. You want the light to fade, and you have never been in darkness. You want the desert to win, like I do, but you have never seen defeated, broken people. No, we are unfair. We have no right to judge, only to go away. (D, S. 21)

von Israel besetzt und 1981 annektiert wurden. (Wenn in vorliegender Arbeit von den Golanhöhen gesprochen wird, so handelt es sich um jene westlichen, von Israel besetzten und annektierten zwei Drittel.)

Wie hier findet sich etwas später im Text ein Verweis auf die Shoah: „We could build a new town, and plant trees, but would the people in it be any better? And who was to say what 'better' meant?" (D, S. 61) Allegorisch wird der Nahostkonflikt angeschnitten, als Leni den Architekten der Stadt fragt, ob die Klippe des Kraters nicht gefährlich für die Kinder sei. Der Architekt schlägt vor, einen Zaun, ein Geländer und eine große Straße vor die Klippe zu bauen, wo Familien in den Abendstunden den Panoramablick in Sicherheit genießen können. (D, S. 17) Leni entgegnet darauf: „No fence will hold or be long enough, and you don't know the tempting powers of depth." (D, S. 17) – ‚The City' repräsentiert die Besiedlung des Staates Israel vor dem Hintergrund der Shoah; *Dust* diskutiert diese Katastrophe über den Charakter David. Obendrein verweist die Stadt auf die Gefahren, die darin bestehen, ein Land zu besiedeln, das bereits bewohnt ist.

Eine andere Wüste ist die Sinai. Yael hält in *A Soldier's Diary* fest, dass sie immer dachte, der Negev wäre eine echte Wüste, bis sie die Sinaiwüste nach deren Eroberung im Sechstagekrieg gesehen habe. Die Eroberung geschah der Route Moses folgend, doch in entgegengesetzter Richtung. (SD, S. 80) Die wiederholten Bibelverweise sollen eine Brücke zwischen der jüdischen Vergangenheit dieser Orte und der Gegenwart schlagen und dadurch einen Landanspruch legitimieren.

Polen ist neben Israel das einzige Land in Yael Dayans Texten, in dem Handlungen geschehen. In *Death Had Two Sons*, lebt Daniel bis zu seiner Gefangennahme durch die Nazis mit seiner Familie in Warschau. Nach dem Krieg bauen sich Dora und Haim ein kleines gemeinsames Leben auf, doch: „They were not going to stay in Warsaw. The city gave them what it could, but it would never be home again [...]." (DS, S. 52) In Warschau als einzigem nichtisraelischen Handlungsort manifestiert sich eine klare Absage an ein Leben in der Diaspora.

Dadurch dass in allen Texten der Staat Israel als einzig sicherer Ort für Jüd_innen bezeichnet wird, obschon die Sicherheit durch Kriege und Konflikte bedroht erscheint (auch deshalb braucht es den ‚New Type'), wird der Diaspora generell eine klare Absage erteilt.

6.
„it would be the last war"[1] Vom Krieg der Narrative oder dem Narrativ vom Krieg

Geht es um unterschiedliche Narrative von Geschichte und Krieg in Israel, so scheint es unumgänglich, in einem knappen Abriss auf den sogenannten Historikerstreit in Israel, der seit nun mehr als zwei Jahrzehnten anhält, einzugehen. Anzumerken ist hier, dass Gender weder als Analysekategorie noch in irgendeiner anderen Form in die Schriften der sogenannten Neuen Historiker[2] einfließt. Mitzudenken bei der Analyse narrativer Modi von Kriegsdarstellungen bei Yael Dayan und der Einbindung der ‚Neuen Historiker' ist, dass das Archivmaterial, worauf sich diese Forscher beziehen, erst seit den 1980er Jahren öffentlich zugänglich war und demnach zu jener Zeit, in der Yael Dayan ihre ersten sechs Texte verfasste, noch nicht diskutiert wurde. Analysen zu Krieg und Geschlecht in Israel fanden erst nach dem Jom-Kippur-Krieg Eingang in die Forschung.

1 T, S. 46.

2 Zu den neuen Historikern zählen Benny Morris, Ilan Pappe, Avi Shlaim, Tom Segev, Hillel Cohen, Baruch Kimmerling und Simcha Flapan. Ihre Ausbildung haben die meisten an westlichen Universitäten absolviert. So wird Morris z. B. als Positivist bezeichnet, wohingegen Pappe eine Vielzahl von Narrativen verknüpft und einer vermeintlichen Wahrheit kritisch gegenübersteht. Eine treffendere Bezeichnung als ‚Neue Historiker' wäre jene der ‚postzionistische Historiker', doch ob der Bekanntheit der Bezeichnung ‚Neue Historiker' werden sie auch hier als solche adressiert. (Genauere Ausführungen dazu finden sich unter anderem bei Daniel Gutwein: „Neue Historiographie" oder die Privatisierung des Gedächtnisses. In: Barbara Schäfer (Hrsg.): *Historikerstreit in Israel. Die „neuen" Historiker zwischen Wissenschaft und Öffentlichkeit.* Frankfurt am Main: Campus 2000, S. 208–255.)

Der ‚Historikerstreit' transformierte sich von einer akademischen hin zu einer medialen, öffentlichkeitswirksamen Auseinandersetzung.[3] Dies spiegelt den Anspruch dieser Historiker wider, deren Ziel darin besteht, die israelische Historiografie von einer zionistischen hin zu einer postzionistischen zu verschieben und damit auch die israelische Gesellschaft zu verändern. Das emanzipatorische Potential, das von dieser Auseinandersetzung ausgeht, liegt demnach darin, dass das historische Bewusstsein der israelischen Gesellschaft verändert wird: „Das bedeutet einen Übergang von einem konsensuellen historischen Bewußtsein zu einem konfliktorientierten historischen Bewußtsein."[4] Yoav Gelber hingegen kritisiert nicht nur die Inanspruchnahme der Bezeichnung ‚Neue Historiker', sondern auch deren einseitige Auswahl des Archivmaterials und das Weglassen arabischer Quellen.[5] Die vermeintliche Objektivität und postulierte Ideologielosigkeit der neuen Historiker prangert Gelber an und fasst ihre Arbeit unter dem Begriff „revisionistische Historiografie"[6] zusammen. Ferner kritisiert er deren Darstellung der Palästinenser_innen „als unschuldige Opfer von Verschwörungen und Untaten anderer [...]. Da die ‚Ursünde' die Errichtung des Staates Israel ist, enthalten sie sich der Beschäftigung mit früheren Stufen des Konfliktes".[7] Zumindest der letzte Kritikpunkt kann zum Beispiel mit Benny Morris widerlegt werden, der sich sehr wohl mit der Zeit vor der Staatsgründung beschäftigt. Er kommt in seinem Text „Anmerkungen zur zionistischen Geschichtsschreibung und dem Transfergedanken in den Jahren 1937–1944" zu dem Ergebnis, dass dem ‚Transfer' der palästinensischen Bevölkerung, der 1948 von statten ging, kein offizieller Plan von Seiten der Jishuw-Führung unter Ben-Gurion zugrunde lag.[8] Morris zeigt dennoch auf,

3 Vgl. Schäfer: Einführung. In: Dies. (Hrsg.): *Historikerstreit in Israel*, S. 7–14, hier S. 7.

4 Uri Ram: Zionismus und Postzionismus. Der soziologische Kontext der Historikerdebatte. In: Schäfer (Hrsg.): *Historikerstreit in Israel*, S. 129–150, hier S. 141.

5 Hier ist anzumerken, dass Ilan Pappe zum Beispiel auch auf arabische Quellen zurückgreift.

6 Gelber: Die Geschichtsschreibung des Zionismus, S. 41.

7 Ebd, S. 42. Tom Segev hat sich z. B. in *Es war einmal ein Palästina* (München: Siedler 2005) mit der Geschichte vor der Staatsgründung auseinandergesetzt.

8 Ilan Pappe hingegen widerspricht Morris und geht von einer planmäßigen „ethnischen Säuberung Palästinas" aus, so auch der Titel seines 2006 bei Oxford University Press erschienenen Buchs (dt.: 2007). Pappes Ansatz erntete vehemente Kritik, auch von ‚Neuen Historikern'.

dass Gespräche und Diskussionen zum Transfergedanken vor dem 1. Weltkrieg stattgefunden haben.[9] Anita Shapira unterstützt diese These, doch beschreibt sie auch die tatsächlich vorgefallenen Vertreibungen und Umsiedlungen der arabischen Bevölkerung.[10] Ilan Pappe stellt in seinem Text „Der Zionismus als Kolonialismus" dem israelischen Narrativ ein palästinensisches Narrativ gegenüber. Als nationale Befreiungsbewegung würde der Zionismus von israelischer Seite instrumentalisiert werden, wohingegen die palästinensische Interpretation den Zionismus als kolonialistische Ideologie deute. Pappe bezeichnet die Übernahme eines nationalistisch-sozialistischen Ansatzes von Seiten der israelischen Historiografie und die eines kolonialistischen Motivs als Grundlage palästinensischer Historiografie.[11] Beide Narrative existieren zwar in dieser Form, jedoch entfaltet sich sowohl auf israelischer als auch auf arabischer und palästinensischer Seite eine vielschichtige Diversität des Denkens und Erinnerns, was eine Pluralität von Narrativen evoziert. Unter der Annahme eines sozialistischen Zionismus müsse der Kolonialismus[12] dennoch in die Untersuchungen einbezogen werden, „zum einen als Mechanismus der Besiedlung, zum anderen als Weltanschauung, die den weißen und fremden Siedler auszeichnet, wie er kommt, um sich in einem nichteuropäischen Gebiet anzusiedeln"[13]. Die Zunahme verschiedener Narrative sei nach Uri Ram Teil einer weitläufigen Entwicklung, die

9 Vgl. Benny Morris: Anmerkungen zur zionistischen Geschichtsschreibung und dem Transfergedanken in den Jahren 1937–1944. In: Schäfer (Hrsg.): *Historikerstreit in Israel*, S. 45–62, hier S. 45.

10 Vgl. Anita Shapira: *Israel. A History*. Waltham: Brandeis UP 2012, S. 167–168

11 Ilan Pappe: Der Zionismus als Kolonialismus. Ein vergleichender Blick von Mischformen von Kolonialismus in Asien und Afrika. In: Schäfer (Hrsg.): *Historikerstreit in Israel*, S. 63–93, hier S. 64.

12 Mittlerweile hat der Begriff *settler colonialism* Einzug in akademische als auch aktivistische Diskurse gefunden. Einer unreflektierten Übernahme der Terminologie oder der methodischen Konzepte aus den anglophonen Postcolonial Studies steht dieses Buch mit kritischer Vorsicht gegenüber. Wagner und Müller-Funk gehen dieser Problematik in der Einleitung ihres Sammelbandes *Eigene und andere Fremde* nach. Zwar beinhaltet das Buch Texte zu internen Kolonien Europas, doch auch hier auf die terminologischen Schwierigkeiten hinzuweisen erscheint unumgänglich. (Vgl. Wolfgang Müller-Funk / Birgit Wagner (Hrsg.): *Eigene und andere Fremde. „Postkoloniale" Konflikte im europäischen Kontext.* Wien: Turia + Kant 2005, S. 9.)

13 Pappe: Der Zionismus als Kolonialismus, S. 65.

man als ‚Postzionisierung' bezeichnen könne, innerhalb derer kollektive Identitäten differenziert und Barrieren von Zugehörigkeiten abgebaut werden. Nun treten verschiedene (auch diskriminierte) Gruppen wie Frauen, orientalische Jüd_innen oder Palästinenser_innen an die Öffentlichkeit.[14]

> Ihre „Wahrheiten" unterscheiden sich ihrer Natur nach, oder richtiger ihrer Geschichte nach, von der vorherigen hegemonistischen „Wahrheit". Wie die zionistische Bewegung überhaupt oder die Arbeiterbewegung zu ihrer Zeit, beschäftigen sich jetzt andere kulturelle Gruppen mit einer erneuerten Definition der israelischen Realität, und in diesem Rahmen konstruieren sie ihre Traditionen.[15]

Wie bereits angemerkt, betrachteten die sogenannten Neuen Historiker in ihren Analysen den Zusammenhang von Gender und Konflikt bisher nicht.[16] Simona Sharoni argumentiert, dass Gender nicht nur individuelle und kollektive Identitäten formt, sondern auch die dominanten Interpretationen von Konflikten und deren Lösungsperspektiven vergeschlechtlicht sind.[17] Die Konstruktion israelischer Männlichkeit (siehe Kapitel 3), bei der es darum geht, Durchsetzungskraft, Pragmatismus und emotionale Härte vorzuführen, wird durch Konflikt, Krieg und Militarismus beeinflusst.[18] Gleichzeitig bedingt diese Konstruktion eine sehr konkrete Form des Frau_seins. Frauen besetzen ferner innerhalb des Militärs andere Positionen als ihre männlichen Kollegen.[19] Sharoni hält fest, dass der Staat Israel die Tragweite des Konflikts durch das Betonen der

14 Vgl. Ram: Zionismus und Postzionismus, S. 145–146.

15 Ebd., S. 146.

16 Ausnahmen lassen sich zum Beispiel bei Ilan Pappe: *A History of Modern Palestine*. New York: Cambridge UP 2006, finden, welcher fünf Seiten zu *gender* and *class* – in Bezug auf die Intifada – vorzuweisen hat, doch stellt auch bei ihm Geschlecht keinesfalls eine Analysekategorie dar.

17 Vgl. Sharoni: *Gender and the Israeli-Palestinian Conflict*, S. 22.

18 Vgl. ebd., S. 44.

19 Hier ist anzumerken, dass sich die Analysen der Texte Yael Dayans auf die Zeit von der Staatsgründung Israels bis einschließlich des Jom-Kippur-Kriegs und dessen Folgen beziehen. Jüngere Veränderungen in Bezug auf Krieg, Geschichte, Militär und Geschlecht werden nur anhand der Analyse aus *Transitions* nachgezeichnet. An dieser Stelle geht es um die geschlechtlichen Konstruktionen in oben angeführtem Zeitraum.

Notwendigkeit von kämpfenden Frauen unterstreicht.[20] Die Erhöhung der Maskulinität verstärke sich mit der Eskalation des israelisch-arabischen Konflikts und wurde an das Überleben der Nation und nationale Identitäten geknüpft. Männern wurde in diesem Kontext die primäre Rolle der Existenzsicherung des Staates zugewiesen.[21] *My Father. His Daughter* veranschaulicht in diesem Zusammenhang eindrucksvoll, was es bedeutet, in einer militarisierten Gesellschaft aufzuwachsen und welche Geschlechtskonstruktionen diese Gesellschaft hervorbringt: Hier spielen die Kinder Krieg, sprechen in einem Militärjargon und prahlen über die Helden des Krieges – ihre Väter und Onkel. (MF, S. 59)

Staatsgründung

> On May 14, 1948, we listened to the historical radio broadcast of Ben-Gurion reading the Declaration of Independence. The blue-and-white flag of Israel flew everywhere, and even we children held our breath in awe when Ben-Gurion spoke the words "Medinat Israel" – the State of Israel. Born in Mandate Palestine, we would grow up and have children in the independent, free, and we hoped, secure State of Israel. (MF, S. 61)

Ein Narrativ der Staatsgründung und der unmittelbaren Zeit davor beinhaltet eine Legitimation des neuen Staats durch Verweise auf die Shoah: „The world was fighting for its sanity and life, and although the magnitude of the Jewish tragedy under Hitler was not yet grasped, Jews in Palestine were determined to secure a state for themselves." (MF, S. 44) Für Phoenix aus *Three Weeks in October* wären die Shoah und die Staatsgründung nicht voneinander trennbar. (TW, S. 235) In *Dust* will Yardena von David wissen, wo er am 14. Mai 1948 war. David entgegnet, in Paris gewesen zu sein, wo er zwar von der Staatsgründung gehört habe, sie ihm jedoch nicht viel bedeutet habe. Israel sei für ihn zwar das heilige/gelobte und versprochene Land, aber er glaube nicht mehr daran, dass irgendetwas in Anbetracht der Shoah heilig sein könne. Er glaube auch nicht mehr an das Einhalten von Versprechen. Er dachte, es gäbe keine Männer, Frauen oder Kinder

20 Vgl. Sharoni: *Gender and the Israeli-Palestinian Conflict*, S. 45.
21 Vgl. ebd., S. 96.

mehr, um ein heiliges Land zu bauen. Er habe sie zu Asche werden sehen und dachte, sie wären die letzten gewesen. Er habe in der Nacht der Staatsgründung nicht die Hora, einen traditionellen Rundtanz, getanzt. (D, S. 53)
In *Death Had Two Sons* habe die Tatsache, dass Daniel nun Staatsbürger Israels war, nichts an seiner Routine verändert. (DS, S. 28) Die Diskrepanz der Wahrnehmung dieses Ereignisses zwischen Shoah-Überlebenden wie David oder Daniel und jenen jüdischen Menschen, die bereits in Israel waren, dort gelebt haben und/oder dort geboren sind, wird auch in *Envy the Frightened* deutlich: Ein paar Harmonikas, ein Akkordeon und Tanz – dutzende von Beinen tanzen die Hora und singen. Keine Worte. Nur Lieder. Sie wissen, dass sie (den bevorstehenden Krieg) am nächsten Tag gewinnen, sie wissen, dass es ein Anfang und kein Ende ist. Ivri tanze mit Miriam und weine. Er, Motl, der Sohn des Rabbi Pimchas, habe einen Staat. Demnach sei nichts umsonst gewesen. (EF, S. 74) Durch den Verweis auf seinen jiddischen Namen Motl (hebr. Mordechai) referiert er auf sein Leben im damaligen Russland, das aufgrund zahlreicher Diskriminierungen und Pogrome von Angst und Furcht geprägt war. Ohne die gleichen Rechte wie Russ_innen war er diesen schutzlos ausgesetzt. Nun habe er einen Staat, der sowohl für seinen Schutz sorgt als auch seine Rechte vertritt. Wie hier bereits auf einen kommenden Krieg verwiesen wird, wird auch in *Dust* eine ähnliche Feier beschrieben und der bevorstehende Krieg als logische, unausweichliche Schlussfolgerung dargestellt: Jemand spiele das Akkordeon und sie tanzen die Hora. Yardena sei zwar erst dreizehn, habe aber bereits verstanden, dass die Staatsgründung Israels Krieg bedeute. Sie habe bis dahin nicht gewusst, dass diese Städte, diese Hügel, Seen und Ufer nicht wirklich ihre sind, dass sie zwar ‚versprochen' seien, aber nie gegeben wurden, erträumt seien, aber nie erhalten wurden. Das Dorf tanze, und am Morgen ziehen die Männer in den Krieg. (D, S. 52) Anita Shapira beschreibt die Staatsgründung für Jüd_innen als göttliches Wunder, als Zeichen globaler Gerechtigkeit. Allerdings wurde dieselbe von den Araber_innen als ein ihnen aufgezwungenes, starkes Unrecht wahrgenommen. In diesen unterschiedlichen Wahrnehmungen der Staatsgründung verortet Shapira die Wurzeln der bis heute bestehenden verschiedenen Narrative des Krieges von 1948.[22]

22 Vgl. Shapira: *Israel*, S. 156.

Israelischer Unabhängigkeitskrieg / Krieg von 1948

Der Darstellung des Krieges (November 1947 bis Juli 1949) als unausweichlich wird unter anderen von Rela Mazali betont.[23] Jener Diskurs wird in *My Father. His Daughter* aufgenommen: „The inevitability of the coming Israeli-Arab struggle was evident; if anything, the world war only postponed it. The war against the Germans was top priority, though at the outbreak we were still ignorant of the scope of the Jewish tragedy or of Hitler's crimes." (MF, S. 31) Die bereits zuvor skizzierte Verbindung von Shoah und Staatsgründung findet sich auch hier. Dayan referiert zudem auf einen Bürgerkrieg, den auch Shapira beschreibt[24], noch vor dem offiziellen Kriegsbeginn des Unabhängigkeitskrieges: „By the end of 1947, a full-scale war was on, though the official invasion of Israel by all Arab countries was launched a few months later, when the British left and independence was declared." (MF, S. 59) Auch folgendes Zitat impliziert, dass in jedem Fall mit einem Krieg zu rechnen war: „The all-out attack on Israel by six Arab countries on May 15 hadn't taken anybody by surprise." (MF, S. 61) Yael Dayan folgt hier dem Narrativ, der Invasion durch sechs große arabische Armeen, das von Rashid Khalidi nicht nur als wichtiges Element eines israelischen Ursprungsmythos, sondern beinahe als universeller Mythos bezeichnet wird. Khalidi argumentiert, es habe 1948 nur sieben unabhängige arabische Staaten gegeben, von denen zwei, Saudi Arabien und Jemen, keine Armeen gehabt hätten. Darüber hinaus habe von den fünf regulären arabischen Armeen (die des Libanons, des Iraks, Transjordaniens, Syriens und Ägyptens) lediglich die ägyptische Armee die israelischen Grenzen nach dem UN-Teilungsplan maßgeblich überschritten. Die heftigsten Kämpfe haben zum einen mit der jordanischen Armee auf den von der UN zuerkannten palästinensischen Gebieten stattgefunden und um das von der UN als Corpus Separatum unter internationale Kontrolle gestellte Jerusalem.[25] Shapira informiert zusätzlich über die Diskrepanz zwischen arabischer Kriegsrethorik und Realität, wonach die Armeen der arabischen Länder unzureichend ausgerüstet

23 Vgl. Rela Mazali: "And What about the Girls?" What a Culture of War Genders out of View. In: *Nashim. A Journal of Jewish Women's Studies & Gender Issues* 6 (2003), S. 39–50, hier S. 40.

24 Vgl. Shapira: *Israel*, S. 157–158.

25 Vgl. Rashid Khalidi: *The Iron Cage. The Story of the Palestinian Struggle for Statehood.* Oxford: Oneworld 2006, S. XXXIII.

waren, die Koordination zwischen ihnen mangelhaft war und zudem nur einige zehntausend schlecht ausgebildete Soldaten vorzuweisen hatten.[26] Dies war zu Kriegsbeginn nicht bekannt und aufgrund der großen anfänglichen Verluste auf israelischer Seite auch der Ausgang unklar.

Die Reaktionen der jüdischen, im Mandatsgebiet lebenden Menschen auf den Beschluss des Teilungsplans für Palästina durch die UN-Generalversammlung vom 29. November 1948 werden in *My Father. His Daughter* beschrieben:

> If there was a vein of sadness in the faces of the dancers, it was a small indication of the price that would be paid. How many of these young people would be dancing here next year? How many of the children would be orphaned? How many mothers would be without sons? These thoughts could not be repressed, as, by the end of that week, thirty-six Jews were killed by Arab terrorists. The term "Arab" itself was gaining a new meaning. War was imminent, though not yet declared [...] (MF, S. 59)

Die Frage, wie viele Mütter ohne ihre Söhne sein werden, unterstützt Simona Sharonis Argumentationslinie zu Geschlecht und Krieg. Frauen werden auf die Rolle als Mutter an der Heimatfront reduziert. Das Zitat gibt Auskunft darüber, dass 36 jüdische Menschen von arabischen Terroristen getötet wurden, um im nächsten Satz darauf zu verweisen, dass der Begriff „Arab" eine neue Bedeutung erhält – noch vor offiziellem Kriegsbeginn. Sowohl von Ruth, Moshe als auch Yael Dayan wird in ihren jeweiligen literarischen Texten auf ein freundschaftliches Verhältnis mit der arabischen Bevölkerung und deren Wertschätzung verwiesen. Dayan verwendet beinahe ausschließlich, *Transitions* ausgenommen, den Terminus ‚Arab', was eine (sprachliche) Nichtanerkennung von Palästinenser_innen und deren Ansprüchen auf Land und eine Nationalität impliziert.

Auch in *Envy the Frightened* ist der bevorstehende Krieg allgegenwärtig. Die Erzählinstanz spricht über die Jugend in Beit-On, die dadurch sehr schnell erwachsen werden muss. Sie habe keine Chance gehabt, von Kindern zu Jugendlichen und von Jugendlichen zu Männern zu reifen. Sie kämmen ihre Haare so wie die Erwachsenen, gebrauchen

26 Vgl. Shapira: *Israel*, S. 158.

die Ausdrücke ihrer Väter und begutachten gegenseitig ihre Muskeln. Wenn der Krieg nicht bereits in der Luft liege, wäre es notwendig, ihn zu erfinden. Ziel sei nicht ein besserer oder glücklicher Mensch zu werden, viel wichtiger sei es, ein besserer Sohn für das Land zu sein und nationale Bedürfnisse vor alle anderen zu stellen. (EF, S. 63–64) Hier sind im Zusammenhang mit Krieg Männer gemeint, auch wenn von Jugend gesprochen wird. Die systematische Ausklammerung von Frauen ist integraler Bestandteil der männlichen Konstruktion eines ‚New Type'. Diesem Abschnitt zufolge hatten junge Männer nicht die Möglichkeit, eine alternative ‚Männlichkeit' zu entwickeln – begründet in einer (gefühlten) Allgegenwärtigkeit des Krieges. Der ‚New Type' braucht für seine Legitimation Krieg und der Krieg braucht den ‚New Type'.

Die Rolle von Frauen in Kriegszeiten wird von Nimrod am Tag der Staatsgründung thematisiert. Er ist noch zu jung, um am Krieg teilzunehmen und will nicht zuhause bei den Frauen, Kindern, Alten oder den Kranken bleiben. (EF, S. 75) Die sogenannte Heimatfront ist kein Ort für Held_innen.

Zusammengefasst kann festgehalten werden, dass es bei der literarischen Darstellung des Israelischen Unabhängigkeitskrieges Dayan nicht um eine Aufzählung von Kriegsereignissen, -verläufen oder -strategien geht. Vielmehr zeigt sie, wie dieser Krieg auf die jüdischen Menschen in Israel wirkt. Doch sind vielleicht die erzählerischen Aussparungen und genaueren Beschreibungen, wie es zu diesem Krieg kam, wer, in welcher Form beteiligt war oder welche Folgen dieser Krieg hatte, symptomatisch für den damaligen israelischen Diskurs. Eine Beschreibung des Kriegsendes findet sich in *My Father. His Daughter*: „On July 20, 1949, the last of the armistice agreements was signed, and for all intents and purposes the war ended." (MF, S. 76)

Die Suezkrise

Rückblickend schreibt Moshe Dayan in seiner Autobiographie, der Sinai-Feldzug wäre zum einen das Produkt der Verschärfung des politischen Konflikts zwischen Israel und seinen arabischen Nachbarstaaten und zum anderen eine Folge der britisch-französischen Entscheidung, die Kontrolle über den Suezkanal mit Gewalt zu etablieren. Dayan bezweifle eine israelische Intervention ohne den

Einsatz Großbritanniens und Frankreichs. Umgekehrt hätte Israel auch dann nicht zu den Waffen gegriffen, wenn die arabischen Staaten ihre zunehmende Feindseligkeit gegenüber Israel nicht formuliert hätten, selbst bei einer militärischen Auseinandersetzung zwischen Ägypten und Großbritannien/Frankreich.[27] Dayan entzieht hier dem Staat Israel jedwede Eigenverantwortung, beschreibt Frankreich und Großbritannien als Kriegstreiber und weist auf die zunehmende Feindseligkeit der arabischen Nachbarländer hin.

Die Suezkrise (Oktober 1956 bis März 1957), auch als Sinai-Krieg bezeichnet, findet sich – *Dust* und *Death Had Two Sons* ausgenommen – in allen anderen Werken der Autorin wieder. Im nichtfiktionalen Text *Envy the Frightened* wird jener Krieg lediglich dahingehend diskutiert, dass der Krieg mit Ägypten ausbrach und sich Nimrod auf den Weg gen Süden, zur Sinai Halbinsel, mache. (EF, S. 182) Es wird vom Ausbruch des Krieges berichtet, wohingegen die fragwürdige Rolle Großbritanniens und Frankreichs, (geheime) Vereinbarungen dieser mit Israel[28] oder die Auswirkungen imperialistischer und kolonialer Machtpolitik auf den Nahen Osten und der Kalte Krieg ausgeklammert werden. „The war was short and the men were drunk with the fast victory. [...] And when Nimrod came back home he was again the Rock, with his war stories" (EF, S. 183). Die Textabsicht von *Envy the Frightened* ist sicherlich nicht, die Geschehnisse, die zu diesem Krieg führten, zu rekonstruieren oder zu reflektieren. Vielmehr wird dargestellt, inwiefern Konstruktionen von Maskulinität durch Krieg oder kriegerische Handlungen beeinflusst und geformt werden. Demnach ist hier auch irrelevant, um welchen Krieg es sich genau handelt und ob jener eine reale Entsprechung hat. Im Text wird er nur allgemein als Krieg bezeichnet. Jene Annahme wird durch die erste Beschreibung der Szene, in der Nimrod stolz und furchtlos loszieht, um den Krieg zu erleben, gestützt: „It wasn't a battle really, as it wasn't a war. Nor was it a game [...]. And all of a sudden time and morale and sense and

27 Vgl. Dayan: *Story of My Life*, S. 3.

28 Vgl. Avi Shlaim: The Protocol of Sèvres, 1956. Anatomy of a War Plot. In: David Tal (Hrsg.): *The 1956 War. Collusion and Rivalry in the Middle East*. London: Cass 2001, S. 119–143. Die Protokolle von Sèvres belegen ein geheimes Abkommen Frankreichs, Großbritanniens und Israels über einen Angriff auf Ägypten im Zuge der Privatisierung des Suezkanals.

silence were all lost, drowned in the whirlpool of battle. [...] Not a war, or a battle, but a fight." (EF, S. 150) In diesem Kampf wird Nimrod angeschossen, sein Körper wird versehrt, jedoch nicht derart verheerend, so dass seine Verwundung Zweifel an seiner Männlichkeit aufkommen lassen würde: „It was almost a contribution to something important, a hymn with every step, of pride and pain and manhood, a hymn to his body again." (EF, S. 152) Kriegsverletzungen am eigenen (männlichen) Körper werden innerhalb des Systems des ‚New Type' mit Stolz getragen, jedoch nur, solange dieser Körper für den Krieg funktionsfähig bleibt.

Während der Suez-Krieg in *New Face in the Mirror* lediglich erwähnt wird – als „Sinai War" (NF, S. 6), als „war in Sinai" (NF, S. 9) –, gibt Dayan in *My Father. His Daughter* Auskunft darüber, dass das Wort Krieg zu Hause nun häufiger falle. Wenn ihr Vater vom Krieg spreche, so bezeichne er damit keinen isolierten Vergeltungsakt. Tschechien beliefere Ägypten mit einer enormen Menge an schweren Panzern, Waffen und Kampfflugzeugen, die bis zum Sommer 1956 betriebsbereit seien. Die sowjetischen Waffen kämen zusätzlich zu politischer Unterstützung, Gamal Abdel Nasser könne zuversichtlich sein und fühle sich bereit. Frankreich sei Israels einziger Waffenlieferant und liefere im April die ersten Mystère-Kampfflugzeuge, gefolgt von AMX-Panzern und einem Abkommen mit Großbritannien über den Kauf von Meteor-Nacht-Jagdflugzeugen. Ägypten sei bezüglich der Quantität der Waffen überlegen, doch die Israelis seien, was die Qualität ihrer Waffen sowie ihre kämpferischen Begabungen betrifft, im Vorteil. (MF, S. 116–117) Obwohl Yael Dayan das Buch *My Father. His Daughter* 1985 veröffentlichte, verfolgt sie darin ein Geschichtsnarrativ, das unter anderem im Israel der 1950er Jahre prominent war, um den Angriff auf Ägypten zu rechtfertigen. Demnach fühlte sich Israel durch die Aufrüstung Ägyptens gezwungen, Kriegshandlungen zu vollziehen. Yael Dayan folgend, führten ferner die Verstaatlichung der Suezkanalgesellschaft und andere Aktionen Nassers zum Krieg: „On July 26, 1956, Nasser announced the nationalization of the Suez Canal. The possibility of a combined French-British-Israeli operation against Egypt was still remote, but Nasser's action triggered a series of reactions that resulted in the Sinai Campaign a few months later." (MF, S. 121) Jener Darstellung zufolge haben Nassers Aktionen zur Sinai-Feldzug geführt. Moshe Dayan habe Ben Gurion einen

Präventivschlag gegen Ägypten vorgeschlagen, doch habe Ben Gurion beschlossen, bis zur Ankunft der französischen Waffenlieferung zu warten. In London und Paris wäre eine Resolution eines gemeinsamen Angriffs auf Ägypten zur Erhaltung der Suezkanal-Zone unterzeichnet worden. (MF, S. 122)
Zusammenfassend kann festgehalten werden, dass Yael Dayan hier einem Narrativ vom Suez-Krieg folgt, das wohl im damaligen Israel (in konservativen, nationalen und rechten Kreisen) Legitimation herzustellen vermochte, doch nicht zuletzt durch die Protokolle von Sèvres einem anderen Narrativ Platz einräumen musste. Dessen ungeachtet lobt die Autorin ihren Vater. Auf dem Sinai-Feldzug habe man ihn politisch und militärisch von seiner besten Seite gesehen. (MF, S. 128). Moshe Dayan habe an dem geheimen Treffen teilgenommen und sich als Oberbefehlshaber der israelischen Armee für einen Präventivschlag eingesetzt.[29] Auch die Begründung dafür liefert Yael Dayan: „What Israel was risking was her very existence, in case of defeat." (MF, S. 128) Jahrzehnte später schreibt Yael Dayan in *Transitions*, zur damaligen Zeit weder Militäraktionen in Frage gestellt noch gerechtfertigt zu haben. (T, S. 46)

Sechstagekrieg

Yael Dayan hat diesem Krieg (Juni 1967) das gesamte Buch *A Soldier's Diary* gewidmet. Die Soldatin ist sie selbst und auch das Tagebuch ist ihres. Sie nimmt nicht an tatsächlichen Kampfhandlungen teil, sondern ist als Berichterstatterin tätig, um die männlichen Heldentaten zu beschreiben. Die Ausgabe von 1967 (Weidenfeld & Nicolson) ziert ein Bild Yaels mit ihrem Vater Moshe Dayan – beide in Uniform. Zudem steht vor ihrem Namen, im Gegensatz zu ihren

29 Auch Motti Golani setzt sich mit der Rolle Moshe Dayans auseinander (Motti Golani: Shall We Go to War? And If We Do, When? The Genesis of the Internal Debate in Israel on the Road to the Sinai War. In: *Israel Affairs* 6,3–4 (2000), S. 22–42). Die Kapitelüberschrift ebd., S. 24 lautet: „THE CHIEF-OF-STAFF STEERS THE COUNTRY TOWARDS WAR". Doch beschreibt er auch die fortdauernden Bombardierungen israelischer Siedlungen aus dem Gazastreifen, Nassers Kriegsrhetorik und Rekrutierungen von Terroristen aus dem Libanon und Jordanien, zudem die israelischen Operationen als Antwort auf die Bombardierungen im Gazastreifen. Golani sieht jedoch keinen Zusammenhang dieser Ereignisse von 1955 und dem Suez-Krieg.

anderen Werken, die Abkürzung ihres militärischen Ranges – Lt. für Leutnant. Sharoni schreibt, dass das Bild der emanzipierten und sexy Soldatin gerade nach dem Sechstagekrieg sowohl in Israel als auch im Ausland sehr populär wurde und den Sieg ‚garnierte'.[30] Der Sechstagekrieg und dessen Nachwirkungen haben bedeutende Konsequenzen für Genderrollen und Geschlechtsverhältnisse in Israel. Während israelische Männer für ihre Leistungen auf dem Schlachtfeld verehrt werden und sich die Position der Führungsriege der männlichen Elite erneut festschreibe, werden die Leistungen von Frauen abseits der Kampfhandlungen entweder ignoriert oder als selbstverständlich angenommen.[31]

Wohl kaum ein anderer der israelischen Kriege wird so sehr mythologisiert und derart häufig analysiert wie der Sechstagekrieg. Auch Tom Segev widmet ihm ein gesamtes Buch, *1967. Israels zweite Geburt*,[32] in dem er akribische Analysen von Tagebüchern und Berichten der Soldaten vornimmt. Die Darstellungen Yael Dayans aus *A Soldier's Diary* werden in seinem Werk mit keinem Wort erwähnt, wohingegen die prominente Rolle Moshe Dayans sehr wohl Anerkennung findet. In *A Soldier's Diary* heißt es, dass Jungen geschickt wurden, um die Männer in den Kibbuzim zu ersetzen, Frauen und Kinder würden Schützengräben graben und Sandsäcke befüllen. (SD, S. 17) Zudem untermauert Yael Dayan die These von der Abwesenheit der Soldatinnen an Kampfhandlungen, wenn sie in *My Father, His Daughter* schreibt, dass sie allein als Frau unter Männern ist. (MF, S. 172) In welcher Form Frauen dennoch auf den Schlachtfeldern repräsentiert werden, zeigen folgende Ausschnitte: „The bulldozers were huge and yellow, loved and pampered by the operators – 'My D-8, D-9, D-4' and nicknamed after woman." (SD, S. 10) Oder: „[...] and an Indian Jew nicknamed 'Bombay' decided in our presence to name his bazooka after his wife." (SD, S. 36) – Yael wurde der Division von Ariel Sharon zugewiesen und ihre Aufgabe war die tägliche Schilderung

30 Vgl. Sharoni: *Gender and the Israeli-Palestinian Conflict*, S. 91. Weiter meint Sharoni, dass dieses Bild einer emanzipierten Frau in weiterer Folge dem Bild der verschleierten, machtlosen, arabischen Frau gegenübergestellt wurde, um die benachbarten arabischen Länder als undemokratisch und rückschrittlich zu markieren.

31 Vgl. ebd., S. 98.

32 Tom Segev: *1967. Israels zweite Geburt*. München: Pantheon 2007.

der Kriegsgeschehnisse. Sie selbst schreibt, dass sie berichte, beobachte, Tee und das Essen mache. (SD, S. 40)

Folgender Ausschnitt aus *My Father. His Daughter* beschreibt die Stimmung und Ängste der Israelis vor dem Sechstagekrieg: Unter der Annahme, von den arabischen Nachbarn nicht als gleichberechtigte Nation akzeptiert zu werden, fühlten sie sich dazu verdammt, alle zehn Jahre Kriege zu führen. Die Frage sei nicht „warum", da dort die Antwort „überleben" sei, sondern meist ein „wann" und „wie". (MF, S. 172–173) Die Omnipräsenz der Angst vor Vertreibung und Vernichtung wird auch in *A Soldier's Diary* beschrieben: Was für andere Länder eine Niederlage bedeute, wäre für Israelis Vernichtung. Es sei nicht möglich, den Krieg zu verlieren und zu überleben. Jeder Soldat trage dieses Wissen in seinem Herzen (SD, S. 42) Diese Angst wird zusätzlich durch Nassers Propaganda, in der Antisemitismus eine neue Dimension erreicht,[33] verstärkt.

Dayan befasst sich in *A Soldier's Diary* mit einer jüdischen Identitätskonstruktion in Krisen, Krieg und unter Ängsten. Sie erhält vor Kriegsausbruch Briefe von Bekannten aus dem Ausland und reflektiert, warum es ihr dermaßen schwerfällt, darauf zu antworten oder in irgendeiner Form zu reagieren: Um antworten zu können, müsse sie bei David, Salomon, den Tempeln und den Exilen beginnen. Sie müsse von Konzentrationslagern, den Kriegen von 1948 und 1956 und den Radioübertragungen von Nassers Reden berichten. (SD, S. 16) Demnach liegt die Rechtfertigung für diesen Krieg zum einen in der fernen und nahen jüdischen Vergangenheit und zum anderen in einer Bedrohung von außen. – Wiederholt wird auch auf den Sinai-Feldzug von 1956 verwiesen: „What a difference from the Sinai campaign, [...] This time it is a real blow." (SD, S. 53) Vor elf Jahren seien sie in demselben Gebiet gewesen und der Feind sei besiegt, aber nicht vollständig zerstört worden. Dieses Mal müssten sie für maximale Zerstörung sorgen. (SD, S. 82)

In *A Soldier's Diary* wird dargestellt, wie einige Soldaten in Sharons Division über den bevorstehenden Krieg denken: „It's easy to say, 'We should get a powerful partner' or to say the opposite, 'We can go it alone'. What we should try to do is avoid war – war is no good. We

33 Vgl. Matthias Küntzel: *Djihad und Judenhass. Über den neuen antijüdischen Krieg*. Freiburg: Ça Ira 2003, S. 70–71.

may suffer and they will certainly suffer for their sins.“ (SD, S. 30) Weiterhin beschreibt Yael Dayan die Stimmung der Soldaten dahingehend, dass jene sehr viel miteinander diskutieren. Kämen Personen in die Militärcamps, die einem möglichen Krieg positiv gegenüberstehen, so nehmen die Soldaten eine eher abwartende Position ein. Treffen sie hingegen auf Menschen, die gewillt sind, auf diplomatische Lösungen zu warten, sei die Haltung der Soldaten eine Krieg befürwortende. (SD, S. 31) Zudem sprechen sie über das ägyptische Militar, uber Jordanien und Syrien, ob es gelingen könne, an drei Fronten gleichzeitig zu kämpfen, und darüber, was im Falle eines Sieges geschehen würde:

> [...] – a typically Jewish worry came up now – 'if we do beat them we are going to give them an even worse inferiority complex than they have now, more reason for hatred and revenge, and it will be even more difficult to reach peace with them.' Another cut him short with, 'Right now it's not peace with the Arabs that is at stake, but our existence.' [...] These were men in uniform, professional soldiers, officers. Although they had spent most of their adult life in the army they thought and argued like civilians. They questioned the wisdom of their civilian leaders in the same way that they questioned the logic and soundness of the plans of their superior officers. (SD, S. 32)

Die Textstelle hebt die Moral und den Ethos der israelischen Armee hervor. Das David-gegen-Goliath-Narrativ des Krieges von 1948 findet sich bei Yael Dayan auch in der Darstellung des Sechstagekriegs wieder (SD, S. 34), doch formuliert sie, dass sie die zahlenmäßige Überlegenheit der feindlichen Soldaten und die ihrer Waffen und Panzer nicht beunruhigen würde. (SD, S. 20) Sie rechtfertigt einen möglichen Präventivschlag damit, dass es schon lange nicht mehr darum gehe, wer zuerst schießt. Alles um sie herum seien bereits Kriegshandlungen und Israel sei bereit, diese Herausforderung anzunehmen. (SD, S. 39) In den letzten 19 Jahren habe sie daran geglaubt, dass Israel als Staat innerhalb des Nahen Ostens akzeptiert werden würde. Die Israelis haben sich in dieser Zeit ein Leben aufgebaut, das es nun zu verteidigen gelte. Es habe viele Momente der Zurückhaltung, der Bedrohung gegeben und Israel sei damit alleine gelassen worden. (SD, S. 41)

Yael Dayan spricht sich in *A Soldier's Diary* für einen Krieg aus: Sie wolle keinen Krieg, weil er aufregend sei, sie wolle nicht einmal Krieg um des Sieges willen, aber sie wolle Krieg als Auflösung einer unerträglichen Situation, nicht um zu töten, sondern um nicht getötet zu werden. (SD, S. 15–16) Die Autorin nennt weitere mögliche Beweggründe für den Sechstagekrieg in *My Father His Daughter*: Am 22. Mai habe Nasser die Blockade der Straße von Tirana bekannt gegeben und in einer Radioansprache verlautbaren lassen, dass Ägypten Israel zerstören werde. Die syrische und die ägyptische Armee seien nun vereint und auch Jordanien sei eingeladen, teilzunehmen. Nasser lobe die Sowjets, verhöhne die UN und in seiner Stimme sei ein neues Selbstvertrauen zu vernehmen. (MF, S. 170–171) Was man bei Yael Dayans Darstellungen vermisst, ist die von Shlomo Aronson beschriebene Furcht der ägyptischen Menschen vor einem israelischen Atomwaffenprogramm.[34] *A Soldier's Diary* nennt Ägyptens Schließung der Straße von Tirana für die israelische Schifffahrt als Grund für einen israelischen Präventivschlag. Die Ernennung Moshe Dayans zum Verteidigungsminister, welcher sich für einen Krieg ausspricht, soll eine umgehend positive Stimmungsänderung innerhalb Israels Bevölkerung mit sich gebracht haben. (SD, S. 25–26) „[T]here was no real justification in associating General Dayan with a decision to start the war (which anyway we claimed had been already declared by the sea blockade in the gulf of Aqaba), […].“ (SD, S. 25–26) Yael Dayan verneint hier die symbolische Kraft Moshe Dayans für diesen Krieg, wohingegen ihm Tom Segev zum Beispiel „die Aura des Retters und Helden“ zuschreibt. „Der Militärführer des Sinai-Feldzugs schien über der Politik zu schweben. Als Egozentriker, der rastlos nach Macht, Frauen und Geld strebte, war Dayan nur sich selbst gegenüber loyal.“[35] Segev betont zudem, dass Moshe Dayan Krieg befürwortet.[36] Untermauert wird der symbolische Charakter der Ernennung Moshe Dayans zum Verteidigungsminister auch in *A Soldier's Diary*: „With General Dayan as defence minister the army would resume that spirit and character, which perhaps it has always had but which had recently

34 Vgl. Shlomo Aronson: Israelische Atomwaffen und der Sechs-Tage-Krieg von 1967. In: *Vierteljahreshefte für Zeitgeschichte* 52,2 (2004), S. 245–279, hier S. 245.

35 Segev: *1967*, S. 325.

36 Vgl. ebd., S. 327.

been in abeyance." (SD, S. 26) Auch in *My Father. His Daughter* wird die Ernennung Moshe Dayans zum Verteidigungsminister und seine Einstellung zu einem unverzüglichen Angriff beschrieben und ferner seine Präferenz für einen Präventivschlag dargelegt. Dieser Krieg solle keinesfalls die Grundsteine für einen nächsten, womöglich härteren Krieg legen, vielmehr solle er eine direkte Bedrohung eliminieren. (MF, S. 176) Dieser Wunsch sollte unerfüllt bleiben. Vielmehr werden durch die Eroberungen der Golanhöhen, der Sinai-Halbinsel, des Westjordanlandes inklusive Ostjerusalems und des Gazastreifens sowohl das palästinensische als auch das israelische Selbstverständnis bis heute maßgeblich geprägt.

Yael Dayan beschreibt den 4. Juni, den letzten Tag vor dem israelischen Präventivschlag: Sie weigere sich, diesen 4. Juni als letzten Tag in Frieden zu bezeichnen, da sie die Periode von 1948 bis 1967 für keine friedliche halte. Levi Eshkols Regierung habe die Wahlen mit Parolen wie „die Menschen sind müde" und „weg mit den Aktivisten" gewonnen. Die Ben-Gurion-Dayan-Peres-Gruppe (die Aktivisten) werden als Opportunisten, die mit Hilfe eines imaginierten Sicherheitsproblems Macht und Stimmen erlangen wollten, präsentiert. Eshkol propagiere, dass es Zeit für ein normales Leben, unbehelligt von den arabischen Nachbarn, sei. (SD, S. 34) Die Autorin versucht in diesem Abschnitt die Notwendigkeit eines Krieges zu unterstreichen und die Parolen der Regierung Levi Eshkols als falsch zu entlarven. Die Aktivisten, das waren jene, die sich für einen Präventivschlag aussprachen, hätten Recht behalten.

Am ersten Tag des Krieges hält Moshe Dayan eine Radioansprache. Yael schreibt, seine Stimme sei stark und klar gewesen, was vielleicht auch eine Anspielung auf die viel kritisierte Rede Eshkols sein kann: „Soldier of Israel … they are greater than us in numbers but we will hold them. We are a small nation but we are determined. We seek peace but we are ready to fight for our lives and our country." (SD, S. 45)

Bereits nach dem ersten Kriegstag, der Zerstörung der gesamten ägyptischen Luftwaffe und der damit einhergehenden Lufthoheit Israels wäre den meisten klar gewesen, wer den Krieg gewinnen würde. (SD, S. 49) Yael Dayan schreibt nach dem ersten Kriegstag: „Little did we know that the war was won, that Sinai was ours, that the Egyptian Army was a body without a soul, without a spirit, without a command." (SD, S. 70) Dass ein Großteil der israelischen Bevölkerung

keine Ahnung davon hatte, wie der genaue Kriegsverlauf vonstattenging, wird auch von Tom Segev festgehalten.[37] Obwohl in *A Soldier's Diary* hauptsächlich die Kampfhandlungen auf der Sinai-Halbinsel beschrieben werden, erfährt der_die Leser_in auch, dass am dritten Tag Gaza eingenommen wurde, Ramallah in israelischen Händen ist und auch die Altstadt von Jerusalem erobert wurde. (SD, S. 85–87) Anschließend fahre Moshe Dayan in einem offenen Jeep zusammen mit Ezer Weizman und Uzi Narkiss durch das Löwentor nach Jerusalem. Gemeinsam mit Uzi Narkiss und Jitzchak Rabin betrete er dann die Altstadt und stecke eine Notiz in die Klagemauer: „May peace descend upon the whole house of Israel." (MF, S. 184)
Am Donnerstag, dem 8. Juni, schreibt Yael Dayan, dass der Krieg für sie vorbei sei, an manchen Orten noch stattfindet und an anderen Orten noch nicht begonnen habe. Doch bereits zwei Tage vor offiziellem Kriegsende sei der Krieg gewonnen und sie müssen nun mit dem Sieg leben. (SD, S. 95) Wie konkret das Leben mit dem Sieg aussehen mag und welche Implikationen sich daraus ergeben, beschreibt Yael Dayan wie folgt: Die bisherigen Grenzen und Waffenstillstandsabkommen seien durch den Sieg für nichtig erklärt worden. Die neue Realität im Nahen Osten stelle Israel als stärkstes Element vor. Als solches könne Israel eine ‚andere Sprache' sprechen und es müsse auch anders mit Israel gesprochen werden. Jerusalem sei indiskutabel. Es müsse vereint bleiben und keine Entscheidung oder Vereinbarung könne dies ändern. (SD, S. 114)
Es bleibt die Frage, warum es in diesem Krieg wichtig war, neue Territorien zu erobern, zumal allen führenden Persönlichkeiten die enorme ökonomische und politische Belastung bewusst gewesen sein muss. Das Zitat vermag eine Antwort zu liefern, die darin besteht, dass die Einnahme Ostjerusalems eine emotionale Entscheidung war. Eine andere Passage in *A Soldiers Diary* lässt ebenso eine besondere Form der Emotionalität vermuten. Hier wird auch die wirtschaftliche Belastung durch die Besatzung der eroberten Gebiete angesprochen: Niemand könne Antworten oder gar Lösungen für das Flüchtlingsproblem anbieten, doch sei allgemein klar gewesen, dass die besetzten Gebiete oder zumindest Teile davon nur gegen Frieden getauscht werden würden. Strategisch verschaffen die neuen Grenzen einen Vorteil,

37 Vgl. Segev: *1967*, S. 415.

aber wirtschaftlich stellen sie eine enorme Belastung dar. Die Israelis haben den Krieg alleine gewonnen und würden nun auch den politischen Krieg alleine führen. Die alten Grenzen seien verschwunden und die Geschichte biete nun die Chance auf eine gerechte Umformung des Landes. (SD, S. 116–117) Der letzte Satz des Kriegsberichtes *A Soldier's Diary* beschreibt Israel als „Heimat" als neu, sicherer, größer, stärker und glücklicher. (SD, S. 120) – Der Sieg im 18 Jahre später geschriebenen Werk *My Father. His Daughter* habe nicht nur eine Bedrohung eliminiert, sondern auch die Chancen für Frieden erhöht. (MF, S. 186)

Moshe Dayan habe an ein gemeinsames Zusammenleben von Araber_innen und Israelis geglaubt und sei der festen Überzeugung gewesen, dass jener Krieg der letzte gewesen sei und Friede herrschen könne, wenn er in engen Dialog mit den Menschen in den besetzten Gebieten treten würde. (MF, S. 189) Als Kabinettsmitglied habe Moshe Dayan umgehend alle Blockaden aufgehoben, Stacheldrähte und Minen entfernt und das High Moslem Council wieder ins Leben gerufen. Ferner heißt es im Text: „Refugees who had left their villages and cities were returning to their places, and he made sure they could repair, with government help in supplies and machinery, their damaged homes." (MF, S. 190) Jenem Narrativ von der reibungslosen Rückkehr der vor dem Krieg geflohenen Palästinenser_innen steht die Anzahl der Menschen, die damals geflohen sind und auch heute noch in Flüchtlingslagern in Jordanien, im Libanon oder anderen arabischen Ländern leben, diametral gegenüber. Wie bereits erwähnt, habe Moshe Dayan nach dem Sechstagekrieg daran geglaubt, dass es bald Frieden geben werde und sei bemüht um Dialog mit der Verwaltung des Westjordanlandes und der intellektuellen arabischen Führung. Demonstrationen, Streiks und dergleichen deute er als lokale Ereignisse, doch vermute er überdies: „[T]he West Bank Arabs are not going to regard us as anything but an occupying force, but serious face-to-face talks would bring us closer together. We might remain undivided in our views, but at least we would understand each other." (MF, S. 195) Die Bezeichnung als Westjordanlandaraber_innen gleicht einer Nichtanerkennung von Palästinenser_innen und deren Ansprüchen. Sie spiegelt Moshe Dayans Chauvinismus. Der Sechstagekrieg habe ihn zu einer Ikone und einem Kriegshelden gemacht und das internationale Interesse an

Israel sei nach dem Krieg entschieden gestiegen. Doch spricht Yael Dayan in *Transitions* auch die Gefahren der Besatzung der in diesem Krieg eroberten Gebiete an, die sie zum damaligen Zeitpunkt nicht erkannte und zudem fälschlicherweise als kurzfristige Maßnahme interpretierte. (T, S. 41)

‚Abnutzungskrieg'

Der ‚Abnutzungskrieg' wurde von 1967 bis 1970 zwischen Israel und Ägypten ausgetragen. Nasser spreche *My Father. His Daughter* zufolge von einer „Konsolidierungsphase" und „aktiver Abschreckung", womit Angriffe auf israelische Streitkräfte entlang des Suezkanals gemeint waren. Israels Antwort darauf sei die Bar-Lew-Linie[38] gewesen. (MF, S. 198)

Wie bereits angemerkt, glauben sowohl Yael Dayan als auch Moshe Dayan an einen möglichen Frieden kurz nach dem Sechstagekrieg. Die Autorin erwähnt allerdings die Karthum-Resolution vom 1. September 1967, in der sich die Führer von acht[39] arabischen Staaten unter anderem darauf einigten, keinen Frieden mit Israel zu schließen, Israel nicht anzuerkennen und auch nicht mit Israel zu verhandeln. Eine genauere Auseinandersetzung dieser gemeinhin als die „drei Neins" bezeichneten Aussagen finden sich nicht bei Yael Dayan, doch beschreibt sie diese als „all-out burial of our hopes for peace" (MF, S. 195). Eine Passage aus *My Father. His Daughter* skizziert das Ende des Krieges wie folgt: „The War of Attrition lasted almost three years. [...] A war one could not lose or win, costly and seemingly purposeless, a war that was imposed on us, as were its Russian tactics and rules." (MF, S. 202) Ferner schreibt die Autorin, dass beide Seiten des Konflikts die Verlierer seien und zu einem Waffenstillstand bereit sind. Im August 1970 wird jener unterzeichnet, einen Monat später stirbt Nasser und wird von Anwar as-Sadat ersetzt. (MF, S. 202)

38 Die Bar-Lew-Linie wurde von Israel zwischen 1968 und 1969 entlang der Ostküste des Suezkanals als Verteidigungslinie angelegt.

39 Dayan: *Story of My Life,* S. 444. Er führt elf Staaten an: Ägypten, Irak, Jordanien, Libanon, Saudi Arabien, Kuwait, Libyen, Sudan, Tunesien, Marokko und Algerien. Nach Moshe Dayan war Syrien nicht vertreten, doch Yasser Arafats PLO.

Jom-Kippur-Krieg

Simona Sharoni arbeitet heraus, dass es eine Auflösung des politischen Konsenses und des Status quo während des Jom-Kippur-Kriegs (Oktober 1973), der von Ägypten und Syrien angefangen wurde, in Bezug auf die Geschlechterverhältnisse gab. Demnach repräsentiere der Jom-Kippur-Krieg einen enttäuschenden Wendepunkt für Israelis in der Konstruktion ihrer kollektiven Identität. Er habe sich in die Geschichte Israels und der populären Kultur als kollektives Trauma eingeschrieben.[40] Dieser Krieg hat eine öffentliche Diskussion zur geschlechtsspezifischen Arbeitsteilung in Israel ausgelöst. Durch die große Mobilisierung der Reserveeinheiten hat es zumindest in den ersten Kriegstagen den Anschein, als funktioniere das Land nicht länger. Nicht für die Arbeiten ausgebildet, die die Männer zurücklassen, führen ihre neuen Verantwortlichkeiten zur Frustration bei den Frauen, die jene übernehmen. Für Freiwilligenarbeit werden allerdings anfänglich ältere Männer oder Jungen bevorzugt. Den Frauen wird meist vorgeschlagen, zu stricken oder zu backen. Wenn ihre Hilfe benötigt wird, so vor allem in betreuerischen und pflegerischen Bereichen.[41] Hierzu schreibt Pnina Krindel, dass Gender zentrales Auswahlkriterium bei der Zuordnung zu kämpfenden und nicht-kämpfenden Menschen darstellt und nicht etwa Qualifikation oder Präferenz.[42] Daraus resultierend und durch das Aufkommen der Frauenbewegung in Israel beginnt eine breite Öffentlichkeit, Fragen nach den Positionen von Frauen innerhalb Israels Gesellschaft zu stellen.[43] Diese hier angedeuteten Rollenaufteilungen finden sich auch in *Three Weeks in October* wieder. So volontiert zum Beispiel Amalia im Krankenhaus, ihr Ehemann ist an der Front und man lernt auf Männer wartende Frauen kennen.

Am 6. Oktober 1973 schreibt Yael Dayan, dass die Straßen nur so wimmeln von Soldaten. (MF, S. 211) Dieser Tag fiel auf den höchsten der jüdischen Feiertage, Jom Kippur, den Versöhnungstag, an dem sonst die Straßen leer sind. Die Autorin wird von ihrem

40 Vgl. Sharoni: *Gender and the Israeli-Palestinian Conflict*, S. 99–100.

41 Vgl. ebd., S. 100.

42 Vgl. Pnina Krindel: What Happened to the Israeli Women during the War?, zit. n. ebd., S. 101.

43 Vgl. ebd., S. 100.

Vater angerufen und darüber informiert, dass der Krieg heute ausbrechen werde: „Not unexpected, not unprepared for, yet a total surprise." (MF, S. 207) Yael Dayan beschreibt die Ereignisse einige Tage vor dem Krieg: Am 3. Oktober findet ein Kabinettstreffen mit Golda Meir statt, bei dem Moshe Dayan von den Verstärkungen und Aufstellungen der feindlichen Truppen berichtet. Der Geheimdienst vermittelt dagegen, dass es sich dabei lediglich um die Aufstellung für das jährliche Manöver handle. Gleichwohl wird am 5. Oktober die höchste Alarmstufe für die Armee ausgerufen, eine von Moshe Dayan geforderte Mobilisierung der Reserveeinheiten jedoch nicht. Dem Chef des Geheimdienstes sowie General Elazar und den amerikanischen Geheimdiensteinschätzungen zufolge wird nicht von feindlichen Angriffen ausgegangen. (MF, S. 210) Diese Schilderungen vor Kriegsausbruch finden sich auch in Moshe Dayans Autobiografie *Story of My Life*. Er habe am 6. Oktober um vier Uhr morgens einen höchst vertraulichen Telefonanruf erhalten. Ägypten und Syrien würden noch heute angreifen. Doch schreibt auch er von ähnlichen Informationen in den vergangenen Jahren und seiner Annahme, dass Sadat, sobald dieser erfahre, dass Israel über seine Pläne Bescheid wisse, einen Rückzieher machen würde. Um mit amerikanischer Unterstützung rechnen zu können, schlage Moshe Dayan vor, nicht die gesamte Reserve zu mobilisieren, sondern abzuwarten, bis Israel tatsächlich angegriffen wird.[44]

Yael Dayan berichtet, dass am 6. Oktober die Sirenen um 14:00 Uhr losgehen. Die israelische Infanterie sei sowohl der syrischen als auch der ägyptischen bei Weitem unterlegen. Generell, aber auch in Bezug auf die Menge an Waffen, die Luftwaffe und die Artillerie, zöge Israel den Kürzeren. (MF, S. 210) „The gap in quality was narrowing, as the enemy infantry was highly motivated, deriving extra security from effective anti-tank weapons and the new Soviet shoulder-held anti-aircraft missile." (MF, S. 211) Doch bereits nach acht Stunden lasse der Stabschef verlauten, dass die Situation nun unter Kontrolle sei. Die Golanhöhen seien innerhalb von 24 Stunden zurückerobert worden, doch bis alle mobilisierten Kräfte auf der Sinai-Halbinsel eingetroffen seien, wären zwei weitere Tage vergangen. (MF, S. 211) Yael Dayan volontiert im Krankenhaus und hört die Berichte der vielen

44 Vgl. Dayan: *Story of My Life*, S. 460–461.

verwundeten Soldaten, die den offiziellen Schilderungen widersprechen. (MF, S. 213) Sie beschreibt Traumatisierung unter der zivilen Bevölkerung während der Kampfhandlungen: Zum ersten Mal seit dem Unabhängigkeitskrieg sei Israel in einer defensiven Position. Ihre Moral, ihr Selbstbewusstsein und das israelische Selbstbild seien verletzt. Es brauche Courage und Selbstdisziplin, um der Wahrheit entgegenzutreten. (MF, S. 211)

Moshe Dayan sei nicht einverstanden mit den Vorgehensweisen der IDF und fühle sich mehr denn je als einsamer Wolf: „He was the political authority, able to give operational advice but not orders, and, contrary to 1967, he was not an integral part of the team, no longer its commander and father figure." (MF, S. 212) Das Zitat stellt den Versuch dar, die Schuldzuweisungen, die relativ rasch nach dem Krieg erfolgen und neben Golda Meir auch an Moshe Dayan adressiert werden, zu entkräften. Um die Kritik gegen ihren Vater abzuschwächen, beschreibt Yael Dayan, dass er einen Gegenangriff im Sinai unter der Leitung Ariel Sharons erst wieder unterstütze, wenn das israelische Militär bereit dafür sei. Jener Gegenangriff ginge zugunsten der Israelis aus, die nun am Westufer des Suezkanals seien. Es habe den Anschein, als würde der Krieg von Israel gewonnen werden. (MF, S. 214) „It wasn't Jerusalem; it wasn't the materialization of a lifelong dream; but it was more than a turning point. This toughest of wars, against all odds, would end in a tremendous victory." (MF, S. 215) Yael Dayan diskutiert erneut die Kritik, die Moshe Dayan nach dem Krieg entgegengebracht wird. Er habe seine Nerven verloren und müsse als Sündenbock herhalten. Nachdem der Jom-Kippur-Krieg gewonnen ist, beginnt die Auseinandersetzung innerhalb Israels, im Rahmen derer Verantwortliche für die hohen Verluste gesucht werden. (MF, S. 218) So geht Moshe Dayans Zeit als Verteidigungsminister wegen des hohen öffentlichen Drucks zu Ende, auch Golda Meir tritt nach der Wiederwahl zurück.

Wiederholt wird im Text erwähnt, dass es ohne Moshe Dayan nicht zu einer Unterzeichnung des Friedensabkommens von Camp David gekommen wäre. (MF, S. 238–239) Henry Kissinger habe über ihn gesagt: „War was Dayan's profession, peace was his obsession … History will record him as a principal architect of the peace treaty with Egypt … a major frame of the Camp David accords." (MF, S. 239) Durch Verhandlungen in Camp David und einer Konferenz in Leeds wird am 26. März 1979 der Israelisch-ägyptische Friedensvertrag in Washington D.C. unterzeichnet.

Die Darstellung des Jom-Kippur-Kriegs in *Three Weeks in October* geschieht über zwei Erzählperspektiven. Einer weiblichen: Amalias, und einer männlichen: Daniels. Zum einen führt dies die unterschiedlichen Kriegserlebnisse von Männern und Frauen vor Augen und zum anderen ermöglicht es dem Text einem hegemonial männlichen Narrativ von Krieg eine ‚weibliche' Perspektive gegenüberzustellen.

„Buch eins" aus *Three Weeks in October*, das die Sicht Amalias präsentiert, setzt ein, als laut Radiodurchsage der Krieg beinahe vorbei ist. Ein Radiobericht informiert vom weiteren Kriegsverlauf: Der Morgen sei an beiden Fronten ruhig. Bodentruppen schießen drei syrische Flugzeuge ab. Die ägyptische Armee versuche erfolglos, im nördlichen Abschnitt der Kanalfront vorzurücken. Ölreservoirs in Syrien und ägyptische Flugplätze werden bombardiert. Die Luftwaffe erziele an beiden Fronten eine vollständige Lufthoheit. Die irakische Armee sei besiegt. (TW, S. 13–14) Doch wie bereits in *A Soldier's Diary* von der Diskrepanz zwischen medialer Berichterstattung und den Schilderungen von Frontsoldaten berichtet wurde, so divergiert auch hier die Geschichte der erzählenden Instanz von jener aus dem Radio: Die Patient_innen erzählen von Chaos, Niederlagen, Toten, Verwundeten und bitteren Schlachten. (TW, S. 14) Es gibt demnach eine Abweichung offizieller Kriegsberichterstattung in den ersten Tagen von der Wahrnehmung der Volontärin Amalia und vieler anderer, die sich allerdings einige Tage später ändern und einen israelischen Sieg nun für wahrscheinlich halten. (TW, S. 44)

Die Disparität von Kriegserlebnissen der Frauen im Gegensatz zu denen der Soldaten wird in *Three Weeks in October* von Amalia klar nachgezeichnet: „Here, in the city, there was a life free of bullets and shells, not even sirens. Just the expression in women's eyes, remembering and waiting, dreaming and waiting, hoping and counting the lonely nights and long days and waiting." (TW, S. 57) Die verwundeten Soldaten sind Männer, jene Menschen, die in den Warteräumen der Krankenhäuser sitzen, meist Frauen. Auch von verzweifelten Müttern wird berichtet. (TW, S. 15) Amalia sorgt sich um ihren Ehemann und ruft General Beni, Daniels Kontaktperson, an, der ihre Sorgen wie folgt kommentiert:

> Listen now. The name of the game is war. Daniel knows the rules and isn't a newcomer, even if he did join only today. As far as I know, you don't have to worry more than the next wife or mother, so get a good night's sleep and take care of the children, and bake a cake when he returns. (TW, S. 206)

Diese Textstelle schreibt die Rolle der Frauen während eines Krieges nicht nur auf die sogenannte Heimatfront fest, sondern verdeutlicht den Umgang mit dieser Rollenverteilung: Die sich um ihren Mann sorgende Amalia bittet einen eingeweihten, wissenden Mann um Auskunft, der sie unverzüglich in ihre Schranken weist.
Wechselt in *Three Weeks in October* die Erzählperspektive von Amalia zu Daniel, der nun die erzählende Instanz des Romans ist, wird Krieg aus männlicher Perspektive dargestellt:

> I knew preoccupation of men with sex in battle to be a fallacy. We thought of women as the clean, almost ethereal entity representing everything that was not battlelike. We thought of their voice, eyes, soft hair, of dresses with frills, or dressing gowns or bathing suits and small feet in sandals. We were too tired to want to jump into bed, we wanted to be caressed and fondled and put to sleep. (TW, S. 196)

Frauen werden hier als Caretakerinnen gezeichnet, die als fernab von Krieg und Kampf, schön und gepflegt von den Soldaten imaginiert werden, was die Männlichkeit des Kampffelds unterstreicht. Sogar die Landschaften, durch die Daniel fahren muss, um zu seinem Einsatzgebiet auf der Sinai-Halbinsel zu kommen, sind männlich konnotiert. Als kahles, rissiges Land, das die Männer auf Kamelen oder in Jeeps durchqueren, wird dieses Land der Männer bezeichnet. (TW, S. 129–130)
Daniel spricht mit dem Soldaten David darüber, dass Suez noch nicht eingenommen wurde. David gehe davon aus, dass dies am nächsten Tag geschehen werde, sofern es ihnen Kissinger, Meir und Sadat erlauben, die U. N. sie nicht stoppe und das Wetter gut sei. (TW, S. 155)
Etwas später war der Krieg gewonnen und die dritte Armee umzingelt. (TW, S. 178)
Das Kernstück der Erzählung Daniels ist der Kampf um Suez, wohingegen im Zentrum von Amalias Erzählung die freiwillige Arbeit im Krankenhaus, in deren Kontext Begegnungen, Menschen, Emotionen und Gefühle beschrieben werden, steht.

Am 23. Oktober bezeichnet Daniel den Waffenstillstand als Erfindung, es herrsche noch immer Krieg. (TW, S. 137) Mit Beni spricht er am Telefon über den Waffenstillstand, über den der General Folgendes zu sagen hat: „Keep your fingers crossed. It seems we claim they broke it and we are fighting back." (TW, S. 157) Diese Aussage steht diametral zur sonstigen Beschreibung der israelischen Kriegsführung als einer moralischen, geht es doch darum, aufgrund einer falschen Behauptung weiter zu kämpfen, um Gebiete erobern zu können. Die mit ihm eingekesselten jüngeren Soldaten fragen Daniel, ob er denn nie über die absolute Notwendigkeit des Kampfs nachdenke oder die Rechtmäßigkeit eines Befehls anzweifle. Er beginnt zu sinnieren und es wird wie in anderen Texten Dayans auf die Bibel, die Diaspora, die Pogrome und die Shoah verwiesen, um den Kampf um Suez zu rechtfertigen. Er bezeichnet die Shoah als „[t]he burden of memory" (TW, S. 193) und meint weiter, er könne die Fußspuren der Jüd_innen zu den Gaskammern und Schlachthöfen sehen. Jeder Stacheldraht, den er in den letzten Schlachten durchschnitten oder durchkrochen habe, sei eine Erinnerung an Ghettos und Konzentrationslager. (TW, S. 193) Noch immer eingekesselt erzählt Daniel den jüngeren Soldaten von Amalia und davon, dass sie sich während des Sechstagekrieges kennengelernt haben. (Auch Dov Sion und Yael Dayan haben sich im Sechstagekrieg kennengelernt.) Doch in diesem Krieg würden die Ladies zu Hause warten und es seien keine Mädchen an der Front. (TW, S. 190)
Jahrzehnte später reflektiert Yael Dayan in *Transitions* Israels kollektives Gedächtnis des ‚traumatischen Krieges' und die Zunahme der Kritik an ihrem Vater, die sich in wachsendem Hass auch gegen die Autorin selbst richtet. Wie die Protagonistin Amalia aus *Three Weeks in October* so ist auch Yael Dayan zur Zeit des Krieges Volontärin im Krankenhaus. Niemand habe den Krieg unverändert hinter sich gelassen: „That war caused the connectors of our double helix to digress. It was a mutation that would penetrate deeply, sustaining itself in each and every cell." (T, S. 68) In *Transitions* ist der Jom-Kippur-Krieg der einzige Krieg, der nicht nur erwähnt, sondern auch breiter thematisiert wird. Er ist als traumatischer Krieg tief verwurzelt im israelischen kollektiven Gedächtnis. Alle anderen Kriege werden meist innerhalb eines Legitimierungsnarrativs oder eines zionistischen Diskurses beschrieben. Nicht so der Jom-Kippur-Krieg, an den die Autorin zum

Teil philosophische Fragen stellt. Die Autorin setzt sich vehement mit Fragen nach Gerechtigkeit, Entscheidungen und Notwendigkeiten auseinander, um dann über die israelischen Kriege auf die Shoah zu verweisen: In ‚Kriegen der Wahl' gebe es weder Gut und Böse noch eine höhere Gewalt. Man wähle und würde „one blood from another, one color from another, believers and infidels" trennen; dies geschehe im Namen des Herrn, der das jüdische Volk aus allen anderen Völkern wählte. „Forever avenging the yellow star." (T, S. 49)

„to understand the other, the enemy"[45] – Zur Konstruktion des Feindes

Der Feind erscheint bei Yael Dayan hauptsächlich in *My Father. His Daughter* und *A Soldier's Diary*. Diesen gegenüber verändert die Autorin ihre Haltung in *Transitions*. Eine weibliche Feindin kommt bei Dayan nicht vor. In *Three Weeks in October* wird der Feind kurz erwähnt, wenn es darum geht, dass im Krankenhaus während des Jom-Kippur-Krieges auch zwei ägyptische Soldaten behandelt werden. (TW, S. 32) Im Text wird erklärt, dass die Feinde gewöhnlich andernorts verarztet werden, sie jedoch bei Notfällen auch in die allgemeinen Krankenhäuser kämen und Ärzt_innen jeden Menschen gleichwertig versorgen. (TW, S. 99; SD, S. 25). Dies hebt den verantwortungsvollen Umgang Israels mit dem Feind hervor.

In *Envy the Frightened* wird das Dilemma der Konstruktion des Feindes deutlich, als Nimrod den Chermon besteigt:

> Three countries meet here – Syria, Lebanon, and mine. At this time of evening borders mean so little. The beams of the setting sun don't stop at the border stone and the cool air continues to flow above the border area that is mined, and on both sides you can hear shepherds hurrying to collect their flocks to go home. Damn, I'm no pacifist. Neither do I care for war. I can't adjust to the idea that this is my enemy. Maybe because he's too close, feasible, touchable, and peaceful. If I could avoid seeing him, and instead imagine him as a living monster, maybe I could hate him, clash and struggle with him. But I can't this way. (E.F, S 130)

45 T, S. 75.

Hier wird nicht nur auf die Relation zwischen Grenzen und Menschen hingewiesen, darüber hinaus wird die (geografische) Nähe zu einem Feind hervorgehoben, die eine Dämonisierung des Feindes verhindert. Im Folgenden werden Berührungspunkte wie das Hüten von Tierherden oder die Konstruktion von Grenzen thematisiert. Der Feind wird zudem als friedlich beschrieben!

Diametral dazu steht die literarische Konstruktion feindlicher Soldaten, konkret jene ägyptischer Soldaten, die den wesentlichen Anteil der Darstellung des Feindes ausmacht. Die Fluchtbereitschaft der ägyptischen Soldaten stellt einen sich wiederholenden Topos dar. (Die Darstellungen des Feindes im Jom-Kippur-Krieg unterscheiden sich hierzu.) Ein Beispiel dafür liefert *My Father, His Daughter*. Moshe Dayan äußert sich über den Feind unmittelbar nach dem Unabhängigkeitskrieg von 1948: „They knew they outnumbered us by far. They knew we couldn't attack the town, and yet, at the sound of the first shell, they broke down and fled. Like the birds on the corn field, when we chase them, banging on empty cans." (MF, S. 62) Der Vergleich mit Tieren kommt ihrer Entmenschlichung gleich. Flucht wird hier als Resultat von Feigheit und/oder Unfähigkeit beschrieben.

In *A Soldier's Diary* wird mehrmals auf die Hierarchie des ägyptischen Militärs während des Sechstagekrieges hingewiesen: Wiederholt wird ein enormer Unterschied von Soldaten zu Offizieren betont. Letztere seien sehr gut gepflegt und ihre Kleidung wäre aus einer Art Seide. Sie wären sehr höflich und sanft. Die ägyptischen Soldaten hingegen seien unrasiert, schmutzig, in Lumpen gehüllt und hätten Todesangst. Ariel Sharon und sein Fahrer Yoram hingegen würden trotz unterschiedlichen Ranges den gleichen Kampfanzug tragen, das Gleiche essen und ihre Stiefel seien von gleicher Qualität. Laut Dayan sprechen die israelischen Soldaten verächtlich, doch nicht hasserfüllt über den Feind (SD, S. 11–12): „The Egyptian soldiers just did not seem to have it in him; he was too dependent, he relied too much on his officer, on the artillery, on the mortars, on his anti-tank platoon, on somebody or something outside himself." (SD, S. 59) Im Gegensatz zu den ägyptischen Soldaten, die zum Beispiel viel schlechter genährt waren als ägyptische Generäle und denen man die Angst von den Augen ablesen hätte können (vgl. SD, S. 73), werden die israelischen Soldaten als zutiefst heldenhaft beschrieben (vgl. SD, S. 76). Auch Dov Sion spricht über die ägyptischen Soldaten; er scheint damit genau jenes Narrativ zu treffen, das paradigmatisch für den gesamten Text und somit auch für alle Kriege Israels bis einschließlich des Sechstagekrieges zu sein scheint, nämlich jenes der starren Hierarchien innerhalb der ägyptischen Armee. Dov Sion gibt an, dass die ägyptische Armee 1948 ihre Paschas und deren inkompetente Söhne als Offiziere gehabt habe. 1956 seien sie noch nicht gut ausgebildet und vorbereitet gewesen, zumal die Früchte der sozialistischen Revolution[46] noch nicht genug Zeit zum Reifen hatte, um die Lücke zwischen den Offizieren und den Soldaten zu schließen. (SD, S. 94) Dov fährt fort und stellt folgende Fragen:

> But *now*, sixteen years after the revolution, with officers trained in Russia, with Russian experts in Egypt, where was there spirit of socialism? [...] How could *he*, Nasser, whom we had considered to be an honest leader of his nation, play with the lives of his people, to bluff on, at the expense of these thousands of obedient sons of Egypt? (SD, S 94)

Dov Sion wirft Nasser vor, nicht in der Position gewesen zu sein, um Napoleon zu spielen, um die Meerenge von Tirana zu schließen oder um mit tausend Panzern im Sinai zu drohen. Nasser habe dringendere Probleme zu lösen, so könne er seine Bevölkerung nicht ernähren, seine Leute seien Analphabet_innen, aber er investiere Milliarden in die Armee. (SD, S. 94) Die feindlichen Soldaten werden nicht als Monster dargestellt, dazu seien sie zu ungebildet, würden gern fliehen und seien schlecht ausgebildet. (SD, S. 99, 118; MF, S. 26) Überdies bedingen die Darstellungen der militärischen Überlegenheit der israelischen Streitkräfte auch eine vermeintlich intellektuelle und moralische. Jene Lesart findet sich zudem in folgendem Zitat, einer Diskussion israelischer Soldaten während des Sechstagekrieges:

> Is the Egyptian soldier basically bad, or is it his officer, his training, his background? – 'Give Arik a division of Arab soldiers, and let him keep his own officers – they would be as good as we are,' was one opinion. The

46 Die Rede ist hier von der Ägyptischen Revolution 1952, die auch unter dem Namen *23.-Juli-Revolution* bekannt ist und mit der Ausrufung der Republik 1953 endete.

> others claimed that 'Even if I had never had any training, and I faced a fierce enemy, even if I had no commander, I'd fight the same as I do now. With less skill perhaps, but as much devotion.' They were quite shocked and always moved to pity by the cowardice they had met in the enemy. (SD, S. 101)

Die literarische Konstruktion des Feindes bei Yael Dayan – *Transitions* ausgenommen – funktioniert über Mitleid und Abwertung. Anders verhält es sich bei der diskursiven Verortung des Feindes während des Jom-Kippur-Krieges. Als würdiger Gegner wird der Feind 1973 in *Three Weeks in October* skizziert.

In *Transitions* findet sich keine einzige degradierende Beschreibung des Feindes, aber das Narrativ der moralischen Integrität, im Zuge dessen von einer ‚roten Linie' gesprochen wird, die nicht überschritten werden dürfe und auch nicht überschritten wird. Gleich einer philosophischen Abhandlung wird reflektiert, wer sie zieht und wann Verschiebungen ethisch zu rechtfertigen seien. (T, S. 54) Innerhalb dieses moralischen Diskurses wird Selbstkritik geübt. Lange Zeit als Erzfeind beschrieben, habe sich Israels (linker) öffentlicher Diskurs wie auch das Bild Arafats in der internationalen Öffentlichkeit spätestens nach Oslo I (1993) und der Vergabe des Friedensnobelpreises an Yitzchak Rabin, Arafat und Shimon Peres 1994 gewandelt. Zur selben Zeit der offiziellen, aber geheimen Friedensverhandlungen trafen sich Yael Dayan und Arafat im Januar 1993 in Tunis: Nach Erhalt von Arafats Einladung habe sie nicht daran gedacht, eine Erlaubnis dafür einzuholen. Sie habe das Treffen als Möglichkeit wahrgenommen, in einen direkten, vertrauensbildenden Dialog mit Palästinenser_innen zu treten. (T, S. 73) Das erste Aufeinandertreffen von Arafat und Yael Dayan sei ein privates Mittagessen im Garten seines Wohnsitzes gewesen. Dayan beschreibt eine gegenseitige und beurteilende Neugier.[47] Während ihrer Gespräche seien sie beide der Meinung, dass es einen israelischen Rückzug auf die Grenzen vor dem Sechstagekrieg von 1967 und die Evakuierung der Siedlungen im Westjordanland

47 Bei der Beschreibung dieses historischen Treffens erwähnt sie Persönlichkeiten wie Gibril Rajoub, Afif Safieh, Yasser Abed Rabbo, Liana Badr und Faisal Husseini namentlich. Zu diesem Zeitpunkt weiß Dayan nichts von den geheimen Verhandlungen in Oslo zwischen der PLO, mit Ahmed Qurei als wichtigem Verhandlungspartner, und Israel, vertreten durch Yossi Beilin und Yair Hirschfeld. (T, S. 73–75)

geben müsse. Arafat habe vehement und wiederholt das Recht auf Rückkehr der Palästinenser_innen betont. Abgesehen von Gründen der Familienzusammenführung und einigen Ausnahmen lehne Yael Dayan ein allgemeines Rückkehrrecht allerdings ab. (T, S. 74) Gründe dafür liefert weder *Transitions* noch einer der anderen Texte der Autorin. Arafat sehe in Israels Ablehnung des Rückkehrrechts einen Beweis für die mangelnde Bereitschaft, Verantwortung für die ‚palästinensische Tragödie' zu übernehmen. Um eine gemeinsame Basis zu finden, habe sie bewusst bestimmte Themen wie zum Beispiel die palästinensischen Terrorangriffe ausgeklammert. Dayan spricht von Ehrlichkeit und einer hoffnungsvollen Atmosphäre (T, S. 74), hält sich jedoch über weitere Details der Zusammenkunft sehr vage und bedeckt. Vielmehr wird der Fokus auf die Art und Weise der Gespräche gelenkt. Der damalige Premierminister Israels Rabin „lost it" (T, S. 75), als er von Dayans Treffen mit Arafat erfahren habe. Sie habe die nationale Sicherheit Israels gefährdet, so Rabin. (T, S. 75) Heftige Kritik erntet sie nicht nur von Rabin, sondern auch aus ihrer eigenen Partei und den Medien. Auf den sexistischen Charakter dieser Kritik verweist die Autorin selbst: „There was talk of a 'slobbery kiss on the enemy's stubbly cheek' and much innuendo about sexual relations with the enemy, even including a reference to Eva Brown." (T, S. 75) Hinzu kommen Todesdrohungen, Hassbriefe und Beschimpfungen aller Art. (T, S. 76) Diffamierungen als Arafats oder Rabins Hure (T, S. 71) illustrieren Sexismus und Misogynie, innerhalb derer Frauen/Politikerinnen zu (sexuellem) Eigentum von Männern degradiert werden. Jedwede Entscheidung könne demnach keine eigenmächtig getroffene sein, jede politische Positionierung und jede Handlungsmacht von Frauen werden negiert.

Die Autorin schreibt nichts Konkretes über die Libanonkriege von 1982 oder 2006, doch zähle sie die toten Kinder, die in Sabra und Shatila ermordet wurden. Sie gehe in Schwarz gekleidet auf den Platz. (T, S. 49) War Yael Dayan lange das Aushängeschild der IDF (T, S. 47), geschult in Patriotismus und Zionismus (T, S. 108), so markiert sie dieses Massaker vom September 1982 als Wendepunkt. Sie geht auf die Straße, um zu protestieren – als eine der Frauen in Schwarz.

Yael Dayan ist bis heute unermüdliche Friedensaktivistin. Sie gebe nicht auf und schleppe sich von einer zur nächsten Demonstration. (T, S. 59) Ihre bedeutendsten Bemühungen – neben ihrem Treffen mit Jassir

Arafat 1993 – seien Dayan zufolge die ehrlichen und vertrauensvollen Treffen mit anderen hochrangigen Mitgliedern der Palästinensischen Autonomiebehörde gewesen. Nach sorgfältiger Betrachtung der kontroversen Fragen sei ein Gefühl des traurigen Optimismus aufgekommen, als der völlige Mangel an Symmetrie klargeworden sei. Sie haben sich auf Lösungen und praktische Implementierungen geeinigt. Jedoch seien die Delegierten als Teil der Palästinensischen Autonomiebehörde eng mit dem Präsidenten verbunden und verträten ihre Leute. Auf der anderen Seite sei ihre eigene Delegation nur eine Handvoll Menschen, die für eine vernünftige und weise, aber machtlose Minderheit innerhalb Israels spreche. Jene Minderheit würde weder die Checkpoints tolerieren noch die Entwurzelung von Olivenbäumen auf palästinensischem Gebiet oder das wahllose Schießen auf palästinensische Kinder, die Steine werfen. (T, S. 59) Dayan habe nicht mehr viel Zeit, weshalb sie sich auch nicht lange mit ihren vergangenen Bemühungen beschäftigen möchte, sondern ihr Wissen und ihre Erfahrungen weitergeben wolle. Nichts könne sie davon abhalten, sich für eine Zweistaatenlösung[48] einzusetzen. (T, S. 63)
Die Ermordung Rabins am 4. November 1995 durch den nationalreligiösen Extremisten Yigal Amir – oder wie Yael Dayan es ausdrückt: einen ‚religiösen Juden' (T, S. 77) – wird von der Autorin nicht nur als einschneidend beschrieben, sie knüpft dieses Ereignis zudem an die fortschreitende Parkinson-Erkrankung ihres Ehemannes Dov Sion. Sie habe erst bemerkt, wie weit fortgeschritten seine Krankheit sei, als sie ihm von der Ermordung Rabins erzählt habe und Dov nicht darauf reagiert habe. (T, S. 77)

48 Im Interview spricht sie darüber, warum sie einen gemeinsamen demokratischen Staat für Palästinenser_innen und Israelis ablehnt und sich für eine Zweistaatenlösung einsetzt: Sie kenne viele radikale linke Jüd_innen und Araber_innen, die eine Einstaatenlösung befürworten. Letztere, weil sie hofften, eine Mehrheit in einem Staat mit einer jüdischen Minderheit zu bilden. Dayan glaube nicht daran, dass dies funktionieren könne, da die Unterschiede zwischen Israelis und Palästinenser_innen zu groß seien. Sie glaube an Staatszugehörigkeit durch Kultur, Sprache und sogar Religion. ‚Vermischungen' hätten noch nie gut funktioniert, was an Beispielen Irland und dem Libanon zu sehen sei. Es bedürfe einiger Generationen an Separation, bevor zum Beispiel eine Nahost Union nach dem Vorbild der Europäische Union angedacht werden kann. Ein gemeinsamer Staat wäre zwar demokratisch, doch gäbe es zu viele Extremist_innen und zu wenig Gemeinsamkeiten. Es würde ständig Unruhen geben. Es wäre ziemlich unmöglich. (Interview mit Yael Dayan, 2013.)

„under the thick cloud of occupation“[49] – Besatzung und Vertreibung

Spätestens mit der Forschung der ‚Neuen Historiker‘ wurde das Fluchtnarrativ durch ein Vertreibungsnarrativ ersetzt. Dies spiegelt sich auch in den Texten Yael Dayans wider. Die Vertreibungen von Palästinenser_innen, Bedouin_innen, Drus_innen und die Eroberung und Besatzung ihrer Gebiete durch Israel werden in den ersten sieben Büchern Yael Dayans kaum behandelt. Eine der wenigen Textstellen findet sich beispielsweise in *Dust*, wenn es heißt: „We were to realize dreams, not by invading as outsiders, but by absorbing the desert [...] conquer it.“ (D, S. 13) *Dust* vermittelt, dass die Wüste, die es zu ‚erobern‘ gilt, leer war – Menschen also nicht vertrieben wurden. Eine Vielzahl EinwanderInnen kommt in die in der Wüste liegende neugegründete Stadt. Zwei werden näher charakterisiert: eine Perserin und ein bärtiger, alter Iraker. Der Architekt der Stadt hält eine ins Arabische und Persische übersetzte Rede. Er spricht die Menschen mit „Brothers“ an: „Brothers [...] After generations of slavery, you've reached this place of freedom, homeland and independence.“ (D, S. 64) Dies ist die einzige Textstelle, in der arabische und persische Jüd_innen genannt werden. Israel erscheint als sicherer Ort, als Heimatland, in dem jüdische Menschen frei und unabhängig leben können – im Gegensatz zu einem Leben in irakischer und iranischer „Sklaverei“. Einen differenzierteren Blick auf das Leben von Jüd_innen in der arabischen Welt liefert Bruce Masters, der weder von einem goldenen Zeitalter und friedlichem Miteinander spricht noch von durchgängigen Diskriminierungen, Verfolgungen und Sklaverei.[50] Bei Dayan bleibt es bei dieser Erwähnung, die Hauptrollen spielen aschkenasische Jüd_innen. Abgesehen von tatsächlichen Vertreibungen von Jüd_innen aus arabischen Ländern, macht es für die Autorin auch dahingehend Sinn das frühere Leben der Mizrachim in einem rein negativen Licht zu zeichnen, da dadurch das sichere Leben für jüdische Menschen in Israel unterstrichen wird.

49 T, S. 24.

50 Eine detaillierte Studie dazu liefert Bruce Masters: *Christians and Jews in the Ottoman Arab World. The Roots of Sectarianism*. Cambridge: Cambridge UP 2001.

In *My Father. His Daughter* wird die Besatzung und Besiedlung thematisiert. Yael Dayan spricht von der Zeit nach dem ‚Abnutzungskrieg': Da König Hussein von Jordanien die Hand zum Frieden, die ihm Israel entgegengestreckt habe, nicht angenommen habe, wären die Israelis schnell in die Rolle von Besatzer_innen/Bewohner_innen (*occupants*) der besetzten Gebiete verfallen. Die Möglichkeit auf die Rückgabe der Gebiete sei in Vergessenheit geraten. Nach dem ‚Abnutzungskrieg' sei es nicht mehr um einen möglichen Frieden gegangen, sondern mehr darum, sich mit dem Status quo abzufinden. Moshe Dayan habe erklärt, dass er lieber Sharm el-Sheikh ohne Frieden, als Frieden ohne Sharm el-Sheikh haben möchte. Er fördere die Ansiedlung von Israelis in der nördlichen Sinai-Halbinsel. Jüd_innen kaufen billiges Land im Westjordanland und eine orthodoxe, religiöse Jugend lasse sich da nieder, wo sie ihre Wurzeln zu wissen glaube. Dies sei, so Yael Dayan, ein Land das ihren Vorfahren von Gott versprochen wurde, aber anderen gehöre. Die ‚Palästina-Frage' sei eine tickende Zeitbombe, doch seien alle zu sehr mit der Südwest- und Nordgrenze beschäftigt. (MF, S. 206) Nach dem Sechstagekrieg nutze Moshe Dayan die allgemeine Verwirrung, um neue Fakten zu etablieren. (MF, S. 189) ‚Neue Fakten' wird hier euphemistisch für neue Grenzen verwendet.

Als Yael Dayan die Friedensverhandlungen von 1977 mit Ägypten thematisiert, schreibt sie in Bezug auf die besetzten Gebiete, dass eine ägyptische Bedingung für Frieden ein Rückzug Israels aus allen besetzten Gebieten sei. Im Zitat wird besetzte Gebiete in Anführungszeichen gestellt: „We insisted that we were not foreigners in these 'occupied territories', and we wanted an agreement based on coexistence." (MF, S. 238) Ein emotionaler Zusammenhang zwischen Rückkehr und Besatzung wird am Beispiel Jerusalems sichtbar:

> [...] I did have a sense of 'returning' and 'liberating' rather than occupying, but visiting Hebron or Bethlehem, or witnessing the hysterical shopping spree of Israelis in the bazaars – the attitude of 'It's all ours now,' and a certain megalomania that was evident – repulsed me. (MF, S 191)

Hier beschreibt die Autorin die Emotionen unter Israelis und übt gleichzeitig Kritik daran. Nachdem Yael und Dov in *A Soldier's Diary* nach dem Sieg in Jerusalem waren, fahren sie weiter: „We drove to Jericho, the Dead Sea, Kalia. Childhood memories. Refugees crossing the bridge to return to Jordan [...]." (SD, S. 111) Einem zu dieser Zeit gängigem Narrativ von der Flucht der Araber_innen folgt auch diese Textstelle bei Yael Dayan. Demnach kehren Flüchtlinge nach Jordanien zurück, wohingegen in *Transitions* niemals von Flucht, sondern von Vertreibung und Besatzung die Rede ist. So schäme sich Yael Dayan für ihr Land, das die Besatzung über Jahrzehnte hinweg aufrecht halte. (T, S. 59) Die Autorin betrauere all die verpassten Chancen ihrer „Gemeinschaft der Opfer" – „durch die wahnsinnige Vision von Besatzung und Annexion". (T, S. 124) Neben dieser Selbstkritik wird auch eine Kritik am islamistischen Extremismus und an Religion im Allgemeinen formuliert. (T, S. 124)

Die Autorin beendet ihr letztes Buch sowohl mit einem Zitat von Mahmoud Darwish, dem palästinensischen Nationaldichter, als auch mit Avraham Ben Yitzhak, dem israelischen Dichter. Narratologisch vollzieht sich hier eine Anerkennung von Palästinenser_innen und Israelis. Die Anerkennung literarischer Narrative geht vermutlich mit dem Wunsch nach Anerkennung der jeweiligen historiografischen Narrative einher.

„And what else remains?"[1]
Conclusio

Durch die feministische Analyse der acht Werke Yael Dayans kann parallel zur Veränderung der Autorin auch die Entwicklung einer Gesellschaft und ihrer Mythen nachgezeichnet werden. Bei Yael Dayan haben die neuen Geschichten alte abgelöst, sie ist, wie sie selbst schreibt, von einem Mädchen in Uniform zu einer Frau in Schwarz transformiert. Auch ihr eigener Feminismus hat sich mit der Zeit entwickelt und verändert. Besitzen ihre frühen weiblichen Charaktere keine wirkliche (vernehmbare) Stimme, so ist Yael Dayans Stimme in ihrem letzten Buch unüberhörbar (feministisch). Ihre eigenen Krankheiten, ihren alternden Körper reflektierend, vermag es *Transitions*, gängige Vorstellungen und Bilder alter(nder) Frauen zu unterwandern und aufzubrechen. Sie sei noch nicht bereit, auf ihren Tod zu warten, vielmehr habe sie immer noch Hoffnung auf Frieden mit den und Anerkennung der Palästinenser_innen. (T, S. 64)

Der Kategorie Geschlecht kommt eine tragende Rolle bei der literarischen Konstruktion sowohl jüdischer als auch nationaler/israelischer Identitätskonstruktionen und Geschichtsnarrative in den Werken Yael Dayans zu. Dies betrifft zum Beispiel die Wahlmöglichkeit bezüglich eines Gefühls der Zugehörigkeit nichtjüdischer ProtagonistInnen wie Leni und Rita aus *Dust* oder Phoenix, dem Geheimagenten aus *Three Weeks in October*. Explizit geschieht dies auch bei der Konstruktion des ‚New Type' und der ‚jüdischen Sissy'. Implizit werden an

1 T, S. 124.

den Protagonistinnen Amalia aus *Three Weeks in October* durch ihre Rolle als Caretakerin an der sogenannten Heimatfront und an den auf ihre Männer wartenden Frauen Rina und Lea vergeschlechtlichte jüdische und nationale Versionen von Identität verhandelt. Starre Geschlechtskonstruktionen werden zwangsläufig brüchig und schaffen so Raum für Subversion. Dies zeigt sich am Charakter Gideon aus *Envy the Frightened*, dem „Felsen", der nach seiner Kriegsverletzung Gedichte schreibt und zu einem Gott betet, oder auch durch die Veränderung der Soldatin Ariel Ron aus *New Face in the Mirror* zu einer einfühlsamen liebenden Person. Bei Dayan werden Identitäten meist durch Abgrenzung zu anderen formiert – zu anderen Frauen, Nicht-JüdInnen oder Diasporajuden etwa.

Wiederholt wird in den Büchern Dayans auf die Notwendigkeit eines jüdischen Staates in Anbetracht der Shoah verwiesen und gleichzeitig der Diaspora eine Absage erteilt. Die Darstellung der Shoah und der Shoah-Überlebenden bei Yael Dayan folgt einer hegemonialen (akademischen) Bearbeitung dieser, bedenkt man die marginale Rolle weiblicher Narrative oder Handlungsstrategien. Jedoch gilt Dayan als Vorreiterin bei der literarischen Bearbeitung der Shoah in Israel. Die Täter_innen haben bei Yael Dayan keine Stimme. Es sind die Geschichten der (zumeist männlichen) Shoah-Überlebenden, die lückenhaft vor allem in *Dust*, *Death Had Two Sons* und *Envy the Frightened* erzählt werden. Lückenhaft deshalb, weil es keine Sprache gibt, um die Shoah fassen zu können und ein Zeugnis von Überlebenden nie vollständig sein kann.

Die israelische Nation erscheint bei Dayan auf den männlichen ‚New Type' angewiesen, der für die Sicherheit des Landes sorgt. Gleichzeitig brauche eine Nation, die ständiger Bedrohung ausgesetzt ist, Frauen an der sogenannten Heimatfront. Zum einen fungieren diese als Caretakerinnen und zum anderen garantieren sie als Reproduzentinnen das Fortbestehen der Nation.

Die Protagonistinnen Dayans – Repräsentantinnen des weiblichen ‚New Type' wie Ariel Ron, Rina aus *Envy the Frightened* und Nili aus *Death Had Two Sons* ausgenommen – besetzen traditionell weiblich konnotierte Rollen. Alle Protagonistinnen außer die Nichtjüdinnen Rita (*Dust*) und Julie (*Three Weeks in October*) sind Israelinnen. Es gibt keine Repräsentantin, mit Avi und Dr. Leibowitz jedoch männlich Repräsentanten der Diaspora. Auch mittels Lamech, der ‚jüdischen Sissy' aus *Envy the Frightened*, wird die Diaspora verhandelt, obwohl er sich für ein Leben in Israel entschieden hat. Somit kann bei Dayan auch ein Israeli eine (weiblich konnotierte) ‚Diasporamentalität' besitzen. Über die AntagonistInnen Phoenix und Julie aus *Three Weeks in October* oder Leni und Rita aus *Dust* werden Fragen der Zugehörigkeit verhandelt und Wahlmöglichkeiten benannt.

Die Darstellung verschiedener Versionen zwischenmenschlicher Beziehungen dienen – wie bei Elli, der einzig weiblichen Shoah-Überlebenden, und Nimrod, dem ‚New Type' – zum Teil dazu, ein zionistisches Geschichtsnarrativ abzubilden. Trotz Absage an den ‚New Type' in *Envy the Frightened* sind Dayans Bücher patriotische. Der Begriff der Nation kommt in ihren Texten zwar nicht vor, lässt sich aber in Form der Liebe zu einem Land, *Ahawat Israel,* oder in Form des Gefühls von Zugehörigkeit als Patriotismus begreifen. Einen Bruch in dieser großteils zionistischen Erzähltradition liefert *Transitions,* das Patriotismus und Nationalismus – auch in Verbindung zur Shoah – kritisch behandelt. Die Liebe tritt literarisch nicht nur zum Land in Erscheinung, sondern auch in Zusammenhang mit Sexualität und Gewalt. Die Texte Yael Dayans bilden eine heteronormative Gesellschaft ab. Mit Ausnahme der sexuellen Übergriffe und der Vergewaltigung Yardenas, der solidarischen Figur aus *Dust,* durch den Shoah-Überlebenden David wird Sex stets positiv konnotiert. Sexuell aktive Akteurinnen wie die Soldatin Ariel Ron aus *New Face in the Mirror* oder Nechama und Nili aus *Death Had Two Sons* werden selbstbestimmt und handlungsmächtig skizziert. In den Werken Yael Dayans finden sich verschiedenste Formen zwischenmenschlicher (heterosexueller) Beziehungen, sei es eine konventionelle oder freundschaftliche Ehe, Sex mit Fremden oder Bekannten, Affären, romantische oder unromantische Beziehungen oder FreundInnenschaften. Jeder dieser Entwürfe kann neben dem anderen bestehen, ohne einer hierarchischen Wertung unterworfen zu sein. Sexualität, aber auch Liebe, werden anhand vergeschlechtlichter Körper verhandelt, die innerhalb der Texte nationale Konstruktionen von Männlichkeit und Weiblichkeit reflektieren. Dies wird an den Beispielen Nimrods, Ivris, Ellis, Rinas, Lamechs (*Envy the Frightened*), Nilis, Nechamas, Rinas (*Death Had Two Sons*), Ariels (*New Face in the Mirror*) oder Rinas aus *Three Weeks in October* deutlich.

Ein fixer Liebesbegriff existiert in den Büchern Dayans nicht. Es gibt beispielsweise die leidenschaftliche, aufopfernde Liebe, die freundschaftliche Ehe, die einseitige, ‚lieblose' Beziehung, freundschaftliche

Verbundenheit, die unmögliche Liebe, die Liebe zum eigenen Körper oder die Liebe der eigenen Individualität und Freiheit sowie andere Arten zwischenmenschlicher Bindungen. Ferner gibt es Normen subvertierende Beziehungskonstellationen, aber auch konventionelle Beziehungen, denkt man an Ariel Rons Affären in *New Face in the Mirror*, Yardenas Liebe bis in den Tod, die Beziehung zwischen Leni und Rita aus *Dust*, die Ehe von Amalia und Daniel in *Three Weeks in October* oder die Liebe Yael Dayans zu ihrem bereits verstorbenen Ehemann Dov Sion in *Transitions*.

Glaube legitimiert unter stetiger Referenz auf die Bibel als nationales Geschichtsbuch einen Landanspruch. Der Glaube an einen Gott wird narrativ meist in Bezug auf die Shoah verhandelt. Vom ‚New Type' in *Envy the Frightened* als nationaler/zionistischer Männlichkeitskonstruktion wird Religiösität mit Verweis auf die Diaspora und die Shoah abgelehnt. Doch wird durch eine kritische Bearbeitung dieser Identitätskonstruktion, vor allem über Lamech und Miriam, der Glaube an und eine gewisse Ehrfurcht vor Gott propagiert. Unter Verwendung der Bibel als nationales Geschichtsbuch ist sie primäre Quelle bei der Nennung von Ortschaften. Die Zusammenhänge von literarischen Schauplätzen und Nation bei Yael Dayan weisen starke vergeschlechtlichte Konnotationen auf. So gibt es ‚männliche' Orte wie Beit-On und ‚weibliche' wie Tel Aviv.

Yael Dayan schreibt vorwiegend für ein ausländisches, englischsprachiges Publikum zu einer Zeit, zu der es für Israel wichtig ist, Anerkennung (in vielen Abstufungen über die Jahre) aus dem Ausland zu erhalten. Demzufolge wird das Handeln Israels in den Kriegen oft gerechtfertigt. Die begründete jüdische/israelische Angst vor Vertreibung und Auslöschung zieht sich durch die gesamte israelische Historiografie und manifestiert sich in einer Vielzahl von Geschichten und Erfahrungsberichten. *Transitions* beinhaltet überdies eine selbstreflektierende Geschichte, nämlich eine der eigenen Fehler, eine der Arroganz des ‚auserwählten Volkes' (T, S. 71) und jener von Vertreibung anderer und Besatzung. Durch die Darstellung literarischer Kriegsnarrative einer involvierten Autorin gelingt es, ein vielschichtiges israelisches, zionistisches, patriotisches und kritisches Bild von einer militarisierten, traumatisierten und vergeschlechtlichten Gesellschaft zu zeichnen. Die Darstellung der israelischen Kriege sowie die des Feindes folgt in *A Soldiers Diary*, *My Father. His Daughter* und

Three Weeks in October einer zionistischen Tradition. Doch ist auch jenes Narrativ nicht durchgängig und wird an einigen Stellen durchbrochen, verändert und vor allem im jüngsten Werk der Autorin – *Transitions* – in Frage gestellt. Hier sind Palästinenser_innen präsent und sowohl Krieg im Allgemeinen als auch die Vertreibung und Besatzung im Besonderen werden kritisch diskutiert. Yael Dayan transzendiert mit dem Alter (auch ihre eigenen) verkürzt einseitigen Narrative und investiert dadurch in eine Sichtbarmachung von Frauen und in die Anerkennung der Palästinenser_innen.

Danksagung

Allen voran möchte ich mich an dieser Stelle bei Dani Baumgartner und Kathi Wiedlack bedanken. Ihr seid großartig, es bleibt dramatisch! Sehr herzlich bedanke ich mich bei Yael Dayan, die sich Zeit für das Interview nahm und mich mit ihren Büchern auf eine (emotionale) Reise schickte. Melanie Hauzinger danke ich für ihr Englisch und unsere Jugend. Überaus hilfreiches Feedback erhielt ich von Sarah Hofmann, Susu Sommer und Sabine Koch. Sehr herzlich bedanke ich mich für das von Klaus Samuel Davidovicz entgegengebrachte Vertrauen, die Unterstützung und die Freiräume. Die unzähligen politischen und philosophischen Diskussionen mit Adey Almohsen haben meine Perspektiven erweitert und somit mein Denken bereichert. Bei all meinen Lieben, Renate, Hubert, Markus, Peter, Silvia, den Almohsens, Tanja, Karin, Juli, Margit und Schlomo, bedanke ich mich für das Vergnügen und den Rückhalt.

Bibliografie

Primärliteratur

Ben Amotz, Dahn: *Masken in Frankfurt.* München: dtv 1974.

Dayan, Moshe: *Story of My Life.* New York: Da Capo 1976.

Dayan, Ruth / Helga Dudman: ... *Or Did I Dream a Dream? The Story of Ruth Dayan.* Jerusalem: Weidenfeld & Nicolson 1973.

Kanyuk, Yoram: *Adam Hundesohn.* München: dtv 1994.

Klüger, Ruth: *weiter leben. Eine Jugend.* München: dtv 2003.

Sekundärliteratur

Adorno, Theodor W.: Kulturkritik und Gesellschaft. In: Ders.: *Gesellschaftstheorie und Kulturkritik.* Frankfurt am Main: Suhrkamp 1975, S. 46–65.

Agamben, Giorgio: *Homo sacer. Die Souveränität der Macht und das nackte Leben.* Frankfurt am Main: Suhrkamp 2002.

Anderson, Benedict: *Imagined Communities. Reflections on the Origin and Spread of Nationalism.* New York / London: Verso 2006.

Antze, Paul; Michael Lambek: *Tense Past. Cultural Essays in Trauma and Memory.* New York / London: Routledge 1997.

// *Was von Auschwitz bleibt. Das Archiv und der Zeuge.* Frankfurt am Main: Suhrkamp 2003.

Arendt, Hannah: *The Jew as Pariah. Jewish Identity and Politics in the Modern Age.* New York: Grove 1978.

// *Vita Activa oder Vom tätigen Leben.* München: Piper 2008.

// *Über das Böse. Eine Vorlesung zur Fragen der Ethik.* München: Piper 2009.

Aronson, Shlomo: Israelische Atomwaffen und der Sechs-Tage-Krieg von 1967. In: *Vierteljahreshefte für Zeitgeschichte* 52,2 (2004), S. 245–279.

Assmann, Aleida: *Cultural Memory and Western Civilization.* New York: Cambridge UP 2011.

Barthes, Roland: Der Tod des Autors. In: *Texte zur Theorie der Autorschaft*, hrsg. v. Fotis Jannidis / Gerhard Lauer / Mathias Martinez / Simone Winko. Stuttart: Reclam 2000, S. 185–193.

Baskin, Judith R.: Women in the Holocaust. In: *Shofar. An Interdisciplinary Journal of Jewish Studies* 19,2 (2001), S. 147–140.

Bernstein, Deborah S.: Daughters of the Nation. Between the Public and the Private Spheres in Pre-State Israel. In: Judith R. Baskin (Hrsg.): *Jewish Women in Historical Perspective.* Detroit / Michigan: Wayne State UP 1998, S. 287–311.

Bettelheim, Bruno: *Erziehung zum Überleben. Zur Psychologie der Extremsituation.* München: dtv 1992.

Biale, David: *Eros and the Jews. From Biblical Israel to Contemporary America.* Berkeley / Los Angeles: University of California Press 1997.

Boyarin, Daniel: *Unheroic Conduct. The Rise of Heterosexuality and the Invention of the Jewish Man.* Berkeley / Los Angeles: University of California Press 1997.

Brah, Avtar: Diaspora, Border and Transnational Identities. In: Reina Lewis / Sara Mills (Hrsg.): *Feminist Postcolonial Theory. A Reader.* Edinburgh: Edinburgh UP 2003, S. 613–634.

Bublitz, Hannelore: Himmlische Körper oder wenn der Körper den Geist aufgibt. Zur performativ produzierten Hinfälligkeit des Körpers. In: Sabine Mehlmann / Sigrid Ruby (Hrsg.): *„Für dein Alter siehst du gut aus!" Von der Un/Sichtbarkeit des alternden Körpers im Horizont des demographischen Wandels. Multidisziplinäre Perspektiven.* Bielefeld: Transcript 2010, S. 33–50.

Butler, Judith: *Haß spricht. Zur Politik des Performativen.* Berlin: Berlin Verlag 1998.

Bystydzienski, Jill M. (Hrsg.): *Women Transforming Politics. Worldwide Strategies for Empowerment.* Bloomington: Indiana UP 1992.

De Lauretis, Teresa: The Essence of the Triangle or, Taking the Rise of Essentialism Seriously. Feminist Theory in Italy, the U. S., and Britain. In: Naomi Schor / Elisabeth Weed: *The Essential Difference.* Indiana: Indiana UP 1994, S. 1–39.

Derrida, Jacques: *Positionen. Gespräche mit Henri Ronse, Julia Kristeva, Jean-Louis Houdebine, Guy Scarpetta.* Graz / Wien: Böhlau 1986.

Doumani, Beshara: *Rediscovering Palestine. Merchants and Peasants in Jabal Nablus 1700–1900.* Berkeley: University of California Press 1995.

Epstein, Julia / Lori Hope Lefkovitz: Introduction. Shaping Losses, Cultural Memory, and the Holocaust. In: Dies. (Hrsg.): *Shaping Losses. Cultural Memory and the Holocaust.* Urbana / Chicago: University of Illinois Press 2001, S. 1–10.

Foucault, Michel: *Wahnsinn und Gesellschaft. Eine Geschichte des Wahns im Zeitalter der Vernunft.* Frankfurt am Main: Suhrkamp 1973.

// *Der Wille zum Wissen. Sexualität und Wahrheit 1.* Frankfurt am Main: Suhrkamp 1983.

// Was ist ein Autor? In: *Texte zur Theorie der Autorschaft*, hrsg. v. Fotis Jannidis / Gerhard Lauer / Mathias Martinez / Simone Winko. Stuttgart: Reclam 2000, S. 198–229.

Freiwald, Bina Toledo: Gender, Nation, and Self-Narration. Three Generations of Dayan Women in Palestine/Israel. In: Marlene Kadar / Linda Warley / Jeanne Perreault / Susan Egan (Hrsg.): *Tracing the Autobiographical.* Waterloo / Ontario / Canada: Laurier UP 2005, S. 165–188.

Fuchs, Esther: *Women and the Holocaust. Narrative and Representation.* Lanham / New York / Oxford: UP of America 1999.

Gelber, Yoav: Die Geschichtsschreibung des Zionismus. Von Apologetik zu Verleugnung. In: Barbara Schäfer (Hrsg.): *Historikerstreit in Israel. Die „neuen" Historiker zwischen Wissenschaft und Öffentlichkeit.* Frankfurt am Main: Campus 2000, S. 15–44.

Gellner, Ernest: *Thought and Change.* London: Weidenfeld & Nicholson 1964.

Goertz, Karein K.: Body, Trauma, and the Rituals of Memory. Charlotte Delbo and Ruth Klüger. In: Julia Epstein / Lori Hope Lefkovitz (Hrsg.): *Shaping Losses. Cultural Memory and the Holocaust.* Urbana / Chicago: University of Illinois Press 2001, S. 161–185.

Golani, Motti: Shall We Go to War? And If We Do, When? The Genesis of the Internal Debate in Israel on the Road to the Sinai War. In: *Israel Affairs* 6,3–4 (2000), S. 22–42.

Goldenberg, Myrna: Different Horrors, Same Hell: Women Remembering the Holocaust. In: Roger S. Gottlieb (Hrsg.): *Thinking the Unthinkable. Meanings of the Holocaust.* New York: Paulist 1990, S. 150–166.

Goldstein, Yosi: The New Hebrew Women. Women in the Yishuv and the Zionist Movement from a Gender Perspective. In: *Nashim. A Journal of Jewish Women's Studies & Gender Issues* 6 (2003), S. 230–234.

Gutwein, Daniel: „Neue Historiographie" oder die Privatisierung des Gedächtnisses. In: Barbara Schäfer (Hrsg.): *Historikerstreit in Israel. Die „neuen" Historiker zwischen Wissenschaft und Öffentlichkeit.* Frankfurt am Main: Campus 2000, S. 208–255.

Haraway, Donna: A Cyborg Manifesto. Science, Technology and Socialist-Feminism in the Late Twentieth Century. In: David Bell / Barbara M. Kennedy (Hrsg.): *The Cybercultures Reader.* London: Routledge 2000, S. 291–324.

Hazleton, Lesley: Israeli Women. Three Myths. In: Susannah Heschel (Hrsg.): *On Being a Jewish Feminist. A Reader.* New York: Schocken 1983, S. 65–87.

Heinemann, Marlene E.: *Gender and Destiny. Women Writers and the Holocaust.* New York: Greenwood 1986.

Hirsch, Marianne / Leo Spitzer: Gendered Translations. Claude Lanzmann's Shoah. In: Miriam Cooke / Angela Woollacott (Hrsg.): *Gendering War Talk.* Princeton: Princeton UP 1993, S. 3–19.

Horowitz, Sara R.: Gender, Genocide, and Jewish Memory. In: *Prooftexts* 20,1–2 (2000), S. 158–190.

Khalidi, Rashid: *Palestinian Identity. The Construction of Modern National Consciousness.* New York: Columbia UP 1997.

// *The Iron Cage. The Story of the Palestinian Struggle for Statehood.* Oxford: Oneworld 2006.

Klinger, Cornelia: Bis hierher und wie weiter? Überlegungen zur feministischen Wissenschafts- und Rationalitätskritik. In: Marianne Krüll (Hrsg.): *Wege aus der männlichen Wissenschaft. Perspektiven feministischer Erkenntnistheorie.* Pfaffenweiler: Centaurus 1990, S. 21–56.

Küntzel, Matthias: *Djihad und Judenhass. Über den neuen antijüdischen Krieg.* Freiburg: Ça Ira 2003.

Kremer, Lillian S.: *Women's Holocaust Writing. Memory and Imagination*. Lincoln: University of Nebraska Press 1999.

Kristeva, Julia: *Geschichten von der Liebe*. Frankfurt am Main: Suhrkamp 1989.

Langer, Lawrence L.: *Holocaust Testimonies. The Ruins of Memory*. New Haven / London: Yale UP 1991.

// Gendered Suffering? Women in Holocaust Testimonies. In: Dalia Ofer / Lenore J. Weitzman (Hrsg.): *Women in the Holocaust*. New Haven: Yale UP 1998, S. 351–363.

Lentin, Ronit: *Israel and the Daughters of the Shoah. Reoccupying the Territories of Silence*. New York / Oxford: Berghahn 2000.

// Femina sacra. Gendered Memory and Political Violence. In: *ScienceDirect*, 30.08.2006. http://www.tara.tcd.ie/bitstream/2262/25154/1/femina%20sacra%20pdf.htm (Zugriff am 03.03.2013).

Levi, Primo: *Die Untergegangenen und die Geretteten*. München: dtv 1993.

// *Gespräche und Interviews*, hrsg. v. Marco Belpoliti. München / Wien: Hanser 1999.

Linden, Ruth R.: *Making Stories, Making Selves. Feminist Reflections on the Holocaust*. Columbus: Ohio State UP 1993.

Masters, Bruce: *Christians and Jews in the Ottoman Arab World: The Roots of Sectarianism*. Cambridge: Cambridge UP 2001

Mayer, Tamar: From Zero to Hero. Masculinity in Jewish Nationalism. In: Esther Fuchs (Hrsg.): *Israeli Women's Studies. A Reader*. New Brunswick / New Jersey / London: Rutgers UP 2005, S. 97–120.

Mazali, Rela: "And What about the Girls?" What a Culture of War Genders out of View. In: *Nashim. A Journal of Jewish Women's Studies & Gender Issues* 6 (2003), S. 39–50.

Mehlmann, Sabine / Sigrid Ruby: Vorwort. In: Dies. (Hrsg.): *„Für dein Alter siehst du gut aus!“ Von der Un/Sichtbarkeit des alternden Körpers im Horizont des demographischen Wandels. Multidisziplinäre Perspektiven*. Bielefeld: Transcript 2010, S. 7–14.

Mohanty, Chandra Talpade: Under Western Eyes. Feminist Scholarship and Colonial Discourses. In: *Boundary* 12,3 (1984), S. 333–358.

Morris, Benny: Anmerkungen zur zionistischen Geschichtsschreibung und dem Transfergedanken in den Jahren 1937–1944. In: Barbara Schäfer (Hrsg.): *Historikerstreit in Israel. Die „neuen“ Historiker zwischen Wissenschaft und Öffentlichkeit*. Frankfurt am Main: Campus 2000, S. 45–62.

Mosse, George L.: *Das Bild des Mannes. Zur Konstruktion der modernen Männlichkeit*. Frankfurt am Main: Fischer 1997.

Muir, Diana: Ein Land ohne Volk für ein Volk ohne Land. In: *Middle Eastern Quarterly* 15,2 (2008), S. 55–62.

Müller-Funk, Wolfgang / Birgit Wagner (Hrsg.): *Eigene und andere Fremde. „Postkoloniale" Konflikte im europäischen Kontext.* Wien: Turia + Kant 2005.

Nordau, Max: Muskeljudentum. In: Alfred Nossig: *Die Zukunft der Juden. Sammelschrift.* Berlin / Lilienthal: Komitee der Gedenkfeier 1906.

Ofer, Dalia / Lenore J. Weitzman: Introduction. The Role of Gender in the Holocaust. In: Dies. (Hrsg.): *Women in the Holocaust.* New Haven: Yale UP 1998, S. 1–18.

Pappe, Ilan: Der Zionismus als Kolonialismus. Ein vergleichender Blick von Mischformen von Kolonialismus in Asien und Afrika. In: Barbara Schäfer (Hrsg.): *Historikerstreit in Israel. Die „neuen" Historiker zwischen Wissenschaft und Öffentlichkeit.* Frankfurt am Main: Campus 2000, S. 63–93.

// *A History of Modern Palestine.* New York: Cambridge UP 2006.

// *Die ethnische Säuberung Palästinas.* Frankfurt am Main: Zweitausendeins 2007.

Pellegrini, Ann: Whiteface Performances. "Race," Gender, and Jewish Bodies. In: Daniel Boyarin / Jonathan Boyarin (Hrsg.): *Jews and Other Differences. The New Jewish Cultural Studies.* Minneapolis / London: University of Minnesota Press 1997, S. 108–149.

Pine, Lisa: Gender and Holocaust Victims. A Reappraisal. In: *Journal of Jewish Identities* 1,2 (2008), S. 121–141.

Pötzl, Viktoria: The Question of Belonging. Gendered Concepts of Identity and Nation in Yael Dayan's Prose. In: *in esse. English Studies in Albania* 4,1 (2013), S. 181–199.

// On Gendered Concepts of Identity and Memory in Yael Dayan's Prose. In: Wojciech Owczarski / Maria Virginia Filomena Cremasco (Hrsg.): *Solidarity, Memory and Identity.* Cambridge Scholars 2015, S. 270–281.

Ram, Uri: Zionismus und Postzionismus: Der soziologische Kontext der Historikerdebatte. In: Barbara Schäfer (Hrsg.): *Historikerstreit in Israel. Die „neuen" Historiker zwischen Wissenschaft und Öffentlichkeit.* Frankfurt am Main: Campus 2000, S. 129–150.

Raphael, Melissa: *The Female Face of God in Auschwitz. A Jewish Feminist Theology of the Holocaust.* London: Routledge 2003.

Reading, Anna: *The Social Inheritance of the Holocaust. Gender, Culture and Memory.* New York: Palgrave Macmillan 2002.

Ringelheim, Joan: The Unethical and the Unspeakable: Women and the Holocaust. In: *The Simon Wiesenthal Annual* 1 (1984), S. 69–87.

Said, Edward: *The Question of Palestine.* London: Routledge & Kegan Paul 1980.

Sasson-Levy, Orna: Gender Performance in a Changing Military. Women Soldiers in 'Masculine' Roles. In: Esther Fuchs (Hrsg.): *Israeli Women's Studies. A Reader.* New Brunswick / New Jersey / London: Rutgers UP 2005, S. 265–277.

Schäfer, Barbara: Einführung. In: Dies. (Hrsg.): *Historikerstreit in Israel. Die „neuen" Historiker zwischen Wissenschaft und Öffentlichkeit.* Frankfurt am Main: Campus 2000, S. 7–14.

Schandl, Franz: Nation. Überlegungen zur Kategorisierung eines Begriffs. In: Gero Fischer (Hrsg.): *Biologismus, Rassismus, Nationalismus. Rechte Ideologien im Vormarsch.* Wien: Promedia 1995.

Segev, Tom: *Es war einmal ein Palästina. Juden und Araber vor der Staatsgründung Israels.* München: Siedler 2005.

// *1967. Israels zweite Geburt.* München: Pantheon 2007.

Shapira, Anita: *Israel. A History.* Waltham: Brandeis UP 2012.

Sharoni, Simona: Every Woman Is an Occupied Territory. The Politics of Militarism and Sexism and the Israeli-Palestinian Conflict. In: *Journal of Gender Studies* 14 (1992), S. 447–462.

// *Gender and the Israeli-Palestinian Conflict. The Politics of Women's Resistance.* New York: Syracuse UP 1995.

// Homefront as Battlefield. Gender, Military Occupation, and Violence against Women. In: Esther Fuchs (Hrsg.): *Israeli Women's Studies. A Reader.* New Brunswick / New Jersey / London: Rutgers UP 2005, S. 247–264.

Shlaim, Avi: The Protocol of Sèvres, 1956. Anatomy of a War Plot. In: David Tal (Hrsg.): *The 1956 War. Collusion and Rivalry in the Middle East.* London: Cass 2001, S. 119–143.

Shohat, Ella: *Taboo Memories, Diasporic Voices.* Durham / London: Duke UP 2006.

Scholem, Gershom / Hannah Arendt: *Der Briefwechsel. 1939–1964,* hrsg. v. Marie Luise Knott. Berlin: Jüdischer Verlag 2010.

Silverman, Lisa: Reconsidering the Margins. Jewishness as an Analytical Framework. In: *Journal of Modern Jewish Studies* 8,1 (2009), S. 103–120.

Spivak, Gayatri Chakravorty: *Can the Subaltern Speak? Postkolonialität und subalterne Artikulation.* Wien: Turia + Kant 2008.

Surhone, Lambert M. / Mariam T. Timpledon / Susan F. Marseken (Hrsg.): *Yael Dayan.* Beau Bassin: Betascript 2010.

T. Minh-Ha, Trinh: *Woman, Native, Other. Writing Postcoloniality and Feminism.* Bloomington: Indiana UP 1989.

Vickers, Jill: Gendering the Hyphen. Gender Dimensions of Modern Nation-State Formation in Euro-American and Anti- and Post-colonial Contexts. In: Yasmeen Abu-Laban (Hrsg.): *Gendering the Nation-State. Canadian and Comparative Perspectives.* Vancouver / Toronto: UBC 2008, S. 21–45.

Wilpert, Gero von: *Sachwörterbuch der Literatur.* Stuttgart: Kröner 2001.

Yuval-Davis, Nira: *Geschlecht und Nation.* Emmendingen: die brotsuppe 2001.

// Power, Intersectionality and the Power of Belonging. In: *FREIA Working Paper Series* 75 (2011), S. 3–5.

Zeitlin, Froma I.: The Vicarious Witness. Belated Memory and Authorial Presence in Recent Holocaust Literature. In: Julia Epstein / Lori Hope Lefkovitz (Hrsg.): *Shaping Losses. Cultural Memory and the Holocaust.* Urbana / Chicago: University of Illinois Press 2001, S. 128–160.

Onlinequellen

Hacker, Hannah: Sick Sad Mad Crip Queer: Für ein feministisches Begehren der Senilität. In: *blog feministische studien*, 19.02.2016. http://blog.feministische-studien.de/2016/02/sick-sad-mad-crip-queer-fuer-ein-feministisches-begehren-der-senilitaet/ (Zugriff am 17.11.2016).

Hedva, Johanna: Sick woman theory. In: *mask magazine*, 2016. http://www.mask-magazine.com/not-again/struggle/sick-woman-theory (Zugriff am 17.11.2016).

Knesset Members. Yael Dayan. http://www.knesset.gov.il/mk/eng/mk_eng.asp?mk_individual_id_t=39 (Zugriff am 02.03.2014).

Livneh, Neri: Yeal Dayan on Her Father's Legacy, Her Political Career and Her Illness. In: *Haaretz*, 14.09.2012. http://www.haaretz.com/weekend/magazine/yael-dayan-on-her-father-s-legacy-her-political-career-and-her-illness-1.464901 (Zugriff am 5.3.2013).

Seubold, Günther: Ursprungsphilosophie. In: *utb-Online-Wörterbuch Philosophie.* http://www.philosophie-woerterbuch.de/online-woerterbuch/?title=Ursprungs philosophie&tx_gbwbphilosophie_main[entry]=920&tx_gbwbphilosophie_main[action]=show&tx_gbwbphilosophie_main[controller]=Lexicon&cHash=4f-1c2cedeb415383d09d6f02fe7f47a2 (Zugriff am 04.05.2014).

Inhaltsangaben der Texte

New Face in the Mirror

Die sehr kurze Rahmenhandlung des Romans *New Face in the Mirror* spielt in Frankreich. Ariel Ron, die erzählende Instanz und Protagonistin beginnt in Finistère, ihre Erinnerungen an die Zeit ihres Militärdienstes in Israel zu reflektieren und niederzuschreiben.

Ariel Ron ist 17 Jahre alt und die Tochter eines berühmten israelischen Generals. Sehr genau erfahren wir, wie Ariel die Tage ihres Militärdienstes erlebt und beschreibt. Nach ihrer Grundausbildung dient sie als Betreuerin neuer Rekrutinnen und stößt dabei oft an ihre Grenzen. Wenn sie nicht im Camp schlafen muss, ist sie meist in ihrer Wohnung in Jerusalem, weil sie sich bei ihren Eltern nicht zu Hause fühlt. An ihrem 17. Geburtstag, an dem sie ein Fest in ihrem Appartement feiert, erfährt der_die Leser_in mehr über David, der verheiratet und in Ariel verliebt ist. Zu Beginn liebt sie es, Machtspiele sowohl mit Männern als auch mit Frauen zu spielen, und hat mehrere „projects" – wie sie sie nennt – in Planung. Eines davon, zwar ohne Happy End für Ariel, ist jenes mit Ned und Bill. Ned, der jüngere der beiden Brüder verliebt sich in Ariel, dies war von ihr intendiert. Zwar schläft die Protagonistin mit Bill, doch die in ihrer Vorstellung erträumte Beziehung mit beiden, ohne dass jene voneinander wissen, funktioniert keinen Tag. Bill schlägt ihr ins Gesicht und beide versuchen an späterer Stelle Peter vor Ariels manipulativer Art zu warnen und Ariel so zu sabotieren. Ariel ist beinahe 19 Jahre alt, als sie zu Peter zieht. Der 52-Jährige liebt Ariel bedingungslos. Oftmals versucht Ariel, ihn zu verletzen, um sich zu beweisen, dass Liebe nie bedingungslos sein kann. Während dieser Zeit besteht ihre Aufgabe beim Militär darin, neue Immigrant_innen zu betreuen. Nach Abschluss der Militärzeit beendet sie die Beziehung zu Peter, reist nach Frankreich und glaubt, gelernt zu haben, wie man liebt.

Der erste Text Yael Dayans, *New Face in the Mirror*, kann als autobiografischer Entwicklungsroman verstanden werden. Der Zeitraum, von dem erzählt wird, beträgt zwei Jahre, was exakt die Armeezeit der Protagonistin abdeckt. Das Werk gliedert sich in 42 Teile, die keine Überschriften tragen, jedoch meist durch einen Bruch im Erzählfluss angezeigt werden. Das dritte Wort des ersten Satzes markiert sogleich die Erzählinstanz und Position. „My" – also ein Ich-Erzähler oder eine Ich-Erzählerin.

Envy the Frightened

Envy the Frightened ist die Geschichte von Nimrod, der die stereotypisierte Personifikation des ‚New Jew' darstellt. Sein Vater Ivri erzieht ihn nach diesem Muster. Gideon ‚the Rock', ein Freund der Familie, ist die Schablone dafür. Die AntagonistInnen sind zu Beginn des Texts Lamech, der früher ein Rabbi war, und Miriam, Nimrods Mutter. Nimrod wächst in Beit-On auf und spielt mit seinen Freunden das Spiel *Who Is Strong*, bei dem es darum geht, gefährliche Mutproben zu bestehen, ohne Angst zu verspüren. Nimrod entspricht immer mehr dem ‚neuen' Bild eines Israelis, damit einhergehend wird die Geringschätzung für Lamech, den er als Kind sehr verehrte, stärker. Lamech stirbt und Nimrod lernt Elli kennen, eine Einwanderin aus Ungarn und Shoah-Überlebende, die später seine Frau wird. Am Krieg von 1948 darf Nimrod nicht teilnehmen, da er noch zu jung ist, doch Gideon kämpft und kehrt schwer

verwundet und charakterlich verändert zurück. Er ist nicht länger ‚the Rock', sondern nimmt zunehmend die Rolle des verstorbenen Antagonisten Lamech ein. In der Suezkrise darf Nimrod kämpfen und macht seinem neu gewonnenen Namen, ‚the Rock', alle Ehre. Elli wird schwanger, obwohl eine Schwangerschaft aus gesundheitlichen Gründen sehr gefährlich für sie ist. Miriam und Gideon sterben. Elli ist schockiert von Nimrods emotionaler Kälte gegenüber dem Tod seiner Mutter, verlässt ihn für kurze Zeit, um jedoch später wieder zu ihm zurückzukehren. Nimrods Sohn wird Gideon genannt und auch er beginnt das Spiel *Who Is Strong* zu spielen. Eines Tages sieht Nimrod ihn beinahe ertrinken und rettet ihn aus dem Wasser. In jenem Moment fühlt er zum ersten Mal wieder Angst und Furcht. Er weint und ist glücklich.
Der Text gliedert sich in 22 Kapitel. Den ersten Hinweis auf die Zeit, in der die Erzählung spielt, findet sich im 6. Kapitel, wenn es heißt, dass Weltkrieg ist und einige Männer in den Krieg ziehen. Im weiteren Verlauf des Textes wird zudem eine Jahreszahl genannt: „He [Nimrod] knew the war would start, and the series of incidents in 1947 brought an end to the tension and a beginning to a total war." (EF, S. 73) Nach dem Israelischen Unabhängigkeitskrieg von 1948 öffnet sich eine Lücke von sechs Jahren in der Erzählung.

Dust

Die Rahmenhandlung von *Dust* ist der Bau einer neuen Stadt durch die ProtagonistInnen Leni, Rita, Yardena und David. Die Erzählerin Yardena ist bis zu ihrem Tod die erzählende Instanz. Sie lernt David, einen Auschwitz-Überlebenden, dessen ermordeten Eltern und die beiden Geschwister Avram und Rivka in Form von Geistern kennen und verliebt sich in ihn. Er hat jedoch die Fähigkeit zu lieben verloren. Yardena stirbt und David verlässt die Stadt, ohne seine Eltern und Geschwister, die ihn bis zu Yardenas Tod in Form von Geistern begleitet haben. Rita ist schwanger und Leni ist der Vater. Ritas Liebe zu Leni wird gegen Ende des Texts erwidert.
Der Text spielt vermutlich in den 1950er Jahren und gliedert sich in drei große Teile. Jeder Teil besteht aus drei benannten Kapiteln, mit ihren jeweils bezifferten Unterkapiteln. „Part one" besteht aus „dust" mit 7 Unterkapiteln, „ash" mit sechs und „grass" mit keinem. „Part two" aus „seeds", „water" und „sweat" mit jeweils zwei Unterkapiteln. „Part three" besteht aus „stones" mit drei Unterkapiteln, „ash" und „dust" mit jeweils zwei. Die Rahmung des Texts ist somit „from dust to dust", „ash" und „dust" sind doppelt und bilden die Rahmung für „grass", „seeds", „water", „sweat" und „stones". Nicht nur sind die Namen des ersten und letzten Kapitels identisch, es verweisen auch die jeweils ersten Sätze aufeinander. Im 1. Kapitel heißt es: „THE CITY was yellow, and its substance was dust. Its pulse beat was infinity and it had no name as yet." (D, S. 9) Das letzte Kapitel beginnt mit demselben Satz wie das erste, wenn es heißt: „THE CITY was yellow, and its substance was dust. Its pulse beat was infinity, and it was one year old. It had a name and an identity, it had meaning and shape, [...]." (D, S. 136)

Death Had Two Sons

Protagonist der tragischen Geschichte *Death Had Two Sons* ist Daniel, einer der beiden Söhne von Haim Kalinsky. Im Zweiten Weltkrieg zwingen die Nazis Haim Kalinsky, sich für einen seiner beiden Söhne zu entscheiden. Er entscheidet sich für Shmuel, doch es ist Daniel, der überlebt und dessen Leben dann in Israel beginnt. Er hat einen speziellen Freund, Yoram, und eine sehr gute Freundin, Rina. Yoram und Rina wollen heiraten, doch Yoram stirbt im Krieg. Auf Rinas Drängen findet

Daniel seinen Vater Haim Kalinsky, der mit seiner zweiten Ehefrau Dora und deren Tochter Miriam in Warschau lebt. Sie schreiben sich neun Jahre lang Briefe, bevor die Kalinskys nach Israel immigrieren. Daniel hat große Probleme mit seinem Vater, besucht seine Familie nur selten in Beer Sheva, wo sie einen kleinen Laden betreiben und leben. Nechama und Nili sind zwei Frauen, mit denen Daniel (sexuellen) Kontakt hat. Haim liegt im Sterben und Daniel gelingt es nicht, seinen Vater im Krankenhaus zu besuchen. Er sieht ihn erst bewusstlos und unmittelbar vor seinem Tod. Haim wird in Gilad, in jenem Kibbuz, in dem Daniel lebt, beerdigt.
Unmittelbar zu Beginn des Texts wird auf *Dust* verwiesen, das diesem Werk vorangeht. Alle ProtagonistInnen werden bereits auf den ersten Seiten eingeführt. Die Erzählinstanz der zehn Kapitel des Texts ist auktorial und wird immer wieder durch Daniels fiktive Gespräche mit seinem Vater durchbrochen.

A Soldier's Diary

Dieses ist das erste Werk Yael Dayans, das kein Roman, sondern dem Genre des Kriegsberichts zuzuordnen und zudem als *Israel Journal* bekannt ist. Es werden nicht nur die Kriegsverläufe auf der Sinai-Halbinsel vom 5. bis zum 9. Juni 1967 geschildert, sondern auch Gespräche und Reflexionen der Soldaten abgebildet. Bis zu einem gewissen Grad werden Verläufe des Sechstagekriegs an anderen Fronten geschildert. Yael Dayan war zur Zeit des Kriegs Berichterstatterin und der Division Ariel Sharons zugeteilt.

Three Weeks in October

Three Weeks in October erzählt die Geschichte von Amalia und Daniel während des Jom-Kippur-Krieges in Israel. Sie sind verheiratet, haben zwei Kinder und sich inmitten des Sechstagekrieges verliebt. Während des Jom-Kippur-Krieges volontiert Amalia in einem Krankenhaus, wo sie auf verschiedene Personen trifft und diese beschreibt. Sie trifft Avi wieder, der in ihrer Kindheit ihr bester Freund war, in den USA lebt und nach Israel gefahren ist, um im Krieg zu kämpfen. Sie lernt dessen Frau Julie kennen. Zudem trifft sie Rina, die Frau von Amnon, der einst Amalias Geliebter war und bereits im Sechstagekrieg umgekommen ist, den Namenlosen, Dr. Leibowitz und noch einige mehr.
Daniel ist, wie der Textverlauf preisgibt, israelischer Geheimagent und versucht gegen Ende des Krieges einen seiner Rekruten zu finden, wobei er sich in Lebensgefahr begibt. Hierbei handelt es sich um den namenlosen Patienten Amalias aus dem Krankenhaus, der unter dem Decknamen Phoenix als Spion arbeitet. Phoenix verliebte sich in Ofra, die auch einst Agentin war. Er desertiert aus Liebe. Dies ist auch der Grund dafür, dass Daniel ihn nicht finden kann. Phoenix erliegt im Krankenhaus seinen Kriegsverletzungen.
Der Text gliedert sich in drei Teile, die aus zwei unterschiedlichen Erzählperspektiven geschildert werden. Buch 1 und 3 werden aus der Sicht Amalias erzählt, Buch 2 nimmt Daniels Perspektive ein.

My Father. His Daughter

My Father. His Daughter ist Yael Dayans Autobiografie und zugleich eine Biografie ihres Vaters Moshe Dayan. Das Werk beginnt und endet mit dem Tod des Vaters und ist ihrer Mutter Ruth Dayan gewidmet.

Anzunehmen ist, dass Yael Dayan dieses Buch für eine sehr breite, auch internationale Öffentlichkeit verfasst hat, zumal jüdische Bräuche und Feiertage erklärt werden. Ferner wird das politische System Israels nicht als bekannt vorausgesetzt, was nahelegt, dass das Buch nicht vorrangig für Israelis geschrieben wurde.

Transitions

Das 31 Jahre später publizierte Werk Yael Dayans knüpft an *My Father. His Daughter* an und wurde von der Autorin auf Hebräisch geschrieben und als Memoiren angelegt. Es ist das erste Buch der Autorin, das sie in ihrer Muttersprache schreibt.
Ungemein ehrlich und emotional beschreibt die Autorin darin ihr Leben mit ihrem an Parkinson erkrankten Ehemann Dov Sion, ihre eigenen Krankheiten und ihr Alter(n). Nach dem Tod Dovs und ihrem ungewollten Rückzug aus der Politik nehmen Sehnsüchte und Depressionen Überhand. *Transitions* ist das erste Werk der Autorin, das die palästinensische Tragödie anerkennt und einen kritischen, sehr selbstreflexiven Standpunkt zu Nationalismus/Patriotismus einnimmt. Das Werk gliedert sich in 14 Kapitel.

Bibliografische Information der Deutschen Nationalbibliothek
Die Deutsche Nationalbibliothek verzeichnet diese
Publikation in der Deutschen Nationalbibliografie;
detaillierte bibliografische Daten sind im Internet
über http://dnb.d-nb.de abrufbar.

www.neofelis-verlag.de

Umschlaggestaltung: Marija Skara
Lektorat & Satz: Neofelis Verlag (fs/ae)
Druck: PRESSEL Digitaler Produktionsdruck, Remshalden
Gedruckt auf FSC-zertifiziertem Papier.
ISBN (Print): 978-3-95808-049-2
ISBN (PDF): 978-3-95808-091-1